Le Cycle du Graal

Première époque

LA NAISSANCE DU ROI ARTHUR

DU MÊME AUTEUR

CHEZ LE MÊME ÉDITEUR

LE CYCLE DU GRAAL

Première époque :

La Naissance du Roi Arthur

Deuxième époque :

Les Chevaliers de la Table Ronde

Troisième époque :

Lancelot du Lac

Quatrième époque :

La Fée Morgane

Cinquième époque :

Gauvain et les chemins d'Avalon

Sixième époque :

Perceval le Gallois

Septième époque :

Galaad et le Roi Pêcheur

Huitième époque :

La Mort du Roi Arthur

JEAN MARKALE

Le Cycle du Graal

Première époque

LA NAISSANCE DU ROI ARTHUR

Pygmalion
Gérard Watelet
Paris

Sur simple demande aux
Éditions Pygmalion/Gérard Watelet, 70, avenue de Breteuil, 75007 Paris,
vous recevrez gratuitement notre catalogue
qui vous tiendra au courant de nos dernières publications.

ISBN 2-85704-382.1

INTRODUCTION

Aux sources vives de la tradition européenne

Le patrimoine de l'humanité comprend non seulement les moments architecturaux les plus spectaculaires du passé, mais toutes les œuvres de l'esprit sous quelque aspect qu'elles se présentent. Elles témoignent toutes des grandes étapes de l'aventure humaine depuis l'aube des temps, surtout lorsqu'elles ont été véhiculées de génération en génération par la mémoire collective des peuples. Ainsi ont survécu et perduré les grands *mythes* essentiels sans cesse réactualisés au cours des siècles par des récits *mythologiques*, épopées ou sagas, sous lesquels se dessinent les schémas les plus archaïques, adaptés aux conditions matérielles, psychologiques et intellectuelles des groupes humains qui les ont recueillis ou conservés. Le *Mahabharata* indien, la *Bible* hébraïque, le *Gilgamesh* assyro-babylonien, *l'Odyssée* grecque, les *Eddas* scandinaves, le *Kalevala* finlandais — même dans sa reconstitution conjecturale — sont, parmi beaucoup d'autres, des témoignages irrécusables de cette mémoire qui se déroule constamment à travers la multiplicité des images signifiantes. De plus, à cet intérêt documentaire, à cette précieuse connaissance de l'évolution humaine qu'apportent ces récits, s'ajoute un intérêt esthétique, car la beauté, quelle qu'elle soit, n'est jamais absente de telles œuvres, en garantissant même ainsi la pérennité.

On peut cependant s'étonner que, dans ce grand livre d'heures de la mémoire universelle, les récits celtiques, ou d'origine celtique, soient, sinon absents, du moins fort peu présents. C'est d'autant plus surprenant si l'on se souvient que les peuples de civilisation celtique ont, pendant plusieurs siècles avant notre ère, occupé les trois quarts de l'Europe, et se maintiennent encore dans la frange atlantique de ce même continent. Il y a certes de multiples raisons à cette demi-absence, la principale étant que ces peuples celtes n'ont pas laissé de témoignage écrit avant leur christianisation. On pourrait aussi argumenter sur le fait que la civilisation celtique a été celle de peuples vaincus qui se sont marginalisés ou ont été absorbés dans d'autres cadres culturels. Pourtant, depuis les progrès de la philologie, d'innombrables épopées irlandaises en langue gaélique ainsi que des récits en langue galloise ont été tirés de l'oubli et de la poussière de manuscrits jusqu'alors indéchiffrés. Et surtout on a, pendant longtemps, voulu ignorer qu'une abondante littérature médiévale, connue sous l'appellation de « cycle arthurien », ou de « romans de la Table Ronde », rédigée tant en français qu'en latin, en anglais, en occitan, en italien, en allemand et même en scandinave, tire incontestablement ses sources d'une tradition celtique très ancienne.

Certes, certains personnages de cet immense cycle d'aventures extraordinaires ne sont pas des inconnus pour le grand public, et ils sont souvent passés dans une sorte de « folklore » aux contours quelque peu flous : l'enchanteur Merlin, la fée Viviane, le beau Lancelot du Lac, l'imposant roi Arthur sont des ombres désormais familières sur l'écran de l'imaginaire contemporain. Ils sont même parmi les héros les plus prisés des amateurs de « jeux de rôles », ces étranges et parfois inquiétants rituels d'une jeunesse désemparée à la recherche de structures mythologiques susceptibles de reconstruire un monde bouleversé. Et puis, lorsque rien ne va plus dans une quelconque société, on se hâte d'organiser une « table ronde », autour de laquelle peuvent s'asseoir, dans une égalité de principe, des interlocuteurs d'esprits divergents en mal de consensus. N'est-ce pas là un hommage indirect rendu à cette fameuse Table Ronde parrainée par Merlin et Arthur (par le druide et le roi) en vue de constituer un univers fraternel, parfaitement idéal et utopique, où se trouve réalisée l'harmonie entre le collectif et l'individuel ? Quant au mystérieux Graal, même si personne ne sait ce que c'est, il relève du vocabulaire courant, surtout en cette période d'angoisse et de turbulence spirituelle : chercher le Graal, c'est finalement se chercher soi-même au milieu des pires aveuglements, et, en définitive, chacun de nos contemporains, à quelque degré que ce soit, consciemment ou non, accomplit sa « quête du Graal ».

C'est dire l'importance toute particulière que revêtent ces récits surgis d'un très lointain passé. A travers l'extraordinaire, le merveilleux, le fantastique, ils définissent une règle de vie que nous avons non pas perdue mais négligée. Et, à l'heure où l'on tente, avec courage mais dans la plus grande confusion, de construire l'Europe, ou plutôt de la reconstruire comme on assemble les débris d'un vase de porcelaine, quand chaque peuple essaie de concilier son nationalisme agressif hérité des péripéties de l'histoire et sa volonté altruiste de fraternité universelle, ce cycle du Graal et du roi Arthur peut apparaître, non pas comme un modèle, mais comme une extraordinaire source de réflexions. Car, après tout, il s'agit là, sous une forme symbolique et imagée, d'une véritable synthèse des pulsions fondamentales des peuples qui ont constitué l'Europe, et dont nous sommes, qu'on le veuille ou non, les héritiers authentiques. Le succès de ces

Romans de la Table Ronde, au cours du Moyen Age, ne s'explique pas autrement : chacun y trouvait quelque chose de lui-même. Et c'est sans doute le moment opportun de leur rendre leur dimension originelle en tant que témoignage d'une tradition européenne trop longtemps mise en sommeil. La légende prétend que le roi Arthur n'est pas mort : il se trouve « en dormition », quelque part, au milieu de l'océan, dans une énigmatique île d'Avalon, veillé par les fées, et, un jour, il se réveillera et reviendra, étreignant dans sa main l'épée de souveraineté, afin de reconstituer le royaume idéal que les puissances des ténèbres l'avaient autrefois empêché de réaliser. Millénarisme ? Peut-être, mais hautement significatif.

Les œuvres littéraires les plus célèbres — mais il en est de même pour toute œuvre d'art — sont celles qui s'adressent au plus profond de l'inconscient humain. Elles ne font qu'exprimer, grâce à des techniques particulières de mémorisation et sous des formes concrètes, un ressenti qui n'ose point parvenir jusqu'au seuil de la conscience logique. C'est aussi le cas des épopées, des grands récits mythologiques dont les auteurs, la plupart du temps anonymes, parfois collectifs, sont les transcripteurs de données antérieures constamment remises à jour selon les circonstances. Longtemps considérées comme des œuvres maladroites, comme des récits naïfs d'une époque révolue où régnaient le désordre et l'irrationnel, les épopées apparaissent maintenant comme de grandes créations de l'esprit, aussi bien dans leur aspect esthétique que dans leur contenu. Encore faut-il les appréhender et les connaître dans leur authenticité.

Et c'est là que les difficultés commencent, en particulier pour les récits celtiques ou d'origine celtique. Car ils constituent une sorte de corpus inorganisé, un ensemble de textes d'époques et de langues différentes, une suite d'épisodes le plus souvent fragmentaires et parfois inachevés ou même contradictoires : dans ces conditions, s'arrêter à une seule œuvre ne peut permettre d'en tirer des conclusions d'ordre général. Le Graal, dans le poème français de Chrétien de Troyes, *Perceval*, est un objet mystérieux, un simple *récipient* dont l'auteur ne nous dit pas ce qu'il contient. Trente ans plus tard, l'un des continuateurs de Chrétien de Troyes en fait un calice contenant le sang du Christ et, au milieu du XIIIe siècle, la version dite « classique » ou encore « cistercienne » de la légende le présente comme l'écuelle qui servit à Jésus pendant la Cène. Quant à Wolfram von Eschenbach, auteur de la version allemande du *Parzival*, au début du XIIIe siècle, il nous montre le Graal comme une mystérieuse pierre tombée du ciel et sur laquelle, chaque vendredi, une colombe vient apporter une hostie. Et, dans certaines versions, le héros du Graal est Perceval (ou Parzival, ou Perlesvaux, ou Peredur), tandis que dans la version cistercienne, c'est le pur Galaad, fils de Lancelot du Lac, qui est l'heureux découvreur du vase sacré. Dans ces conditions, il n'est guère aisé de s'y reconnaître, et encore moins de prétendre que telle ou telle version est la bonne, ou du moins la plus conforme à un éventuel original qui aurait été perdu.

Ce sont quelques exemples pris à travers les inextricables halliers d'une mythique forêt de Brocéliande. Cette complexité s'explique par le fait que les légendes du Graal et du roi Arthur ont été transcrites du XIe au XVe siècle par des écrivains appartenant à la fois à divers peuples, à diverses cultures, et à des systèmes de pensée parfois très éloignés les uns des autres. De plus, ces légendes sont d'origines géographiques multiples, et leur contenu idéologique réalise une sorte de synthèse entre une tradition que, faute de mieux, on qualifiera de « païenne » (notamment druidique), et un contexte judéo-romano-chrétien qui est celui de l'époque charnière de l'histoire du christianisme occidental : c'est en effet le moment où se définit le dogme de la transsubstantiation (1205), où s'affirment les pratiques de dévotion à la Vierge Marie, héritière des anciennes croyances en la Mère universelle, où se manifeste, notamment à Fécamp et à Bruges, le culte du Précieux Sang de Jésus, moment où, hélas, débute une impitoyable répression contre tous ceux qu'on appelle des hérétiques, moment également de la formulation théologique de Thomas d'Aquin et du passage fort inquiétant de l'idéologie inhérente au style roman à celle qui prévaut dans l'art gothique [1]. C'est donc dans un contexte tourmenté, riche en débats de toutes sortes, en remous politiques, intellectuels et spirituels, que s'élaborent les fameux Romans de la Table Ronde. On comprend alors comment l'Arthur primitif, de simple chef de clan romano-breton qu'il était historiquement [2], soit devenu un puissant roi cristallisant autour de lui d'innombrables éléments empruntés ici et là, tous greffés sur des schémas archaïques — et très celtiques — concernant le « Roi du Monde », roi de type sacré et pivot obligatoire d'une société d'hommes libres et responsables.

Arthur est en effet un personnage historique des environs de l'an 500 de notre ère. Il était, d'après les documents fiables (en latin) qui le concernent, un *dux bellorum*, c'est-à-dire un « chef de guerres », louant ses services aux rois bretons qui avaient besoin de guerriers pour repousser les invasions saxonnes dans ce qui était alors l'île de Bretagne, autrement dit la Grande-Bretagne actuelle. L'époque était celle de la fin de l'Empire romain

1. L'église romane est tout entière bâtie pour la méditation intérieure et individuelle, tandis que l'église ogivale, dite gothique, est bien davantage destinée à des célébrations collectives et à une plus grande surveillance dogmatique des fidèles. Cela représente, à ce stade de l'évolution historique, un changement radical d'attitude religieuse.

2. Je me suis abondamment expliqué sur le personnage et ses transformations dans mon ouvrage *le Roi Arthur et la société celtique*, Paris, Payot, 1976, nouv. éd. 1989.

et du début de la civilisation mérovingienne, du moins sur le continent, et il est plus vraisemblable d'imaginer cet Arthur revêtu d'un uniforme romain du Bas-Empire que de le décrire sous l'aspect d'un roi Plantagenêt du XIIe siècle. Et son champ d'action a été essentiellement le comté de Cornwall, avec la fameuse forteresse de Tintagel, le Devon (où l'on retrouve le nom du peuple gallo-breton des *Dumonii*), le Somerset, avec Glastonbury, qui deviendra le haut lieu du Graal, la fameuse île d'Avalon de la mythologie, le sud du Pays de Galles, avec le camp romain de Caerlion-sur-Wysg, et le pays dit des Bretons du Nord, autour de Carlisle, le *Carduel* des romans arthuriens. Les succès obtenus par Arthur contre les envahisseurs germaniques semblent avoir été d'une réelle importance et avoir reculé d'une cinquantaine d'années la prise de possession, par les Saxons, de la plus grande partie de l'île. Mais les victoires d'Arthur, jointes à sa fin tragique en face d'un rival (le Mordret de la version dite cistercienne), ont provoqué l'imaginaire des Bretons soumis aux Saxons ou réfugiés dans les régions les plus occidentales de l'île, Cornwall et Pays de Galles (*Cymru*). Le personnage s'est vu gratifié d'une véritable auréole de sainteté et de nationalisme, et il est devenu au cours des siècles suivants le symbole de la résistance bretonne contre l'oppresseur germanique, le grand roi mainteneur des traditions celtiques, le puissant « empereur » seul capable de s'opposer aux forces du désordre. Et dans ce cheminement imaginaire, le héros réel ne pouvait que rencontrer des figures mythologiques très anciennes et les intégrer dans son propre personnage. Sait-on que le nom d'Arthur provient d'un terme celtique (*arth* en gallois, *arz* en breton) qui désigne l'ours ? Or, dans la symbolique celtique, l'ours représente la caste royale issue de la classe des guerriers. De plus, il est certain que cette image de l'ours, en dormition pendant l'hiver et se réveillant aux beaux jours, n'a pas été sans effet sur la légende du roi « dormant » qui reviendra lorsque les temps seront accomplis. Le passage de l'histoire à la mythologie est rapide, surtout chez des peuples qui préfèrent l'imaginaire au réel, cas de tous les Celtes.

Un personnage de dimension mythologique attire nécessairement à lui d'autres personnages, parfois fort éloignés de lui à l'origine, qui se satellisent en quelque sorte et deviennent inséparables du héros principal. C'est le cas de Merlin, le prophète et l'enchanteur qui, lui, possédait sa propre légende avant d'être intégré dans le cycle. Merlin est en effet, lui-aussi, un personnage réel, mais de la fin du VIe siècle, quelque soixante ans après Arthur, et localisé chez les Bretons du Nord, aux limites actuelles de l'Écosse, dans une certaine forêt de Kelyddon en laquelle il n'est pas difficile de reconnaître le nom de *Caledonia* qui désigne l'Écosse prégaélique. Il s'agit d'un petit chef de tribu, aux talents poétiques reconnus, qui, selon la vie de saint Kentigern, rédigée en latin, serait, sous le nom de Laïloken, devenu fou au cours d'une bataille, se serait réfugié dans la forêt et aurait vaticiné devant tous ceux qui venaient le consulter. Là aussi, le héros réel a englobé quantité de notions mythologiques (l'enfant qui parle, le fou plein de sagesse, l'homme sauvage, le maître des animaux et de la nature, etc.) et a acquis une dimension toute nouvelle, mais toujours dans le contexte de la résistance bretonne à l'invasion saxonne. Il n'en fallait pas plus pour jumeler Arthur et Merlin : c'était d'autant plus facile que Merlin représente une sorte de prêtre issu du plus pur paganisme, avec même des relents diaboliques, puisque la légende en fait le fils d'un de ces fameux démons incubes qui hantaient les esprits au Moyen Age. Or, il se trouve que le « couple » Merlin-Arthur (le roi et le magicien-prophète) reconstitue très exactement le couple druide-roi sans lequel la société celtique ne peut fonctionner, et par-delà, le schéma indo-européen de Mitra-Varuna, autrement dit l'alliance sacrée entre le dieu juriste, gardien des traités et « équilibrateur » du monde, et le dieu magicien, faiseur de « tours » et interprète de la puissance cosmique. Si Arthur était présenté comme un roi idéal, à l'égal d'un dieu « harmonisateur » du monde, il fallait bien qu'il eût, à son côté, un magicien capable d'accomplir les merveilles qu'on attendait de lui. La mythologie se moque éperdument de la chronologie et des entorses faites à l'histoire [1].

Bien d'autres héros, bien d'autres schémas se sont intégrés à cette ossature centrale représentée par Arthur et Merlin, au fur et à mesure que les conteurs brodaient sur le thème, pour parvenir enfin à une sorte de synthèse au cours du XIIIe siècle dans ce qu'il est convenu d'appeler le « Lancelot en prose », ou mieux le « Corpus Lancelot-Graal », autrement dit la version cléricale, érudite et cistercienne de la légende en son plus grand développement. Lancelot du Lac, qui n'appartenait pas au cycle primitif, car il était d'origine purement armoricaine [2], a eu tôt fait de rejoindre le gros des troupes d'Arthur : il est vrai que ce personnage recouvre une divinité multifonctionnelle de la mythologie indo-européenne connue chez les Celtes sous le nom de Lug, le « Multiple-Artisan », et que César, dans ses *Commentaires*, désigne comme l'équivalent du Mercure romain. Et parmi bien d'autres, citons Tristan et Yseult, dont la tradition, originaire d'Irlande [3] mais localisée en Cornwall et en Bretagne armoricaine, ne pouvait pas échapper à cette « satellisation ». Ils en ont même profité pour inspirer les

---

1. Voir mon étude sur *Merlin l'Enchanteur*, Paris, nouv. éd., Albin Michel, 1992.

2. Sur ce sujet, voir mon étude sur *Lancelot et la chevalerie arthurienne*, Paris, Imago, 1985.

3. Le prototype est un récit irlandais, *Diarmaid et Grainné*, bien antérieur à la version française du XIIe siècle. Voir J. Markale, *l'Épopée celtique d'Irlande*, Paris, Payot, 1978, ainsi que *la Femme celte*, Paris, Payot, nouv. édit. 1992.

grandes lignes des amours tumultueuses de Lancelot du Lac et de la reine Guenièvre, amours totalement inconnues du schéma primitif. Quant au Graal, devenu très chrétiennement le « saint » Graal [1], malgré son aspect païen de chaudron d'abondance, d'inspiration et de renaissance typiquement celtiques, il a vite été annexé par le biais d'étranges textes apocryphes de la tradition chrétienne, les *Actes de Pilate* et le pseudo-évangile de Nicodème, et par la grâce des moines de Glastonbury fort dévoués à la cause des rois Plantagenêt.

La première allusion faite à Arthur apparaît dans un long poème épique, le *Gododin*, attribué au barde Aneurin, contenu dans un manuscrit du XIe siècle, mais qui, par ses archaïsmes, doit remonter à un original du VIe siècle : là, il y est seulement question d'un Arthur redoutable chef de guerre. Il faut attendre les *Annales de Cambrie*, du Xe siècle, pour avoir quelques détails sur la victoire d'Arthur au Mont-Badon en 516 et le drame de la bataille de Camlann en 537, où Arthur et Medrawt (Mordret) s'entre-tuèrent. Là encore, Arthur n'est considéré que sous son aspect guerrier. Mais toujours au Xe siècle, dans une chronique en latin, l'*Historia Brittonum*, attribuée à un certain Nennius, le personnage se charge d'éléments mythologiques et ses exploits relèvent déjà du merveilleux. En fait, le premier récit proprement littéraire qui concerne le personnage est une œuvre galloise, *Kulhwch et Olwen*, contenue dans un manuscrit du XIIe siècle, mais qui est la transcription d'un original du IXe siècle, peut-être même du VIIe siècle : Arthur y apparaît comme un roi qui accomplit des prouesses guerrières, qui vit dans une forteresse de type celtique, qui s'entoure

1. Au Moyen Age, le terme est transcrit *sangréal*, ce qui peut être compris de deux façons : « saint graal » ou « sang royal » (*sang réal*). J'ai analysé les métamorphoses du Graal dans un essai intitulé *le Graal*, Paris, Retz, 1982, édition abrégée de poche, 1989.

de compagnons qui ne sont certes pas des chevaliers courtois mais de rudes combattants doués de pouvoirs nettement magiques, à travers des aventures qui plongent au plus profond de la mythologie celtique. Cette œuvre étonnante et d'une sombre beauté semble la première tentative de synthèse de toutes les traditions orales qui circulaient, pendant le haut Moyen Age, dans la péninsule de Cornwall, le Pays de Galles, le Cumberland et la région de Glasgow, territoires demeurés bretons ou tardivement conquis par les Saxons. Et il s'agit d'un texte fondamental pour la compréhension de la légende arthurienne.

C'est cependant au XIIe siècle que cette tradition arthurienne fait irruption dans l'Europe continentale : elle n'en sortira plus désormais, malgré quelques siècles d'oubli ou d'indifférence. Chronologiquement, la première manifestation semble en avoir été les sculptures de l'archivolte de la cathédrale de Modène en Italie, qui date des alentours immédiats de l'an 1100 : il s'agit d'un véritable récit en images (avec le nom des personnages) sur l'enlèvement de la femme d'Arthur par un mystérieux roi de l'Autre Monde, puis de sa délivrance ; une bande dessinée en quelque sorte où l'on reconnaît le schéma exact du roman de Chrétien de Troyes, *le Chevalier de la Charrette*. Et ce monument se trouve en Italie du Nord, preuve que la légende était déjà largement répandue. D'ailleurs, les allusions aux personnages arthuriens sont nombreuses dans la poésie des troubadours occitans, lesquels ont de toute évidence connu la légende bien avant les trouvères de langue d'oïl.

Enfin vint Geoffroy de Monmouth. Ce clerc gallois, familier du monastère de Glastonbury et plus ou moins inféodé à la famille des Plantagenêts, écrivit vers l'année 1135 deux œuvres capitales en langue latine, la *Vita Merlini* (vie de Merlin) et l'*Historia Regum Britanniae* (Histoire des Rois de Bretagne), dans lesquelles il transcrivait, de façon savante, intellectuelle, un ensemble de légendes parvenues jusqu'à lui par voie orale ou à travers d'anciens manuscrits aujourd'hui perdus. Le second de ces textes fut aussitôt traduit en gallois sous le titre de *Brut y Breninhedd* (Brut des Rois) et adapté en français, en 1155, par le clerc anglo-normand Robert Wace sous le titre de *Roman de Brut*, Brut étant la forme abrégée de Brutus, descendant d'Énée et ancêtre mythique des Bretons (à cause d'une vague homophonie et pour imiter la fondation de Rome par les Troyens). Ce fut là le point de départ de cette fantastique éclosion de la littérature arthurienne, sous les regards bienveillants de la dynastie Plantagenêt, et pour la plus grande gloire de Henry II qui cherchait à légitimer son pouvoir en se prétendant l'héritier du roi Arthur.

Ainsi naquirent des œuvres devenues désormais classiques. Vers 1160, ce fut *Erec et Enide*, du juif converti champenois Chrétien de Troyes, habitué de la Cour d'Aliénor d'Aquitaine à Poitiers, qui intégra une légende nettement armoricaine à l'ensemble arthurien. Entre 1165 et 1170, ce furent les deux *Tristan* anglo-normands de Béroul et Thomas, immédiatement adaptés en allemand par Eilhart d'Oberg et Gottfried de Strasbourg, puis en langue scandinave par un certain frère Robert. A la même date, Chrétien de Troyes intégrait délibérément la légende armoricaine de Lancelot du Lac aux aventures arthuriennes dans son *Chevalier de la Charrette*, tandis que l'Allemand Ulrich von Zatzikhoven adaptait, dans son *Lanzelet*, un original perdu mais d'inspiration armoricaine, concernant la légende primitive de Lancelot. Vers 1180, Chrétien de Troyes plongeait plus avant dans la tradition arthurienne insulaire, tout en la localisant en Armorique dans la fameuse forêt de Brocéliande, avec son *Chevalier au Lion*. Puis le même Chrétien, vers 1190, lançait le thème du Graal dans son *Perceval, ou le Conte du Graal*, œuvre inachevée qui allait être suivie de trois continuations différentes. Mais le thème était dans l'air, et tandis qu'un auteur occitan écrivait un *Roman de Jauffré*, au schéma très voisin, un autre anonyme très lié à Glastonbury composait un *Perlesvaux* bien énigmatique et d'inspiration archaïsante, cependant très éloigné d'un récit gallois de *Peredur* qui doit représenter une tradition populaire sur le même thème. Et, au début du XIIIe siècle, l'Allemand Wolfram von Eschenbach adaptait le roman de Chrétien dans son *Parzival* en y ajoutant des éléments ésotériques et souvent d'origine orientale, et dont l'idéologie apparaît comme quelque peu douteuse.

Parallèlement à ces œuvres, surgissait la tradition dite de Robert de Boron, auteur de Franche-Comté, lui aussi très lié aux Plantagenêts et à l'abbaye de Glastonbury. C'est probablement Robert de Boron qui a tissé le lien entre le symbolisme païen du Graal et les textes apocryphes de la tradition chrétienne. Il écrivit un *Merlin* en vers où se dessinaient de nouvelles orientations. La plus grande partie de son œuvre a été perdue, mais on en connaît le contenu grâce à des adaptations en prose parvenues jusqu'à nous sous le nom de *Huth-Merlin* et sous celui de *Didot-Perceval.* Ce sont ces différentes œuvres qui ont provoqué, vers la moitié du XIIIe siècle, la gigantesque fresque arthurienne du « Lancelot en prose », attribuée parfois à un certain Gautier Map, dont les plus beaux fleurons sont la *Quête du Saint-Graal* et la *Mort du Roi Arthur*, constituant ce qu'il est convenu d'appeler la version « cistercienne » de la légende.

Mais ce n'est pas tout. Le cycle du Graal et du roi Arthur est comparable à une galaxie qui éparpille dans le cosmos des multitudes d'étoiles de première grandeur autour desquelles, vibrantes et tournoyantes, d'innombrables planètes accomplissent leurs mystérieux rituels. Le thème a fait fureur. Dès le XIIe siècle, des épisodes jaillis du plus profond de la mémoire collective sont venus éclairer le schéma primitif, tant en français qu'en anglais, en allemand, en italien, en occitan, en castillan, en gallois et même en gaélique d'Irlande. Ces épisodes fragmentaires s'organisent autour d'un héros clé, célèbre ou non, qui prend le relais des aventures et tente de les mener à bon terme, dans la plus pure optique de cette utopie qui veut que le monde soit régi selon des normes voulues et acceptées par tous. Ainsi en est-il de Gauvain, le valeureux neveu du roi Arthur — et son héritier présomptif, selon la coutume celtique —, personnage principal de contes significatifs comme *le Chevalier vert* ou *l'Atre périlleux* (« le Cimetière périlleux »), et encore de Lancelot du Lac, comme dans *les Merveilles du Château de Rigomer*, où d'ailleurs le héros invincible est bellement démystifié, sans parler d'Yder de Northumbrie (Edern), d'Yvain (Owein), fils du roi Uryen, cet étrange fils de la fée Morgane, protégé par la fameuse « Troupe des Corbeaux » qui sont, en fait, les femmes-fées compagnes de sa mère. Que d'aventures extraordinaires autour de ces antiques divinités réduites au rang de héros surhumains ! Et cela durera jusqu'au milieu du XVe siècle, en Angleterre, en pleine guerre des Deux Roses, avec la compilation anglaise de Thomas Malory qui porte le titre français de *la Mort d'Arthur*, synthèse éblouissante, bien que très condensée, de toutes les traditions qui ont constitué l'immense et inépuisable corpus de l'épopée du Graal et de la Table Ronde.

C'est dire qu'une telle abondance de récits, tous intéressants par eux-mêmes, mais parfois fort éloignés les uns des autres, tant par l'espace que par le temps, ne facilite pas la compréhension du message délivré qu'on le veuille ou non par ce cycle. D'abord la question se pose de savoir s'il y a jamais eu un plan d'ensemble, une idée directrice, un schéma primitif dans cet amas d'anecdotes plus ou moins héritées des contes populaires oraux qui circulaient — et circulent encore — dans cette Europe marquée du sceau des Celtes, mais colorée par un afflux de traditions venues d'ailleurs et de partout. En une telle matière, il est périlleux d'affirmer ou de nier. A l'analyse des différentes composantes, il est cependant permis de risquer une réponse : il existe de fortes présomptions pour que les innombrables récits de la légende arthurienne obéissent aux impératifs d'un plan unique, plus ou moins écartelé par de multiples auteurs conscients de ce plan, et qui représenterait en définitive une authentique tradition de l'Europe occidentale. Au Moyen Age, la notion d'œuvre collective était plus forte que celle d'œuvre individuelle, et il est certain que les auteurs, Chrétien de Troyes en tête, avaient le sentiment d'apporter leur propre contribution à un vaste ensemble appartenant à la collectivité. Cela explique que de nombreuses œuvres soient inachevées : ce n'est pas que leurs auteurs soient morts ou qu'ils aient manqué d'inspiration, c'est parce qu'ils savaient que d'autres prendraient le relais et mèneraient — peut-être — la quête à son terme. En l'occurrence, c'était reconnaître qu'un thème d'origine mythologique n'appartenait à personne et qu'il était la propriété de tous. Il y a là une conception de l'œuvre d'art qui peut nous échapper, mais qui n'en est pas moins puissante et significative. Mais nous ne sommes plus au Moyen Age. Que faut-il faire pour appréhender et comprendre cette épopée fantastique qui est à la base de toute la civilisation européenne ? Chaque époque a ses usages, ses rythmes propres, son expression particulière, ses modes de conduite : comment faut-il recevoir l'immense message que les Temps obscurs nous ont légué ?

Une chose est certaine : suivre une seule de ces œuvres, quelles qu'en soient la beauté ou les qualités littéraires, ne rend aucunement compte de la conception originale, si tant est qu'il y en ait eu une. On peut cependant le supposer et la rechercher à travers la multitude de textes mettant en scène non seulement les principaux héros, mais ceux qui, invités autour de personnages moins connus, risquent d'éclairer d'un jour nouveau la trame fondamentale qu'une apparente dispersion pourrait masquer. Joseph Bédier, au début de ce siècle, n'avait pas fait autre chose lorsque, prenant les divers fragments littéraires de la légende de Tristan et Yseult, il était parvenu à reconstituer une œuvre d'une grande cohérence et qui demeure, encore maintenant, le texte de référence sur le sujet. Car il s'agit bien de cohérence et de reconstitution. Et pour y parvenir, il faut surtout se garder de coller bout à bout des épisodes sans les soumettre à une critique interne en fonction de leur signification générale : le résultat serait alors un simple *patchwork* peut-être pittoresque mais parfaitement incohérent.

On risque de se heurter à un autre écueil dans ce genre de restitution : celui de la mode archaïsante. Certes, les formulations médiévales anciennes ont un certain charme, mais sommes-nous capables de les comprendre et de les apprécier vraiment à notre époque ? Quand il écrivait ses *Contes drolatiques*, Balzac voulait surtout pasticher le style de la fin du XVe siècle et du début du XVIe siècle : le résultat est effectivement « drôle », mais cela reste un amusement d'esthète dont on se contente d'admirer l'ingéniosité. En cette fin de XXe siècle, si l'on veut transmettre un message, il importe de le rendre accessible au plus grand nombre, de parler le langage de ce temps, même si les aventures relatées appartiennent à une époque lointaine et révolue. Ce qui ne signifie nullement qu'il faille sacrifier le contenu, ce qu'on appelle le *signifié* : bien au contraire, il peut alors, une fois débarrassé des scories qui l'encombrent, apparaître dans toute sa lumière, dans toute sa puissance.

Tel est le but de ces récits du *Cycle du Graal* : redire avec le langage d'aujourd'hui ce qui constitue le plus merveilleux et le plus essentiel de la tradition européenne dans ses sources vives. Car si « c'était dans le temps... », c'est encore aujourd'hui.

Poul Fetan, 1992.

AVERTISSEMENT

Les chapitres qui suivent ne sont pas des traductions, ni même des adaptations des textes médiévaux, mais une ré-écriture, *dans un style contemporain, d'épisodes relatifs à la grande épopée arthurienne telle qu'elle apparaît dans les manuscrits du* XIe *au* XVe *siècle. Ces épisodes appartiennent aussi bien aux versions les plus connues qu'à des textes demeurés trop souvent dans l'ombre. Ils ont été choisis délibérément en fonction de leur intérêt dans le déroulement général du schéma épique qui se dessine à travers la plupart des récits dits de la Table Ronde, et par souci d'honnêteté, pour chacun des épisodes, référence précise sera faite aux œuvres dont ils sont inspirés, de façon que le lecteur puisse, s'il le désire, compléter son information sur les originaux. Une œuvre d'art est éternelle et un auteur n'en est que le dépositaire temporaire.*

CHAPITRE I

Le Règne des Géants

Il y avait autrefois, certains disent que c'était quatre mille ans après la création du monde, un roi très puissant qui, par sa sagesse, son courage et sa ténacité, avait établi sa domination sur tous les pays qui composent aujourd'hui la Grèce. Ses armées étaient bien organisées, bien pourvues d'armements et de chevaux, fort bien commandées par des chefs dont la compétence et la fidélité étaient à toute épreuve ; ses ports abritaient de nombreux navires et regorgeaient de marchandises venues des quatre coins du monde. Quant à ses terres, intelligemment mises en valeur par tout un peuple de paysans libres, elles produisaient en abondance le blé et les olives et nourrissaient de nombreux troupeaux, tant dans les plaines et les vallées que sur les pentes des montagnes. Les sujets de ce roi n'avaient guère l'occasion de se plaindre, car le roi gouvernait avec justice et bonté, pour le bien de tous et de chacun, ne tolérant aucun manquement à la loi et s'efforçant toujours d'assurer l'harmonie et la bonne entente entre toutes les classes de la société.

Ce roi, bel homme de haute stature, avait épousé une femme de grande noblesse, également de haute stature, très sage et cultivée, et qui tenait son rang de reine à la satisfaction de tous. Elle avait donné à son mari trente filles, toutes plus belles les unes que les autres, dont on ne connaît que le nom de l'aînée, la princesse Albine. Le roi et la reine avaient fait l'impossible pour assurer à leurs enfants la meilleure éducation qui soit, et les princesses faisaient l'admiration non seulement de leurs parents, mais également de tous ceux qui avaient le privilège de les approcher. Bien entendu, lorsqu'elles parvinrent à l'âge d'être mariées, les prétendants ne manquèrent pas, tant à cause de leur beauté que de la puissance que représentait le roi de Grèce. Et celui-ci fit en sorte de leur faire épouser des fils de rois connus pour leur vaillance et leurs qualités. Il y eut à cette occasion de grandes fêtes, de grandes réjouissances, consignées dans les chroniques de ce temps, et qui firent grande impression sur tous les peuples qui occupaient alors les îles et les rivages de la Méditerranée orientale. Et, après ces somptueuses réjouissances qui durèrent, paraît-il, trois mois, chaque princesse quitta la cour du roi de Grèce en compagnie de son époux respectif, pour regagner leurs terres. Le roi et la reine avaient certes quelque chagrin à voir partir ainsi leurs enfants, mais ils se consolaient en se disant qu'ils avaient ainsi contribué à leur bonheur en même temps qu'à la pérennité de leur race.

Malheureusement, le roi de Grèce ignorait beaucoup de choses à propos de ses filles. Durant leur enfance et leur adolescence, elles avaient été considérées comme des êtres exceptionnels par tous ceux qui les avaient éduquées, d'autant plus qu'elles étaient les seules héritières du roi, leur père. Le caractère de chacune d'elles avait été fortement influencé par cette situation particulière, et elles en avaient conçu un orgueil démesuré, conscientes que leurs pouvoirs étaient inégalables. Or, une fois mariées, même avec des fils de rois, n'allaient-elles pas devoir abandonner ces pouvoirs, ou du moins les partager avec ceux qui étaient devenus leurs époux ? Au fond d'elles-mêmes, c'était là chose qu'elles se refusaient à admettre. Et comme elles s'entendaient parfaitement entre elles, la nuit précédant leur départ de la cour du roi, elles s'étaient réunies en grand secret, à l'écart de la ville, dans l'enceinte d'un temple que personne n'osait approcher pendant la nuit.

Alors, la princesse Albine, en tant qu'aînée, avait pris la parole et s'était adressée ainsi à ses sœurs : « Nous sommes les filles du plus puissant roi de la terre, d'un roi qui n'est soumis à nul autre roi, et nous ne pouvons décemment, sans déchoir de notre rang, obéir à d'autres personnes qu'à nous-mêmes. Or, nos époux vont obligatoirement nous commander et attenter ainsi à notre puissance de décision. » Toutes les autres avaient été sensibles à cet argument et avaient manifesté leur accord. « Oui, dit l'une, il n'y a pas de raison pour que nous consentions à subir le joug d'un maître. C'est à nous et à nous seules de commander non seulement à nos propres personnes mais aussi à nos époux et à tous ceux qui leur sont soumis [1]. » Cet avis avait grandement plu à toute l'assistance, et on s'était mis à discuter des moyens à employer pour qu'elles pussent rester maîtresses absolues de la situation. Les débats furent assez longs mais, à la fin, la princesse Albine avait apporté une conclusion qui était en fait une résolution en bonne et due forme : « Nous nous efforcerons, par tous les moyens, d'obliger nos époux à suivre nos directives, et s'ils refusent de nous écouter, nous ferons en sorte de les éliminer afin de rester maîtresses de notre destin. » Toutes ses sœurs avaient applaudi et s'étaient séparées sur la promesse de se réunir dans quelques mois pour faire le point sur la

1. Il y a, dans cet épisode, le souvenir d'un état social gynécocratique antérieur à l'instauration du patriarcat, et probablement une réminiscence du fameux mythe des Amazones.

situation. Et c'est dans cet état d'esprit que les filles du roi de Grèce s'en allèrent dans leurs nouveaux pays.

Mais les temps n'étaient plus au triomphe de la femme : si celle-ci proposait, c'était l'homme qui disposait. Les filles du roi de Grèce s'en aperçurent très tôt, et comme elles se l'étaient promis, elles se réunirent de nouveau en un endroit secret pour examiner leur situation et les moyens à employer pour maintenir coûte que coûte leur primauté absolue sur les hommes. Il n'y avait guère d'espoir que les maris devinssent les fidèles exécutants des volontés de leurs épouses : il fallait donc agir rapidement et de façon radicale. Il n'y avait plus à reculer : « Mes sœurs, dit encore Albine, prenons l'engagement solennel de tuer de nos propres mains nos époux, toutes au même moment et le même jour, lorsqu'ils seront étendus entre nos bras, s'imaginant atteindre la suprême jouissance ! » Les trente sœurs fixèrent un jour précis pour l'accomplissement de leur dessein et jurèrent toutes de ne manifester ni faiblesse, ni reculade, ni remords. Toutes, sauf une, la plus jeune, qui prononça le serment du bout des lèvres. Elle aurait bien voulu intervenir au cours de l'assemblée, pour démontrer à ses sœurs l'injustice et la cruauté de ce projet, mais elle avait eu peur que les autres ne l'eussent mise à mort pour qu'elle ne pût trahir le secret. Car il faut dire que cette jeune femme aimait tendrement son mari et que celui-ci le lui rendait bien : jamais elle n'eût consenti à lui nuire d'aucune façon. Elle se tut donc, et l'assemblée se sépara, chacune des sœurs rentrant chez elle auprès de son époux.

Mais quand elle fut en face de l'homme qu'elle aimait, la plus jeune ne put cacher sa profonde mélancolie, tant et si bien que le mari remarqua sa gêne et sa tristesse. Il lui en fit la remarque, lui demandant quelles sombres pensées l'agitaient ainsi. D'abord décidée à ne rien dire — n'avait-elle pas prononcé le terrible serment ? — elle finit cependant par se jeter aux pieds de son mari, lui demandant pardon et lui dévoilant les moindres détails du complot ourdi pour sa perte et celle de ses beaux-frères. Mais, au lieu d'exploser de colère, le mari se pencha, saisit tendrement sa femme en larmes, la redressa et l'embrassa en lui donnant les plus grands signes d'amour qu'elle eût jamais connus. Et il dit : « Femme, sois sans inquiétude et abandonne ton chagrin : nous ferons en sorte que rien ne se fasse comme tes sœurs l'ont prévu. » Alors, le lendemain, accompagné de son épouse, il quitta ses terres en hâte et se rendit auprès du roi de Grèce.

On imagine la surprise, puis la fureur de celui-ci lorsqu'il apprit l'odieuse conspiration de ses filles. Il s'emporta jusqu'à les maudire devant les dieux, à l'exception toutefois de la plus jeune, celle qui avait reculé devant une telle horreur et qui avait eu le courage de tout avouer. Bien au contraire, il ne l'en aima que davantage, et la tint désormais pour son unique héritière. Puis il fit écrire des lettres destinées à ses vingt-neuf autres gendres, les priant de venir immédiatement à sa cour, accompagnés de leurs épouses. Comme ils avaient beaucoup de respect et de déférence envers le roi de Grèce, tous les gendres se hâtèrent d'obéir.

Lorsque toutes et tous furent rassemblés dans une grande salle du palais, le roi accusa publiquement ses filles de trahison et dévoila le plan qu'elles avaient ourdi. Les filles furent atterrées. Elles tentèrent bien de se défendre par serment, en proclamant que tout ceci était mensonge, ou résultat de la folie de leur plus jeune sœur, rien n'y fit. Le roi et ses gendres appelèrent des hommes d'armes qui s'emparèrent des vingt-neuf filles et les jetèrent sans ménagement dans une prison sans lumière, en attendant le jour où elles passeraient en jugement. Certes, le père avait d'abord eu l'idée de les tuer sans pitié en raison de la monstruosité du crime qu'elles auraient perpétré sans l'honnêteté de la plus jeune, mais ses conseillers lui avaient objecté que, dans un royaume digne de ce nom, la justice est un droit en même temps qu'un devoir et qu'elle ne peut s'accomplir sans recourir aux lois et coutumes. Le sort des filles du roi fut donc remis entre les mains des juges qui, au jour prévu, eu égard à la grande noblesse des accusées, ne voulurent pas que leur crime fût châtié dans le sang. Il fut décidé que les vingt-neuf princesses seraient à jamais bannies du royaume et de tous les autres royaumes alliés à la Grèce, et que jamais plus elles ne pourraient revenir dans leur pays natal ou dans les domaines de leurs époux.

Le lendemain du jugement, sans pitié pour leurs plaintes et leurs cris lamentables, on les emmena rudement jusqu'au port le plus proche et on les obligea à embarquer sur un bateau fort robuste et résistant, mais sans gouvernail. On les y entassa, toutes seules, sans autre compagnie, et en prenant grand soin de ne leur laisser aucune nourriture. Puis, on mena le bateau en haute mer et là, sans plus de cérémonie, on l'abandonna au gré des flots et des vents.

Les princesses n'ignoraient pas que leurs chances de salut étaient minimes : elles ne pouvaient gouverner leur navire, et celui-ci les emportait vers des horizons inconnus. Allaient-elles périr de faim et de soif ? Allaient-elles se noyer dans la mer lorsque le bateau aurait chaviré ou se serait brisé contre les rochers d'un rivage inhospitalier ? Leur terreur était immense, mais ce qui les faisait encore plus souffrir, c'était de se voir démunies de tout, à la merci des éléments, elles qui étaient de noble extraction et qui avaient toujours pu satisfaire leurs moindres caprices. Leur situation tragique n'avait pas diminué leur orgueil et elles n'éprouvaient guère de remords à la pensée du crime qu'elles avaient décidé de commettre. Elles considéraient bien davantage leur état comme une injustice que comme une punition méritée.

Le navire erra longtemps et les princesses commençaient à souffrir sérieusement de la faim et de la soif.

Une nuit, une violente tempête se leva : les flots étaient agités de mille secousses, le navire tremblait de toutes parts, la foudre jaillissait du ciel sombre et les rafales de vent avaient détruit la mâture. Elles n'avaient plus rien à espérer et elles en vinrent à appeler la mort comme un soulagement à leurs souffrances. Elles étaient tellement secouées qu'elles tombèrent évanouies et demeurèrent couchées sur le pont, au milieu des cordages, sans bouger, durant trois jours et trois nuits.

Alors, la tempête se calma et le ciel redevint serein. Le soleil se mit à briller, et une brise légère fit dériver le navire en direction du soleil couchant, de sorte qu'il vint s'échouer sur une côte basse, en cette terre qui est maintenant l'Angleterre. C'était marée basse, mais les princesses ignoraient l'existence des marées dans le grand océan. Elles furent très étonnées, en se relevant, de voir les eaux qui refluaient. Bientôt, le bateau se trouva entièrement à sec. « Les dieux nous protègent, se dirent-elles. Ils nous ont sauvées de la tempête et nous ont conduites sur cette terre où nous allons pouvoir trouver des secours. » Et elles se préparèrent à mettre le pied sur le rivage. Alors, devançant toutes les autres, et malgré son intense fatigue, la princesse Albine se précipita, sauta du bateau, et dès qu'elle eut senti le sol ferme sous ses pas, elle s'écria : « En tant que votre aînée, je prends possession de ce pays, quel qu'il soit, et je m'en déclare la dame et la maîtresse ! Que les dieux qui nous protègent soient témoins de cet acte sacré par lequel cette terre et tous ceux qui y vivent m'appartiennent ! »

Les vingt-huit autres descendirent à leur tour du bateau. Elles pouvaient à peine marcher tant elles étaient affaiblies par leurs souffrances et leurs privations. Leur unique but était de découvrir de l'eau bonne à boire et de la nourriture. Elles errèrent sur le rivage et s'enfoncèrent plus à l'intérieur, au milieu d'une forêt sombre et profonde. Là, elles découvrirent un ruisseau où elles s'abreuvèrent longuement. Puis elles repartirent, mais ne découvrirent nulle habitation, nulle trace de vie humaine. Il faut savoir qu'en ce temps-là, cette grande île que nous appelons la Grande-Bretagne était totalement inhabitée, et qu'elle ne portait aucun nom. Les princesses, ne trouvant âme qui vive, cueillirent des fruits sauvages et déterrèrent des racines pour les dévorer avec avidité. Cette médiocre nourriture n'avait rien de commun avec ce qu'elles avaient coutume de manger dans leurs palais, mais elles étaient si affamées que non seulement elles s'en contentèrent, mais furent toutes joyeuses de savoir qu'elles pourraient survivre dans ce pays inconnu.

S'étant ainsi quelque peu réconfortées, elles pensèrent à se protéger pour la nuit. Bien qu'elles n'eussent aucune expérience et aucune habileté en la matière, elles purent néanmoins établir des abris de fortune avec des branchages et répandirent des feuilles sur le sol afin de s'y reposer. Elles étaient si harassées que, malgré la précarité de ces couches, elles dormirent longtemps. Le lendemain, elles s'enfoncèrent plus avant dans les bois, cherchant une quelconque trace d'habitation. Mais elles n'en trouvèrent point. Par contre, elles découvrirent quantité de fruits sauvages dans les arbres, pommes, prunelles, châtaignes, glands, nèfles, et même des fraises sauvages dans les grandes herbes. Et plus loin, elles virent des oiseaux de toutes couleurs dans les branches, et aussi des bêtes sauvages qui s'enfuyaient à leur approche, des lièvres et des sangliers notamment, ce qui leur fit un peu peur, mais qui les réconforta. Elles finissaient en effet par comprendre que ce pays était inhabité et que, puisqu'elles ne retrouveraient jamais leur patrie, il leur fallait s'organiser et tirer parti de ce que la nature leur fournissait. Alors l'aînée, la princesse Albine, prit la parole :

« Mes sœurs, nous voici donc exilées de la terre qui nous a vu naître, mais les dieux nous ont accordé ce pays désert dont je dois être la maîtresse puisque j'y ai abordé la première, et en vertu de mon droit d'aînesse. Si l'une d'entre vous conteste mon autorité, je la prie de bien vouloir me démontrer en quoi je pourrais avoir tort ! » Albine toisa ses sœurs avec arrogance. Aucune d'elles n'osa prendre à partie son aînée tant celle-ci était redoutée : chacune savait en effet qu'elle serait capable de se débarrasser immédiatement de la moindre perturbatrice. Elles applaudirent toutes à ce que disait Albine, la confirmant dans son rôle de chef. Albine continua ainsi : « Cette terre où nous sommes, nous n'en savons pas le nom, et sans doute n'en a-t-elle pas puisqu'elle est inhabitée. C'est pour cette raison qu'elle doit être appelée de mon nom, puisque j'en suis la maîtresse légitime. Et puisque Albine est mon nom, je déclare que cette terre sera nommée Albion[1]. Ainsi, désormais, mon nom et notre souvenir resteront à jamais gravés dans ce pays jusqu'à la fin des temps. Nous n'avons pas besoin de partir ailleurs, car cette terre est riche en biens de toutes sortes. Nous ne manquerons jamais de rien, sauf de viande, à moins que nous ne trouvions le moyen de nous emparer des animaux qui fuient à notre approche. »

Elles éprouvaient en effet une très grande envie de viande, et leur estomac la réclamait. De plus, à force de voir des oiseaux dans les arbres, et des bêtes en abondance, cette envie ne faisait qu'augmenter. Elles réfléchirent donc aux moyens d'attraper du gibier et des oiseaux. Autrefois, elles avaient toutes chassé dans les

---

1. C'est l'un des noms anciens de la Grande-Bretagne, et qui lui est d'ailleurs resté avec une vague nuance péjorative (la « perfide Albion » !). Le mot, qui s'apparente au latin *albus*, blanc, provient d'une racine pré-indo-européenne signifiant « blancheur » par l'intermédiaire de termes celtiques. On en reconnaît la trace dans le nom des Alpes (à cause de la blancheur de la neige). Il est probable que l'île de Bretagne a été ainsi nommée à cause des brumes persistantes qui ont dû frapper les premiers navigateurs, et qui ont pu lui donner l'aspect d'une masse blanchâtre. Il faut noter que le gallois et breton *bann* (gaélique *beann*) a le double sens de « hauteur » et de « blancheur » (racine celtique *vindo*).

forêts de Grèce, mais ce qui leur manquait, c'étaient des arcs, des flèches, ou encore des faucons et des chiens. Elles finirent cependant par fabriquer des pièges et par les placer si habilement que, bientôt, elles eurent abondance de gibier. Mais encore fallait-il préparer cette nourriture et la faire cuire. En frottant des cailloux les uns sur les autres, elles parvinrent à enflammer des brindilles et des feuilles sèches, et elles firent rôtir les petits oiseaux à même la braise. Pour ce qui était du gros gibier, elles eurent recours à un procédé fort ingénieux : elles creusaient une fosse qu'elles remplissaient d'eau, et elles y mettaient la bête, une fois vidée dans sa totalité, entourée de grandes herbes. Puis elles faisaient un feu et chauffaient des galets qu'elles plongeaient dans la fosse au moyen de grosses branches afin de chauffer l'eau et de la maintenir à une bonne température de cuisson. Ainsi avaient-elles de la viande bouillie dans les meilleures conditions du monde [1].

Les princesses eurent grand plaisir à se rassasier de cette nourriture. Elles en oubliaient toutes les souffrances endurées au cours de leur terrible navigation vers cette terre d'Albion, et, au bout de quelques semaines, elles avaient tant repris de sang et de chair qu'elles se sentirent au meilleur de leur forme. Mais c'est alors qu'elles s'aperçurent qu'il leur manquait quelque chose : la chaleur naturelle qui montait en elles leur fit éprouver, à toutes, l'impérieux désir de se trouver en compagnie d'un homme afin de satisfaire leur volupté. Mais il n'y avait aucun homme sur cette terre, et cela ne faisait qu'aiguiser cette envie qui ne les quittait ni le jour ni la nuit. Sous la morsure du soleil, dans le vent qui soufflait

1. Le procédé est parfaitement authentique. D'après différentes études archéologiques, il a été utilisé à partir de la fin du néolithique et s'est maintenu pendant tout l'âge du fer, c'est-à-dire à l'époque celtique.

entre les branches, leurs corps frémissaient, tendus vers l'inaccessible, et pendant la nuit leur sommeil était troublé par des râles et des plaintes qui les empêchaient de trouver un véritable repos.

Or, les démons qu'on appelle *incubes* ne tardèrent pas à s'intéresser à elles. Ces démons incubes sont pourvus de nombreux pouvoirs qui leur viennent de l'enfer. Ils sont de simples esprits qui rôdent entre la terre et le ciel, mais ils peuvent prendre toutes les formes souhaitées, en particulier celle d'un homme qui s'en va rejoindre, dans les ténèbres, une femme en proie à un grand désir de volupté. Voyant que les filles du roi de Grèce désiraient ardemment la présence d'un homme à leurs côtés, les démons incubes vinrent les visiter et ils s'unirent à elles. Toutes furent ainsi contentées, mais elles ne virent jamais ceux qui avaient couché avec elles : elles ne firent que sentir ce que ressent une femme avec un homme dans ces circonstances. Chacune d'elles fut donc possédée par un démon incube, et s'en porta fort bien. Mais au bout de quelque temps, les démons incubes disparurent et ne revinrent jamais plus. Cependant, les princesses s'aperçurent qu'elles étaient toutes enceintes, et comme elles étaient grandes et fortes, elles donnèrent bientôt naissance à des garçons de haute stature, hideux à voir, féroces et fiers. C'étaient les géants qui dominèrent pendant si longtemps la terre d'Albion : ils avaient été engendrés par des démons et avaient acquis la force mauvaise de ceux-ci [1].

Quand ils eurent atteint leur maturité, ces garçons se sentirent à leur tour en proie à la chaleur naturelle, et

1. Cet épisode est conforme à la tradition biblique contenue dans la *Genèse*, VI, 1-4, à propos des mystérieux « Fils des Elohîm » (les anges ?), qui tombent amoureux des « Filles du Glébeux », descendent sur terre, s'unissent à elles et engendrent des géants qui infestent le monde. Cette croyance en l'existence d'une race gigantesque est commune à tous les peuples.

comme il n'y avait pas d'autres femmes que leurs mères, ils n'hésitèrent pas à s'unir à elles. C'est ainsi que naquirent de nombreux fils et de nombreuses filles, lesquels s'accouplèrent entre eux. Les sœurs eurent de leurs frères des fils et des filles qui grandirent beaucoup. Leur taille fut de plus en plus élevée, et ils furent très forts, étonnamment grands de corps et de stature. Cela, nul ne peut en douter, et il n'est pas rare de découvrir, lorsqu'on fouille la terre de ce pays, surtout sous les grands monuments de pierre dressés un peu partout, des ossements qui ne peuvent être que des ossements de géants appartenant à une race monstrueuse et maudite. Et, au fur et à mesure que le temps passait, cette engeance diabolique se multipliait, envahissait les plaines et les vallées, et surtout les montagnes, là où ils ont laissé le plus de traces. Car les géants étaient non seulement puissants par eux-mêmes, mais ils connaissaient les secrets des pierres et des métaux, et ils pouvaient construire de grands bâtiments. Ainsi creusaient-ils des cavernes dans le sol, les entourant de grandes murailles, et creusant, à l'avant de celles-ci, des fossés infranchissables. Les géants craignaient d'être attaqués par des ennemis et mettaient tout leur soin à se protéger les uns des autres, tant leur méchanceté était grande et leur orgueil démesuré.

Ils n'avaient aucune organisation véritable. Leur force et leur volonté farouche de dominer par tous les moyens, telles étaient leurs seules lois. Et comme leur force était non seulement terrible mais à peu près égale pour tous, ils se livrèrent entre eux à de sanglantes batailles dans lesquelles il n'y avait ni vainqueurs ni vaincus. C'est ainsi qu'à force de se combattre, ils finirent pas s'exterminer mutuellement, et lorsque le héros Brutus parvint en cette île d'Albion, en l'an 1136 avant la naissance de Notre Seigneur, à ce qu'on dit, les géants n'étaient plus que vingt-quatre à se partager un immense territoire, se surveillant férocement les uns les autres et n'hésitant pas, à la moindre faiblesse d'un de leurs voisins, à s'emparer de tous ses biens. Mais quand les géants apprirent que venaient de débarquer des gens venus d'ailleurs, et qui avaient l'allure de redoutables guerriers, ils firent taire leurs querelles et s'apprêtèrent à livrer contre eux une bataille qui les rejetterait à la mer [1].

Brutus venait de très loin. Il était le petit-fils du héros Énée, qui s'était échappé de Troie en flammes et qui, au terme de nombreuses aventures, avait fondé, en Italie, la ville qui allait plus tard devenir Rome. Mais alors qu'il était encore adolescent, Brutus, au cours d'un tournoi qu'il disputait, avait tué son père, par maladresse, d'un coup de javelot mal lancé. Ce drame avait été ressenti comme une malédiction, et l'on ne pouvait que se séparer d'un parricide, même involontaire, qui aurait provoqué à coup sûr la vengeance des dieux sur la communauté. Brutus avait donc été condamné à l'exil. Et comme il errait de pays en pays, de rivage en rivage, il s'arrêta un jour dans un temple de Diane pour y méditer. C'est là qu'il entendit une voix lointaine lui dire de ne pas perdre courage et de se préparer à une grande mission : il devait en effet donner son nom à une grande île, quelque part à l'ouest du monde. Tout réconforté par cette révélation, Brutus avait rassemblé quelques compagnons et s'en était allé dans le pays des Gaulois. Là, il s'était mis au service de quelques chefs et avait acquis beaucoup de gloire dans des combats difficiles. Et surtout, il s'était lié d'amitié avec un autre exilé, venu lui aussi d'Italie, un jeune homme de belle allure et de grande bravoure du nom de Corineus. Avec lui, il avait

1. Cette première partie du chapitre a été empruntée à un récit anglo-normand contenu dans un manuscrit de la fin du XIIIe siècle, édité par G. E. Brereton, Oxford, 1937. Traduction française intégrale par Danièle Régnier-Bohler dans *le Cœur mangé, récits érotiques et courtois*, Paris, Stock, 1979, pp. 281-295.

préparé très soigneusement une expédition, et tous deux s'étaient embarqués sur un beau navire, sur l'océan, dans la direction du soleil couchant. Et c'est alors qu'avec une troupe de guerriers habiles et généreux, Brutus et Corineus avaient débarqué sur le rivage de ce qui est aujourd'hui Totnais, en péninsule de Cornouailles.

Brutus savait que le nom de l'île était alors Albion. Il savait également qu'elle n'était habitée que par quelques géants et que ces géants s'opposeraient sans aucun doute à leur expédition. Cependant, la situation des lieux était très agréable, et cela plut grandement à Brutus, à Corineus et à leurs compagnons, car les rivières abondaient en poissons et les nombreuses forêts étaient pourvues de beaucoup de gibier. Ils commencèrent par se construire des demeures, non loin de l'océan, mais à l'abri des vents du large, puis ils se mirent à cultiver les terres et à faire pâturer le bétail qu'ils avaient amené avec eux. Et Brutus décida que cette île, à cause de son nom, serait appelée *Britannia* (Bretagne), et ses habitants les *Brittones* (Bretons). Il justifiait ainsi la révélation qu'il avait eue dans le temple de Diane. Quant à la portion de l'île que le sort avait attribuée à Corineus, elle fut appelée *Corinea*, c'est-à-dire Cornouailles (Cornwall).

Un jour que Brutus faisait célébrer une grande fête à Totnais, les géants, qui s'étaient rassemblés dans l'arrière-pays, vinrent attaquer les Bretons. La bataille fut terrible et grandiose. Les Bretons étaient plus nombreux et possédaient des armes plus efficaces, mais les géants étaient puissants et redoutables. Cependant, à force de mollesse et d'oisiveté, ces géants avaient quelque peu perdu de leur endurance. Ils se fatiguaient vite, et leurs adversaires eurent tôt fait d'en venir à bout. Vingt-trois d'entre eux périrent dans la bataille. Brutus ordonna qu'on épargnât la vie du vingt-quatrième et dernier, qui avait pour nom Goemagog, et qui mesurait douze coudées de haut. Brutus s'étonnait en effet de la taille de ce géant, et, de plus, il était curieux d'apprendre comment cette race s'était installée sur cette île et quelle en était l'origine. Il fit donc amener Goemagog chargé de chaînes devant lui et l'interrogea patiemment. Le géant lui dévoila de bonne grâce la façon dont ses ancêtres avaient été engendrés, comme il l'avait lui-même entendu dire par ceux qui avaient vécu avant lui, ainsi que tous les événements qui s'étaient déroulés sur cette île jusqu'à ce jour. Brutus et ses compagnons furent satisfaits de ces réponses, et on laissa libre le géant à condition qu'il se retirât sur une montagne et qu'il s'engageât à ne rien tenter de nuisible contre les nouveaux occupants du pays. Et Brutus fit mettre par écrit ce qui venait d'être raconté, afin que les générations futures pussent avoir connaissance des grandes prouesses du passé.

Après cette victoire sur les géants qui avaient infesté l'île pendant tant de générations, Brutus organisa son royaume, distribuant des terres à ceux qui l'avaient fidèlement servi. Il fonda une ville et lui donna le nom de *Troja Nova*, qui devint ensuite *Trinovantum*, et que l'on appelle actuellement Londres. Il fit défricher les grandes forêts et cultiver les endroits les plus fertiles. C'est à partir de son règne que l'île de Bretagne devint la patrie des druides, ces mystérieux prêtres qui connaissaient les secrets de la nature, la position des astres et l'explication des grandes énigmes de ce monde [1]. L'île de Bretagne se trouve dans l'océan, dans la direction du nord, tournée vers le soleil couchant. Elle mesure à peu près huit cents milles de long et deux cents de large. Depuis Brutus, elle se divise en vingt-huit cités et comporte d'innombrables promontoires surmontés d'innombrables forteresses en

1. Cette partie de chapitre est extraite de l'*Historia Regum Britanniae* de Geoffroy de Monmouth, éditée par Edmond Faral, *la Légende arthurienne*, tome III, Paris, Bibliothèque des Hautes Études, 1927.

pierre, en terre et en brique. Et dans cette île cohabitent quatre nations, Scots [1], Pictes [2], Saxons et Bretons. Autour de la grande île se trouvent des îles plus réduites. L'une, tournée vers l'Armorique, est appelée Inis Gweith [3]. Une autre est située au milieu de la mer entre l'Irlande et la Bretagne, c'est *Eubonia* ou Manau [4]. La troisième est bien au-delà, à l'extrême limite du monde et de la Bretagne, au-delà du pays des Pictes, et elle est appelée Orc [5]. Mais il y a aussi une île plus petite qui touche les rivages de la Bretagne, sous les hauteurs du mont Eryri [6] : c'est l'île de Mona [7], et c'est là qu'était établi le plus grand sanctuaire des druides.

En cette île de Bretagne, de nombreux fleuves se dirigent dans toutes les directions, c'est-à-dire vers l'orient, vers le septentrion, vers le couchant, vers le midi, mais deux de ces fleuves sont plus célèbres que les autres, la Tamise et la Severn, comme si elles étaient les deux bras de la Bretagne, bras par lesquels les navires venaient apporter de riches marchandises dans les ports, situés bien à l'abri dans leurs estuaires. Mais c'est par ces ports qu'arrivèrent de nombreux envahisseurs, parce qu'ils savaient que l'île de Bretagne était riche et bien pourvue, attirant ainsi les convoitises de nations qui se sentaient pauvres et défavorisées.

---

1. C'est le nom générique des Irlandais mais, depuis le VIᵉ siècle, lorsque l'Écosse a été christianisée et gaélicisée par les Irlandais, le nom de Scots est devenu celui d'Écossais.
2. Peuple d'origine controversée qui occupait l'Écosse lors de la christianisation et qui a reflué ensuite dans l'extrême nord de la Grande-Bretagne, ainsi que dans les îles Orcades et Hébrides.
3. Il s'agit de l'île de Wight, au large de Plymouth et de Southampton, en latin *Vectis*.
4. Il s'agit de l'île de Man, dans la mer d'Irlande.
5. Ce sont les îles Orcades, au nord-ouest de l'Écosse.
6. Le mont Snowdon, au nord-ouest du Pays de Galles.
7. L'île d'Anglesey, en Gwynedd (Pays de Galles), dont le nom gallois est *Môn*.

Brutus mourut vingt-quatre ans après son arrivée dans l'île qui porte son nom. Ses trois fils se partagèrent le pays, et leurs descendants régnèrent ensuite les uns après les autres. Mais les Scots qui étaient à l'ouest, et les Pictes qui étaient au nord s'allièrent souvent contre les Bretons et engagèrent des guerres meurtrières. Et cela dura ainsi jusqu'au temps des Romains [1].

---

1. D'après l'*Historia Brittonum*, chronique attribuée à Nennius, contenue dans un manuscrit des IXe et Xe siècles (Ms. de Chartres, *Revue celtique*, XV, pp. 175 et suiv.), et dans un manuscrit des XIe et XIIe siècles (Harléian 3859, édité par Edmond Faral, *la Légende arthurienne*, 1927, tome III, pp. 4 et suiv.).

CHAPITRE II

Les Rois de Bretagne

En ce temps-là, la Bretagne était agitée par d'incessantes querelles entre les rois. Pourtant, l'un d'eux, qui se nommait Bladud, établit un grand temple et des thermes là où se trouve maintenant Kaer Badwn (Bath). Il plaça ses bains sous la protection de la déesse Sul dans le sanctuaire de laquelle il déposa des feux inextinguibles qui ne donnaient jamais de cendres, mais qui, lorsqu'ils commençaient à décroître, se transformaient en blocs de pierre. C'est à la même époque qu'un sorcier du nom de Hélias fit des prières pour empêcher la pluie de tomber, et, effectivement, durant l'espace de trois ans et six mois, il n'y eut aucune pluie sur l'île de Bretagne, ce qui occasionna une grande sécheresse et une grande pénurie. Ce Hélias était un personnage fort habile dans les sciences secrètes : c'est lui qui introduisit la magie dans le royaume de Bretagne, et il ne cessa de multiplier ses prodiges, jusqu'au jour où, s'étant fabriqué des ailes, il voulut s'élever dans les airs. Mais il retomba sur le temple de Lug dans la ville de Londres, et se rompit les os.

Il y eut aussi un bon roi, nommé Moelmud, qui fut le premier à établir des lois fixes pour tout le pays. Mais quand il mourut, ses deux fils, Beli et Brân, se disputèrent âprement le pouvoir. Ils parvinrent cependant à un accord : Beli gouvernerait le Kernyw (Cornwall), le Cymru (Pays de Galles) et le royaume de Lloegr [1], tandis que Brân aurait tout le nord de l'île. Mais, sous l'influence de ses conseillers qui n'y trouvaient pas d'avantages suffisants, Brân commença à considérer ce partage comme très inégal. Il fit alliance avec le roi de Scandinavie dont il épousa la fille et, avec une armée fournie par son beau-père, il tenta de conquérir l'ensemble de l'île en guerroyant contre son frère. Mais Beli avait eu le temps de se préparer et d'envahir une partie des territoires de Brân. Il fut assez heureux pour s'emparer de la femme de son frère et du roi de Scandinavie lui-même. Brân envoya alors à Beli des messagers pour lui demander de libérer les prisonniers, sous la menace de tout dévaster sur son passage. Comme Beli avait refusé cet ultimatum, une grande bataille s'engagea, au nord de l'île, dans la forêt de Catathyr. Le combat dura plusieurs jours et plusieurs nuits, car il y avait dans chaque camp des hommes d'un grand courage et d'une grande persévérance. Beaucoup de sang fut versé. Les flèches qui pleuvaient de toutes parts causaient de profondes blessures aux guerriers. Les troupes tombaient comme les moissons sous les faux des moissonneurs, et les soldats de Brân furent mis en déroute. Beli, une fois vainqueur, rétablit la paix dans toute l'île et gouverna sagement en appliquant les lois de son père Moelmud.

Mais Brân ne se tenait pas pour battu. Il avait pu s'échapper sur un navire et s'était réfugié en Gaule. Là, il se conduisit comme le pire des aventuriers, pillant les villages et les forteresses et accumulant le butin qu'il partageait avec une troupe d'hommes prêts à tout. Il fut

1. A l'origine, le terme désigne seulement l'Angleterre proprement dite, moins la péninsule de Cornwall-Devon. Par la suite, le « royaume de Logres » sera celui d'Arthur.

cependant accueilli par Segin, le roi des Allobroges, qui avait besoin de lui pour lutter contre ses ennemis, et qui lui donna sa fille en mariage. Et lorsque Segin mourut, ce fut Brân qui devint roi des Allobroges, se conciliant l'amitié de ses sujets en leur distribuant tous les trésors qu'il avait accumulés et en faisant en sorte que la nourriture ne leur manquât jamais.

Cela ne l'empêchait pas de regretter l'île de Bretagne. Il s'arrangea pour lever une nombreuse armée, s'alliant ainsi avec d'autres peuples gaulois, et se mit en devoir de débarquer sur l'île [1]. Prévenu de cette invasion, Beli se prépara à résister et à combattre. C'est alors que Conwen, la mère des deux frères ennemis, se jeta entre les troupes et, à force de prières et de supplications, réussit à réconcilier ses enfants. Mais Brân avait trop le goût des conquêtes ; il finit par entraîner Beli dans une expédition sur le continent : les deux frères passèrent la mer et soumirent, les uns après les autres, tous les peuples de la Gaule. Puis, avec une armée composée de Bretons et d'Allobroges, ils franchirent les Alpes et entreprirent la conquête de l'Italie, se dirigeant vers Rome et répandant la terreur sur leur passage [2].

Voyant le danger qui menaçait leur pays, les consuls romains envoyèrent des ambassadeurs pour proposer la paix. Après d'âpres négociations, il fut convenu que les Romains s'engageraient à verser un tribut annuel. Beli et Brân se retirèrent donc après avoir pris des otages et passèrent immédiatement chez les Germains dans l'intention délibérée de conquérir toute l'Europe. Alors, les Romains, honteux d'avoir accepté un traité fort humi-

1. Cela correspond à une migration des Belges en Grande-Bretagne, vers la fin du second siècle avant notre ère.

2. Souvenir évident de l'expédition entreprise par le Gaulois sénon Brennus, en 387 avant notre ère, et qui aboutit à la prise de Rome par les Gaulois.

liant pour eux, levèrent des armées pour venir au secours des Germains. Mais Brân, au lieu de poursuivre sa marche en Germanie, se retourna rapidement contre les Romains et fut assez heureux pour les vaincre complètement. Et il établit son pouvoir sur l'Italie en y faisant régner la terreur, tandis que son frère Beli, lassé des guerres, retourna en Bretagne où il termina ses jours dans la paix et la prospérité. Il laissait quatre fils, Lludd, Casswallawn [1], Nynnyaw et Llevelys. C'est Lludd qui prit le pouvoir avec sagesse et détermination. Il fit reconstruire de nombreuses forteresses qui étaient en ruine dans le pays, et s'efforça de procurer bonheur et prospérité à ses sujets [2].

Il fit rénover également les murailles de Londres qui menaçaient ruine, et les munit de tours innombrables. Puis il ordonna à tous les habitants d'y bâtir des maisons telles qu'il n'y en aurait pas de plus hautes dans tous les pays du monde. Et, quoiqu'il possédât de nombreuses forteresses à travers tout le royaume, c'était celle-là qu'il préférait, et il y passait le plus clair de son temps : c'est pourquoi elle fut appelée *Kaer Lludd.* C'était aussi un excellent guerrier, mais qui répugnait à entreprendre une bataille, car il avait le souci de la vie de ses sujets. Il était généreux, distribuant largement nourriture et boisson à tous ceux qui venaient lui présenter des requêtes. Et celui de ses frères qu'il préférait, c'était Llevelys, le plus jeune, parce que c'était un homme prudent et sage.

Llevelys avait appris que le roi d'un peuple gaulois était mort sans autre héritier qu'une fille, et qu'il avait laissé tous ses domaines entre les mains de celle-ci. Or Llevelys, qui ne pouvait espérer régner sur la Bretagne, eut l'idée de demander en mariage cette fille de la Gaule.

---

1. C'est le *Cassivellaunus* dont parle César dans ses *Commentaires.*
2. Cette première partie du chapitre est empruntée à l'*Historia Regum Britanniae.*

Il alla demander conseil à son frère, lui démontrant qu'il ne s'agissait pas seulement d'un quelconque intérêt, mais aussi d'un accroissement d'honneur pour toute la lignée. Son frère l'encouragea vivement à se présenter comme prétendant. Des navires furent préparés et équipés de bons guerriers armés, et Llevelys partit pour la Gaule. Il sut tant se faire aimer de la fille du roi, et se faire respecter des sujets de celle-ci, qu'il fut bien vite accepté : il épousa la jeune princesse et gouverna son domaine avec sagesse et modération.

Or, un certain temps après son départ, trois étranges fléaux s'abattirent sur l'île de Bretagne, tels qu'on n'en avait jamais vus de semblables. Le premier était une race particulière qu'on appelait les *Corannieit* [1] : leur puissance était telle qu'il ne se tenait aucune conversation sur toute la surface de l'île, si bas que l'on parlât, qui ne vînt à leurs oreilles, si le vent l'apportait jusqu'à eux. Dès lors, il était impossible de leur nuire ou d'entreprendre quoi que ce fût contre eux. Le second fléau, c'était un grand cri qui se faisait entendre chaque nuit de premier mai [2] au-dessus de chaque foyer de l'île de Bretagne : il traversait le cœur des humains et leur causait une telle frayeur que les hommes en perdaient leurs couleurs et leurs forces, les femmes leurs enfants dans leur sein, les jeunes gens et les jeunes filles leur raison. Et la désolation s'installait dans le pays : les animaux, les arbres, la terre et les eaux étaient frappés de stérilité.

Quant au troisième fléau, voilà en quoi il consistait : on

---

1. Ce sont les équivalents des *korrigans* de la Bretagne armoricaine, ces petits êtres qui vivent à l'intérieur de la terre, sont possesseurs de nombreux secrets et trésors, et que l'on rencontre parfois sur les landes.

2. C'est-à-dire à la fête celtique de Beltaine, correspondant à la fameuse fête germanique de la « Nuit de Walpurgis », lorsque tous les sorciers et sorcières se réunissent pour tenter d'attirer la malédiction sur les moissons et les troupeaux.

avait beau réunir des provisions dans les différentes cours du roi, même en abondance, même pour une année de nourriture et de boisson, on ne pouvait en consommer que ce que l'on en consommait pendant la première nuit, ensuite tout disparaissait. Le premier fléau, celui des Corannieit, s'étalait au vu et au su de tous, mais personne ne pouvait comprendre la cause des deux autres. Le roi Lludd en concevait beaucoup de souci et d'inquiétude, et il ne savait pas comment rétablir une situation qui devenait catastrophique. Il convoqua tous les nobles de ses domaines et leur demanda conseil à propos des mesures qu'il convenait de prendre pour venir à bout de ces fléaux. Sur l'avis unanime des nobles, Lludd se décida à se rendre en Gaule, auprès de son frère Llevelys, dont on connaissait la sagesse et l'habileté : sans doute trouverait-il une solution.

Lludd fit donc préparer une flotte dans le plus grand secret, de peur que le motif de ce voyage ne fût connu de ceux qui occasionnaient les fléaux. Quand les navires furent prêts, Lludd et ceux qu'il avait choisis pour l'accompagner s'embarquèrent et se lancèrent sur la mer en direction des côtes de la Gaule. Ayant appris l'arrivée de cette flotte qui venait de l'île de Bretagne, Llevelys prit lui aussi un navire et s'avança, sur la mer, à la rencontre de son frère, ignorant la cause de cette visite. Lludd laissa le gros de sa flotte en arrière et, sur un seul navire, s'en alla jusqu'à son frère. Une fois réunis, ils s'embrassèrent et se saluèrent avec une tendresse toute fraternelle, et Lludd exposa à Llevelys, à voix très basse, et sans témoin, le sujet qui le préoccupait tant. Ils se concertèrent pour trouver un autre mode de conversation, de façon que le vent ne pût emporter leurs paroles jusqu'aux oreilles des Corannieit. En conséquence, Llevelys fit fabriquer une grande corne de cuivre, et c'est à travers cette corne que les deux frères purent échanger leurs propos. Mais quoi que pût dire l'un d'eux à l'autre, chacun n'entendait que des paroles désagréables et sans signification. Llevelys comprit que quelque démon se mettait en travers et causait du trouble à travers la corne. Il fit verser du vin à l'intérieur, la fit laver, et le démon en fut chassé par la vertu du vin.

Ils purent alors converser sans problème. Llevelys dit à son frère qu'il lui donnerait certains insectes dont il garderait une partie en vie afin d'en perpétuer l'espèce pour le cas où le même fléau surviendrait une nouvelle fois, et dont il broierait le reste dans de l'eau. Il lui expliqua que c'était un excellent moyen pour détruire la race des Corannieit. Et Llevelys parla ainsi : « Quand tu seras revenu dans tes États, réunis tous tes gens, y compris les Corannieit, sous prétexte de faire la paix entre tous. Lorsque tous seront rassemblés, prends cette eau merveilleuse que tu auras ainsi composée, et répands-la indistinctement sur chacun des assistants. Cette eau empoisonnera le peuple de Corannieit, mais ne tuera ni ne causera de dommage à quiconque appartenant à la nation. Quant au second fléau, il s'agit d'un dragon. Un dragon de race étrangère se bat avec lui et cherche à le vaincre, et c'est pourquoi votre dragon pousse un cri si effrayant. Si tu veux que cela cesse, fais mesurer l'île de Bretagne et découvre-s-en le point central. Là, tu feras creuser un trou et tu y déposeras une cuve remplie d'hydromel, du meilleur qui soit, puis tu recouvriras la cuve avec un tissu. Alors, tu te mettras à l'affût, et tu verras bientôt les deux dragons apparaître et se battre. Quand ils seront épuisés par leur combat, ils tomberont sur le tissu, s'enfonceront dans la cuve et boiront tout l'hydromel qui s'y trouve, ce qui fait qu'ils s'endormiront profondément. Tu les replieras alors dans l'étoffe et tu les feras enterrer, enfermés dans un coffre de pierre, à l'endroit le plus reculé de tes États. Cache-les bien dans la terre : tant qu'ils seront en ce lieu, aucun envahisseur n'osera aborder dans l'île de Bretagne. » Lludd était plein d'admiration pour son jeune frère qui savait tant de secrets. « Et le troisième fléau ? » demanda-t-il. — « C'est un puissant magicien qui enlève toutes les nuits ta nourriture, ta boisson et tes provisions. Par sa magie et par ses charmes, il fait dormir tout le monde et personne ne s'aperçoit de sa présence. Il te faudra veiller en personne, mais de peur qu'il ne réussisse à t'endormir, prends soin de placer une cuve d'eau froide à côté de toi : quand tu sentiras que le sommeil t'envahit, jette-toi dans la cuve. »

Ainsi parla Llevelys à son frère Lludd. Et Lludd retourna dans son pays. Aussitôt, il invita à sa cour tout son peuple et tous les gens de la race des Corannieit. Il broya dans l'eau les insectes que lui avait donnés Llevelys et il jeta cette eau indistinctement sur tous. Immédiatement, toute la tribu des Corannieit fut détruite sans qu'aucun des Bretons n'éprouvât le moindre mal. Alors Lludd fit mesurer l'île de Bretagne de long en large et trouva le point central à Oxford. Il fit creuser un trou, y déposa une cuve d'hydromel, et tout se passa comme l'avait prévu Llevelys. Quand les dragons furent endormis, Lludd les fit transporter dans l'endroit le plus sûr qu'il put trouver, c'est-à-dire dans les montagnes d'Eryri, au lieu qu'on appelle aujourd'hui Dinas Enrys [1]. C'est ainsi que cessa le cri violent qui troublait tout le royaume.

Quand il eut accompli ces actes, Lludd fit préparer un grand festin. Quand tout fut prêt, il fit placer près de lui une cuve pleine d'eau froide, et dès que la nuit fut tombée, il se mit aux aguets. Il entendit alors des récits charmants et extraordinaires, une musique douce et variée, et il sentit qu'il ne pourrait plus résister au sommeil. Il se précipita alors dans la cuve d'eau froide, ce qui le réveilla complètement. C'est ainsi qu'il put voir un homme de très grande taille, couvert d'armes lourdes et

1. Dinas Enrys est une petite colline isolée dans une vallée du massif du Snowdon (Eryri), dans le Carnavonshire, au nord-ouest du Pays de Galles.

solides, qui entrait, portant un panier dans lequel il se mit à entasser toutes les provisions. Puis, quand le panier fut rempli, le grand homme sortit. Et ce qui étonnait le plus Lludd, c'était que tant de choses pussent tenir dans un si petit panier [1]. Mais il se lança à la poursuite de l'homme. Un furieux combat s'engagea entre eux et des étincelles jaillirent de leurs armes. A la fin, Lludd eut le dessus et renversa son adversaire qui lui demanda grâce. Lludd lui dit : « Comment pourrais-je te faire grâce après toutes les pertes et tous les affronts que tu m'as infligés ? » L'autre répondit : « Tout ce que je t'ai fait perdre, je saurai t'en dédommager entièrement. Je ne commettrai jamais plus d'injustice envers toi et je serai désormais ton vassal le plus fidèle. » Ainsi en fut-il. Et, jusqu'à la fin de sa vie, Lludd, fils de Beli, gouverna l'île de Bretagne dans la paix et la prospérité [2].

Quand Lludd mourut, il laissait deux fils qui étaient encore très jeunes, et le pouvoir royal fut confié à leur oncle Casswallawn, lui-même fils de Beli. C'était l'époque où les Romains se lançaient à la conquête du monde. Quand ils eurent soumis les peuples de la Gaule, ils envoyèrent des ambassadeurs aux Bretons pour leur réclamer des otages et un tribut, comme ils le faisaient pour toutes les nations sur lesquelles ils voulaient assurer leur domination. Casswallawn reçut les envoyés de Julius Caesar, le chef des Romains, et, ayant écouté leurs paroles, il entra dans une grande fureur. Et voici la réponse qu'il leur fit : « Casswallawn, roi des Bretons, à

1. Ce thème du panier magique inépuisable est souvent exploité dans les récits de la tradition galloise. Il est identique à celui du chaudron d'abondance dans lequel on peut puiser indéfiniment de la nourriture. C'est une figure archétypale du Graal.

2. L'épisode de « Lludd et Llevelys » est un récit gallois traditionnel contenu dans le « Livre rouge de Hergest », manuscrit du XIVe siècle. Traduction française intégrale dans Joseph Loth, *les Mabinogion*, Paris, 1913, tome I, p. 231.

Caius Julius Caesar. La cupidité du peuple romain, Caesar, est merveilleuse. Ce peuple est assoiffé de n'importe quoi, pourvu que ce soit de l'or ou de l'argent, et il ne peut supporter que nous soyons chez nous, aux extrémités les plus dangereuses du grand océan, au bout du monde. Il ne veut pas nous laisser tranquilles à moins que nous ne consentions à payer tribut sur tout ce que nous possédons. Mais le peuple romain se trompe s'il prétend nous intimider par de vaines paroles : en vérité, nous ne nous contenterons jamais d'une liberté soumise à la sujétion, car elle ne serait qu'un esclavage perpétuel. »

Lorsqu'il reçut cette réponse impertinente, Julius Caesar fut de plus en plus décidé à envahir l'île de Bretagne. Il rassembla une grande flotte et, après avoir traversé la mer, il s'engagea dans l'embouchure de la Tamise. Le roi de Bretagne avait cependant eu le temps de convoquer de nombreuses troupes, et il marcha à la rencontre des Romains en compagnie de son frère Ninnyaw et de ses deux neveux, fils de Lludd. La bataille fut terrible. Ninnyaw se mesura en personne avec Julius Caesar, s'empara de son épée et fit périr le tribun Labienus. Les Romains n'eurent plus qu'à battre en retraite tandis que Casswallawn célébrait sa victoire. Malheureusement, Ninnyaw, qui avait été blessé au cours des combats, mourut quelques jours plus tard, et Casswallawn en fut grandement affligé.

Cependant, Julius Caesar ne voulait pas rester dans l'amertume de la défaite. Deux années après ces événements, il rassembla une flotte encore plus importante, et, pour venger son échec précédent, il reprit la mer. Casswallawn, averti par ses espions, se mit en devoir de fortifier grandement le pays, hérissant chaque sommet de citadelles inexpugnables et appelant tous ses vassaux pour chasser les envahisseurs de l'île de Bretagne. Il fit également dissimuler sous les eaux, dans la Tamise, des pieux ferrés destinés à éventrer les navires des ennemis.

Ceux-ci, s'étant engagés dans l'estuaire, furent en grande partie détruits et les soldats romains qui s'y trouvaient se noyèrent dans les eaux du fleuve. Une seconde fois, Julius Caesar dut battre en retraite et revenir sur le continent. Pour fêter cette deuxième victoire, Casswallawn fit célébrer un grand triomphe au cours duquel on offrit de grands sacrifices aux dieux : quarante mille vaches, cent mille brebis, des volatiles innombrables et trente mille bêtes sauvages de toutes espèces. Lorsque le sacrifice fut achevé, on se partagea la chair des victimes au cours d'un festin qui dura trois jours et trois nuits et où coulèrent à flots la bière et l'hydromel. Et la gloire de Casswallawn ne faisait que grandir, non seulement chez les Bretons, mais aussi chez tous les peuples d'alentour.

Malheureusement, les deux fils de Lludd, neveux de Casswallawn, supportaient très mal que celui-ci eût pris le pouvoir et le gardât. Un jour, au cours d'une dispute, l'un des parents de Casswallawn fut tué par un familier d'Arvarwy, fils de Lludd. Casswallawn réclama immédiatement qu'on lui livrât le meurtrier pour qu'il fût châtié. Arvarwy refusa catégoriquement et en profita pour dénoncer son oncle comme un usurpateur. Furieux, Casswallawn menaça Arvarwy de mettre ses domaines à feu et à sang. Alors Arvarwy envoya des messagers vers Julius Caesar pour lui exposer sa situation et lui demander de l'aide. Julius Caesar fut ravi de cette occasion qui se présentait d'effacer le souvenir de sa cuisante défaite : il réunit des troupes et des navires et débarqua de nouveau dans l'île de Bretagne. Surpris à l'improviste, sans avoir eu le temps de se préparer, Casswallawn fut vaincu au cours d'une sanglante bataille et dut se résoudre à demander la paix. Aussi, Julius Caesar imposa un tribut de trois mille livres d'argent et, après avoir hiverné dans l'île, il regagna la Gaule au printemps suivant.

Mais Casswallawn n'en avait pas perdu pour autant son prestige, et l'un de ses vassaux, du nom de Mynach

Gorr, vint un jour se plaindre à lui parce que sa fille, prénommée Fleur, avait été enlevée par Arvarwy et livrée par lui à Julius Caesar qui l'avait emmenée sur le continent. Casswallawn répondit à Mynach qu'il le vengerait et qu'il irait lui-même réclamer la jeune Fleur. Il rassembla une nombreuse troupe guerrière et, avec celle-ci, il débarqua en Armorique, livrant bataille aux Romains. Il fut assez heureux pour mettre ceux-ci en fuite et il les poursuivit jusqu'en Gascogne. Alors, il délivra la jeune Fleur et revint en l'île de Bretagne où il régna encore pendant sept années, ne payant jamais le tribut exigé par Julius Caesar.

Casswallawn fut enterré dans la cité d'Evrawc (York), et son neveu Tegvan, fils de Lludd, lui succéda, et après lui son fils Cynfelyn [1], au temps de Notre Seigneur Jésus-Christ. Et il y eut de grands troubles et de grandes guerres dans l'île de Bretagne : car les Romains, une fois de plus, voulurent s'emparer du royaume et, pour y parvenir, envoyèrent dans l'île de nombreuses expéditions. Mais Cynfelyn résista pendant de longs mois, harcelant les cohortes romaines isolées, brûlant les forteresses et les villages de façon à ce que l'ennemi fût privé de tout ravitaillement. Et dans cette lutte, Cynfelyn fut puissamment aidé par son fils Caradoc [2].

Caradoc était roi du pays d'Essyllwg, et sa bravoure était telle que tous les Bretons s'entendirent pour lui donner le titre de « chef de guerre ». A la tête de cavaliers expérimentés, Caradoc battit de nombreuses fois les Romains ; et comme ceux-ci attribuaient leurs défaites à la nature du pays, recouvert d'épaisses forêts inaccessibles,

1. C'est le Cunobelinos historique, qui a servi de modèle au Cymbeline de Shakespeare. Quant à Arvarwy, c'est le Mandubraccios dont parle César, qui aurait incité celui-ci à conquérir la Bretagne.

2. D'après l'*Historia Regum Britanniae* et certaines « Triades de l'île de Bretagne ». Caradoc est le Caratacos historique qui nous est connu grâce à Tacite.

Caradoc décida de faire couper tous les arbres : ainsi les Romains comprendraient que ses succès n'étaient dus qu'à sa seule vaillance et à la ténacité des Bretons. Et, poursuivant les ennemis partout où ils se trouvaient, il en fit un grand massacre. C'est alors que son oncle, Manawyddan, fils de Llyr, fit rassembler tous les ossements des Romains morts au combat. Il mêla ces ossements à de la chaux et construisit, au centre de l'île, une immense prison destinée non seulement à tous les envahisseurs, mais également aux traîtres qui les feraient venir dans le pays. Et l'on dit que cette prison était ronde. Manawyddan avait placé les os les plus gros à l'extérieur, pour que les murs fussent très solides, et avait utilisé les plus petits à l'intérieur pour bâtir des cachots. Et l'on ajoute qu'il avait fait creuser, en dessous, des fosses pour les traîtres [1].

Il y avait à cette époque, à la tête de la nation bretonne des Brigantes, une femme, Cartismandua, qui en était la reine. Cartismandua s'était brouillée avec son époux Vénusius, lequel, avec quelques guerriers fidèles, s'en était allé rejoindre Caradoc et combattait avec lui contre les Romains. Alors, pour se venger, la reine Cartismandua conclut une alliance secrète avec les Romains : faisant bonne mine aux autres Bretons, elle en attira les chefs dans son pays, et c'est ainsi que Caradoc, qui ne pouvait être vaincu que par trahison, fut fait prisonnier et livré aux Romains qui l'emmenèrent dans leur pays. Et les Romains, bien décidés à s'emparer de toute l'île de Bretagne, décidèrent de détruire le centre même de la résistance des Bretons, là où se trouvaient rassemblés les druides, leurs maîtres à penser et les plus grands ennemis de la nation romaine.

---

1. D'après un passage des *Iolo Manuscripts*, traditions galloises diverses recueillies à la fin du XVIIIe siècle par le fondateur du néodruidisme Edward Williams, dit Iolo Morgannwg, et publiées en 1838 par son fils Taliesin Williams.

Car il y avait dans l'île de Môn une grande école de druides, et tout autour de cette école vivait une population d'hommes courageux et exaltés. Et c'était là que se réfugiaient tous ceux qui fuyaient la tyrannie des Romains. Les Romains le savaient bien, et leur chef, Suetonius Paulinus, décida qu'on s'attaquerait sans plus tarder à cette forteresse de la sédition. Et Suetonius ne lésina pas sur les moyens. Il fit construire des bateaux plats capables d'aborder sur des côtes basses et incertaines. Il y plaça ses fantassins et fit traverser à gué ses cavaliers. Mais les habitants de Môn s'étaient préparés à l'attaque. Les Romains ne purent retenir leur étonnement en voyant le rivage opposé couvert de guerriers armés au milieu desquels ne cessaient de courir des femmes qui, telles des Furies, criaient des imprécations, vêtues de robes noires, les cheveux épars dans le vent et portant des torches dans leurs mains pour lutter contre les ombres du crépuscule. Et tout autour, les Romains terrifiés apercevaient des druides en grande robe blanche, les mains levées vers le ciel et hurlant d'étranges malédictions. Mais les Romains se ressaisirent, et comme ils étaient les plus nombreux, ils se ruèrent à l'attaque, tuant femmes et hommes sur leur passage, et encerclant ceux qui ne pouvaient plus se défendre. Il y eut là de grands massacres. On éleva une forteresse pour contenir les prisonniers et on livra aux flammes les bois sacrés où les Bretons avaient coutume de célébrer leurs sacrifices.

Lorsqu'ils apprirent que les Romains avaient détruit le sanctuaire qui leur était le plus cher, les Bretons furent saisis de colère. Partout, à travers le royaume, on se prépara à venger le sacrilège, même chez les peuples qui avaient cru à l'amitié des Romains et avaient fait alliance avec eux. Ainsi en était-il du peuple des Icéniens : leur roi, Prasugatos, très fier de sa richesse, avait institué l'empereur de Rome son héritier, conjointement avec ses deux filles, persuadé qu'ainsi son royaume serait à l'abri de toute violence, d'où qu'elle pût venir. Or, ses terres furent ravagées par les Romains et sa demeure mise à sac. On battit même de verges sa veuve, la reine Boadicée, puis on viola ses filles, au mépris des lois humaines les plus élémentaires. Quant aux divers chefs de ce peuple, ils furent dépouillés de tous leurs biens et réduits à s'exiler.

Alors Boadicée, réfugiée dans une retraite sûre, au milieu des forêts, donna le signal de la révolte, et tous ceux qui avaient eu à souffrir des Romains se rangèrent derrière elle. Bientôt des troupes bretonnes se jetèrent sur les colonies de vétérans que les Romains avaient installées aux quatre coins de l'île. Ayant pris deux villes, Boadicée y fit un immense carnage. On alla même jusqu'à pendre nues les femmes romaines qu'on y pouvait trouver, après leur avoir coupé les seins et les avoir cousus sur la bouche, afin de les voir pour ainsi dire les manger. Après quoi, elles furent empalées pendant que les vainqueurs se livraient à des orgies sacrées dans leurs temples en plein air, principalement dans le bois sacré consacré à Andrasta, qui est le nom que les Bretons donnaient à la Victoire.

Ce déchaînement de violences provoqua la colère des Romains qui décidèrent d'en finir une fois pour toutes. Suetonius engagea la totalité de ses troupes dans une bataille qu'il savait être décisive. Ayant appris que la reine Boadicée se dirigeait, avec une nombreuse troupe, vers la Tamise, il posta sa propre armée autour d'un défilé que les ennemis devaient nécessairement emprunter. Les forces romaines étaient composées uniquement de cavaliers bien entraînés et de quelques cohortes de fantassins, tandis que les troupes bretonnes comportaient un grand nombre de chars sur lesquels se trouvaient d'ailleurs les femmes des guerriers, prêtes à combattre aux côtés des hommes et animées d'une fureur extraordinaire. Quand les Bretons furent engagés dans le défilé, Suetonius en fit interdire l'entrée et la sortie, de telle sorte qu'avec très peu d'hommes les Romains eurent immédiatement l'avantage sur leurs adversaires. La bataille fut terrible. Boadicée tenait ses deux filles devant elle, sur son char. A mesure qu'elle passait devant les guerriers des différents peuples qui composaient son armée, elle les exhortait au combat, prenant les dieux à témoin que les Romains ne respectaient rien, ni la vieillesse, ni la jeunesse, ni les engagements qu'ils avaient pris autrefois, et hurlant que ces mêmes dieux exigaient un juste châtiment contre ces sacrilèges qui prétendaient imposer leur loi à des peuples libres. Et elle les avertissait qu'il n'y avait pour eux que deux issues, la mort dans l'honneur et la liberté, ou la victoire qui débarrasserait à jamais l'univers d'une race belliqueuse et parjure.

Mais la position de Boadicée était intenable. Peu à peu, les Bretons furent massacrés, et les Romains n'épargnèrent ni les femmes ni les chevaux. Boadicée, sur le point d'être rejointe, absorba un poison violent qui la fit périr immédiatement, frustrant ainsi ses ennemis de sa capture [1]. Mais c'en était fini de la résistance bretonne. Les druides avaient été massacrés ou étaient pourchassés. Les rois de Bretagne avaient été vaincus, par les armes ou par la trahison. Rome triomphait. Et, venus d'Orient, des missionnaires répandaient d'étranges paroles à propos d'un homme qui se disait fils de Dieu et qui était mort, de la façon la plus ignominieuse qui fût, sur la croix des larrons et des séditieux, d'un homme qui, le troisième jour après sa mort, serait apparu à ses disciples et les aurait envoyés enseigner les peuples du monde. Le temps des druides et des rois était maintenant dépassé, et l'île de Bretagne s'endormait dans la torpeur et les brouillards qui surgissaient de la mer...

1. Cette fin de chapitre est empruntée à Tacite (*Annales* et *Agricola*), ainsi qu'à Dion Cassius, chap. XLII.

CHAPITRE III

La véritable histoire du Saint-Graal

Au commencement du monde, alors qu'Adam et Ève vivaient au Jardin d'Eden, parmi des fleurs qui ne fanaient jamais, sous l'ombre d'arbres qui donnaient des fruits toute l'année, il y eut de grandes tribulations dans le Ciel à cause de Lucifer, le Porte-Lumière, le plus bel archange que jamais Dieu eût créé. Imbu de sa grande lumière et pénétré d'orgueil, il se révolta contre son Créateur, et celui-ci, pour le châtier, le condamna à séjourner dans les abîmes les plus ténébreux de l'univers. Et Lucifer tomba pendant des siècles et des siècles, entraînant avec lui les anges qui avaient pris fait et cause pour lui et qui s'étaient dressés eux aussi contre la volonté divine. Et, pendant cette chute, la grande émeraude qui ornait le front de Lucifer se détacha de lui : elle était trop pure, trop lumineuse, trop porteuse d'espérance, pour suivre l'archange dans ses ténèbres. Et cette émeraude tomba dans le jardin d'Eden, aux pieds d'Adam qui, étonné d'une si grande merveille, la ramassa et la garda toujours près de lui, l'emportant même lorsque, avec Ève, il fut chassé du Paradis, la transmettant à ses fils et aux fils de ses fils. Et il arriva un jour qu'un des descendants d'Adam, émerveillé par la couleur de l'émeraude, la fit tailler en forme de coupe. Ce descendant d'Adam avait nom Simon le Lépreux, et c'est dans sa maison que Jésus prit son dernier repas avec ses disciples et institua la sainte Eucharistie [1].

Le jour où Jésus vint dans la maison de Simon le Lépreux, avec ses douze disciples, afin de manger l'agneau pascal, Judas, qui était le trésorier des douze, était là, lui aussi, parmi les autres. Et pourtant, dans sa malignité, il avait déjà trahi Jésus, promettant au grand prêtre des Juifs de le livrer aux soldats romains quand le moment serait venu. Car Judas avait droit à une dîme sur tout l'argent dont pouvaient disposer Jésus et les douze. Et Judas était courroucé parce que, chez Marthe et Lazare, Marie de Magdala avait usé d'un parfum précieux dont il était le dépositaire et en avait oint les cheveux et les pieds de Jésus. Judas avait estimé être lésé par cette femme, et par Jésus lui-même qui l'avait laissé agir.

C'est pourquoi il voulait se venger, récupérant par là même la somme importante qu'il avait perdue par l'insouciance de Jésus et la frivolité de cette Marie qu'il méprisait pour sa vie dissolue, mais qu'il enviait à cause de sa fortune, elle qui possédait la presque totalité de la ville de Magdala. Donc, le jeudi qui précédait la Pâque, lorsque Jésus vint dans la maison de Simon le Lépreux pour y partager le repas avec ses disciples, Judas le fit savoir aux ennemis de Dieu. Ceux-ci se hâtèrent, bien armés, et ils entrèrent de force dans la maison [2].

---

1. D'après diverses traditions gnostiques de la légende. Le thème est représenté sur les anciennes portes de l'église paroissiale de Mauron (Morbihan), actuellement à l'intérieur du sanctuaire. On y voit la pierre tomber derrière l'arbre de la Connaissance, alors qu'Adam et Ève sont en conversation avec le Serpent.

2. On remarquera que dans cette version de la légende (celle de Robert de Boron), fortement inspirée des *Actes de Pilate*, l'arrestation de Jésus se déroule dans la maison de Simon et non dans le jardin de Gethsémani.

Alors, le traître, comme il en était convenu avec le grand prêtre et tous ceux qui avaient décidé la mort de Jésus, s'approcha de lui et lui donna un baiser. Aussitôt, les soldats se saisirent du fils de Marie, tandis que Judas s'écriait : « Tenez-le bien, et prenez garde qu'il ne s'échappe, car il est très fort ! » Mais Jésus ne résista pas et on l'emmena, chargé de chaînes. Or, pendant qu'on l'emmenait ainsi, l'un des soldats qui avait vu sur la table la magnifique coupe d'émeraude qui avait servi à Jésus s'en saisit et la dissimula dans les plis de son vêtement dans l'intention de l'offrir à son maître, le bailli des Romains, qui avait nom Ponce Pilate.

C'est précisément devant Ponce Pilate que Jésus fut conduit, car il avait la haute main sur toute la justice de la Judée en ce temps-là. Et les Juifs, remplis de haine, demandèrent au bailli d'ordonner qu'on mît à mort l'homme qui lui était présenté. Mais Ponce Pilate leur répondit qu'il ne voyait aucune raison pour condamner Jésus. « Que pourrais-je dire à Tibère, mon empereur qui est à Rome, s'il m'oblige à justifier la mort de cet homme ? » Telles furent les paroles de Pilate. Mais les Juifs insistèrent tant auprès de lui qu'il demanda un vase rempli d'eau pour se laver les mains. Alors, le soldat qui avait pris la coupe dans la maison de Simon alla la remplir d'eau et la tendit à Pilate. Il y trempa les doigts en disant : « Je ne suis pas responsable du sort de cet homme. Si vous voulez sa mort, qu'il en soit fait selon votre volonté. »

Cependant, Pilate avait à son service un Juif de bonne famille qui avait nom Joseph d'Arimathie et qui était le connétable de sa maison. Pilate le respectait et l'admirait, car Joseph était intègre et faisait le bien autour de lui. Et Joseph, sans que personne ne le sût, était un disciple de Jésus, et il croyait que celui-ci était bien le fils de Dieu, venu sur cette terre pour sauver les hommes du péché commis par Adam et Ève. Et quand il eut appris la mort de Jésus, Joseph d'Arimathie fut bouleversé par le chagrin. Il s'en vint trouver Ponce Pilate et lui dit : « Seigneur, je t'ai servi longuement, moi et les hommes qui sont à mon service, et jamais tu ne m'as donné quoi que ce soit pour me récompenser. » Pilate fut très confus, car il se sentait coupable d'ingratitude envers le preux Joseph. Il lui répondit : « Demande-moi ce que tu veux et je te l'accorderai. »

« Je t'en remercie, seigneur, répondit Joseph. Tu dois savoir qu'on vient de crucifier un certain Jésus le Nazôréen parce qu'il a déplu aux gens de mon peuple. Je n'ai pas à juger si cet homme a été condamné justement ou injustement, mais tout ce que je te demande, c'est de me permettre de déposer son corps de la croix et de l'enterrer dans un tombeau que je possède. C'est contraire à la coutume qui veut que les crucifiés pourrissent sur place ou soient déchiquetés par les vautours, mais je te le demande comme unique faveur. » Pilate s'étonnait grandement. « Je pensais, dit-il, que tu me demanderais bien davantage. Comment ! En récompense de tes services, je devrais te livrer le corps d'un supplicié ? Es-tu sûr d'avoir toute ta raison, Joseph ? » — « Je suis parfaitement sain d'esprit, répondit Joseph. Et c'est la seule demande que je te ferai, même si tu ne peux en comprendre la raison. » Alors Pilate dit : « Quelle que soit la raison de ta demande, je ne peux te la refuser. Tu veux le corps de Jésus le Nazôréen ? Prends-le et dispose-s-en comme il te plaira. »

Et Joseph s'en alla sur la colline des suppliciés. Mais quand il voulut prendre le corps de Jésus, les soldats s'interposèrent. Ils dirent : « Tu ne l'auras pas, car ses disciples ont fait courir le bruit qu'il ressusciterait le troisième jour. Si l'on ne retrouvait pas son corps, ces gens-là auraient beau jeu de clamer dans tout le pays que Jésus le Nazôréen est ressuscité. Mais sache qu'autant de fois il ressusciterait, autant de fois nous le tuerions ! »

Ainsi dirent les soldats, et Joseph vit qu'il n'obtiendrait pas gain de cause. Il retourna chez Pilate et lui raconta ce qui se passait. Le bailli des Romains en fut très courroucé. Il appela l'un de ses hommes de confiance, qui avait nom Nicodème, et lui commanda d'aller avec Joseph pour faire en sorte que les désirs de celui-ci fussent exaucés. Mais avant que Joseph ne prît congé, Pilate le rappela et lui dit : « Joseph, tu aimais certainement beaucoup cet homme qui se disait prophète. Or, j'ai ici une coupe qu'un soldat a prise dans la maison de Simon où on l'a arrêté. Je te la donne en souvenir de ce Jésus. »

Joseph remercia le bailli et emporta la coupe d'émeraude avec lui. Il s'en alla avec Nicodème, et tous deux empruntèrent à un artisan des tenailles et un marteau. Puis, ayant énoncé les ordres du bailli, ils déclouèrent le corps de Jésus. Joseph le prit entre ses bras, le descendit à terre et le lava bien soigneusement. Alors, voyant les plaies qui saignaient, il recueillit dans la coupe que Pilate lui avait donnée le sang qui coulait du côté, des pieds et des mains. Enfin, il enveloppa le corps dans un riche drap qu'il avait acheté et l'ensevelit dans son tombeau, sous une grosse pierre qu'il avait fait tailler pour lui-même.

Cependant, le troisième jour, quand les Juifs apprirent que Jésus était ressuscité, ils entrèrent en grande colère contre Joseph et Nicodème. Ils dirent publiquement que c'étaient eux qui avaient fait disparaître le corps de Jésus, que c'étaient deux imposteurs et qu'il fallait immédiatement les châtier avant qu'ils n'accomplissent d'autres actions aussi mauvaises. Ils décidèrent entre eux de s'emparer, durant la nuit, de Joseph et de Nicodème, et de leur faire subir les pires tourments. Or, Nicodème avait des amis qui l'avertirent, et il eut le temps de disparaître et de se mettre à l'abri. Quant à Joseph, il dormait dans son lit quand ils envahirent sa maison. Ils le firent vêtir et le conduisirent chez un des plus riches hommes de la terre. Cet homme avait, dans sa demeure, une tour très épaisse, mais qui était creuse et qui constituait une très horrible prison. Les Juifs demandèrent alors à Joseph de leur dire où il avait caché le corps de Jésus. Joseph leur répondit : « Les gardes que vous avez placés autour de son tombeau le savent mieux que moi. »

Les paroles de Joseph les mirent en grande fureur. « Tu nous l'as volé, dirent-ils, il ne se trouve plus à l'endroit où nous t'avons vu l'ensevelir. C'est toi qui l'as fait transporter ailleurs, en cachette, afin de faire croire à sa résurrection. Nous t'enfermerons dans cette prison si tu ne veux pas nous révéler où tu as caché le corps de Jésus ! » Joseph répondit calmement qu'il ne savait rien de tout cela. Alors, ils le battirent très durement et le firent descendre dans la prison. Et par-dessus, ils scellèrent une pierre de telle manière que quiconque aurait cherché Joseph n'aurait pu découvrir où il se trouvait.

Ainsi fut emprisonné Joseph d'Arimathie, en grand secret, dans une tour sans ouverture aucune. Et quand Pilate apprit que Joseph avait disparu, il se lamenta, car il n'avait jamais eu de meilleur ami ni de plus loyal chevalier que lui. Joseph demeura un certain temps dans l'obscurité la plus complète, se préparant à mourir, mais ne regrettant aucunement ce qu'il avait fait. Or, tout à coup, il vit une étrange lumière jaillir dans les ténèbres, et cette lumière avait une telle puissance qu'il lui fut impossible de garder les yeux ouverts. « Qui es-tu ? » demanda Joseph, émerveillé. Et une voix répondit dans la clarté : « Je suis celui pour qui tu souffres, Joseph, je suis Jésus, le fils de Marie, qui a voulu naître d'une femme parce qu'il fallait que le monde fût racheté d'une faute qu'une autre femme avait commise. Mais je ne t'abandonnerai pas dans ta nécessité, car je sais que tu m'as beaucoup aimé dans le secret de ton cœur sans que personne parmi ceux qui t'entouraient en ait eu connaissance. Sache bien que les générations futures sauront la vérité et qu'elles te rendront hommage par toute la terre pour le grand amour dont tu as fait preuve à mon égard. Et voici ce que je t'apporte... »

Joseph ouvrit les yeux et vit Jésus qui lui tendait la coupe d'émeraude dans laquelle il avait recueilli le sang du Seigneur. Il fut très étonné, car il avait caché ce précieux vase au plus profond de sa maison, en un endroit où nul autre que lui ne pouvait le découvrir. Joseph prit la coupe entre ses mains et s'agenouilla en signe de respect. Alors Jésus lui dit : « Écoute bien mes paroles et qu'elles restent gravées dans ton esprit. Tu demeureras très longtemps dans cette tour, mais tu ne souffriras de rien, car je veillerai à ce que tu aies toujours nourriture et boisson en abondance. Cette coupe sera le gage de ma présence auprès de toi. Et quand les temps seront venus, tu seras délivré de ta prison : alors commencera pour toi la mission qui t'est destinée. »

Joseph n'osait pas bouger, fasciné qu'il était par la figure rayonnante de Jésus et par la grande clarté qui semblait émaner de la coupe d'émeraude. Et Jésus continua ainsi : « Cette coupe, tu devras la conserver en mémoire de moi et ne jamais permettre à des gens indignes de l'approcher. Tu devras la mettre en sûreté et la garder précieusement, et après toi, ceux à qui tu l'auras confiée devront faire de même afin que, de génération en génération, elle soit vénérée comme la chose la plus sainte au monde. Car tous ceux qui auront le privilège de contempler cette coupe seront consolés de tous leurs chagrins, délivrés de toutes leurs angoisses, guéris de toutes leurs maladies, rassasiés de leur faim et de leur soif. Lorsque j'étais dans la maison de Simon le Lépreux, avec mes disciples, j'ai partagé le pain et le vin avec eux, et j'ai dit que l'un d'eux me trahirait. Ainsi en a-t-il été : Judas a quitté la table, et son siège est demeuré vide. En mémoire de cela, tu devras établir une table autour de laquelle se réuniront ceux qui auront la mission de veiller sur cette coupe, et cette coupe y devra être exposée. Mais il y aura toujours une place vide à cette table et qui ne pourra être occupée que par un homme digne et pur, et cela lorsque les temps seront venus, lorsqu'un homme de lumière viendra effacer la perversité de celui qui m'a trahi. Sache encore que cette coupe portera le nom de *Graal*, et c'est ainsi que les générations futures la connaîtront. Joseph, toi qui me dépendis de la croix, toi qui lavas mes plaies et recueillis mon sang, toi qui me donnas sans hésiter le tombeau qui t'était destiné, toi qui souffres encore aujourd'hui à cause de moi, je te fais le dépositaire de ce grand mystère. Mais ta récompense sera telle que nul homme au monde ne sera plus honoré que toi dans les siècles à venir. »

Alors, Jésus disparut de la vue de Joseph. Mais le *Graal* était là, près de lui, et Joseph, en contemplant la coupe, ne souffrait d'aucune angoisse, ni de la faim, ni de la soif. Certes, les apôtres et ceux qui établirent les Écritures ne disent rien des paroles prononcées par Jésus dans la prison de Joseph d'Arimathie. Ils en avaient seulement entendu parler, et ils ne voulaient rien mettre par écrit qui ne fût dûment établi, rien dont ils n'eussent été les témoins. Mais ces choses-là ont été cependant recueillies dans le haut livre du Graal.

Joseph demeura longtemps dans sa prison, à l'intérieur de la tour. Au temps où Titus régnait à Rome, son fils Vespasien fut atteint d'une étrange maladie, une lèpre si puante que même ceux qui l'aimaient tendrement ne pouvaient s'en approcher tant l'odeur était épouvantable. On avait dû l'enfermer dans une chambre de pierre, dans un endroit retiré du palais, et on lui passait sa nourriture et sa boisson au bout d'une pelle, à travers une petite fenêtre que l'on refermait aussitôt après. Et l'empereur en menait grand deuil, car Vespasien était son fils unique. Et il fit savoir à travers tout l'empire qu'il accorderait honneurs et richesses à celui qui pourrait guérir Vespasien de sa maladie [1].

Or il y avait à Rome, au même moment, un homme riche et sage qui avait passé la plus grande partie de sa vie à voyager à travers tous les pays. Il s'était trouvé en Judée au moment où Jésus-Christ était encore de ce monde, et il avait été témoin des grands miracles que celui-ci avait accomplis en chassant les démons, en guérissant les lépreux et en rendant la vue aux aveugles. Cet homme était hébergé chez un familier de l'empereur, et un soir qu'ils parlaient entre eux, le voyageur raconta à son hôte ce qu'il avait vu et entendu au cours de son séjour en Judée. L'hôte fut très intéressé, et, le lendemain, il se rendit en hâte auprès de l'empereur pour lui faire savoir tout ce qu'il venait d'apprendre. L'empereur fit immédiatement venir le voyageur et lui demanda des précisions sur ce Jésus-Christ qui avait un si grand pouvoir et de si hautes vertus. Mais quand le voyageur lui raconta que ce prophète avait été mis à mort sur la croix par ordre du bailli Pilate, l'empereur entra dans une violente colère. Puis il convoqua ses conseillers, faisant répéter devant eux son récit au voyageur. Parmi les conseillers, il y avait un ami de Pilate, qui savait bien ce qui s'était passé : il dit à l'empereur que si Jésus avait été supplicié, c'était par la volonté du grand prêtre et des Juifs et non par décision du bailli. Il raconta comment les Juifs avaient dit : « Que son sang retombe sur nous ! », et comment Ponce Pilate s'était lavé les mains en assurant qu'il n'était aucunement responsable de la mort de ce juste. Mais il n'en était pas moins vrai que Jésus était mort, et l'empereur en concevait un amer chagrin parce qu'ainsi s'évanouissait l'espoir de voir guérir son fils.

Mais le conseiller qui avait été l'ami de Pilate reprit la

1. On remarquera l'inversion : historiquement, Titus est le fils de Vespasien.

parole : « Ne sois pas irrité ni anxieux, seigneur. Si ce que raconte ce voyageur est exact, et même si le prophète Jésus est mort, il doit encore se trouver en Judée des objets ou des vêtements qui lui ont appartenu ou qu'il a simplement touchés. Il faut savoir que si un homme a des pouvoirs extraordinaires sur les choses, ces pouvoirs sont parfois répandus sur des objets. Tous nos sages l'ont affirmé, et il est impossible que ce Jésus n'ait point laissé quelque chose qui soit encore imprégné de lui-même. Envoie des messagers en Judée et dis-leur de rechercher, par tout le pays, s'il n'y a pas un objet, un linge ou quoi que ce soit, qui ait été touché par le prophète. Je suis persuadé que ton fils serait guéri par le simple contact de cet objet. »

Le conseil plut grandement à l'empereur Titus. Il alla parler à son fils, par la fenêtre de la chambre de pierre. Il lui fit le récit complet de ce qu'il venait d'entendre. Vespasien, qui n'attendait plus que la mort, fut transporté de joie et ne sentit plus l'âpreté de sa souffrance, et il pria son père d'envoyer le plus tôt possible des messagers en Judée pour s'enquérir du prophète Jésus. C'est ce que fit immédiatement l'empereur, donnant à ses messagers des lettres scellées à l'intention du bailli de Judée. Quand il reçut les lettres, le bailli fit savoir par tout le pays qu'il voulait s'entretenir avec quelqu'un qui aurait en sa possession un objet que Jésus aurait pu toucher. Et peu de temps après, une vieille femme qui se nommait Vérone se présenta devant lui.

« Seigneur, dit-elle, j'étais présente le jour où l'on menait le prophète à son supplice. Je me trouvais sur le chemin qui monte vers le sommet de la colline. Je le voyais porter sa lourde croix, et lorsqu'il passa près de moi, il me demanda d'essuyer son visage inondé de sueur avec la pièce d'étoffe que je portais avec moi et que j'avais l'intention d'aller vendre au marché. Alors, j'ai essuyé le visage du prophète, prenant bien soin de le sécher. Mais lorsque je suis revenue chez moi, je me suis aperçue que ma toile avait conservé l'image de Jésus, comme s'il s'agissait d'un portrait. Et, depuis, j'ai gardé pieusement ce souvenir du prophète. » Elle tendit alors l'étoffe au bailli. Celui-ci la déplia et aperçut le visage aussi nettement que s'il venait d'être peint. Il dit à la vieille femme : « Tu as bien fait de conserver cette toile, je t'en remercie au nom de notre empereur. »

Et le bailli envoya la toile à Rome sans plus tarder. L'empereur, dès qu'il l'eut reçue, la déplia et la regarda. Puis il s'inclina trois fois, et ceux qui étaient là s'émerveillèrent. Après cela, Titus alla jusqu'à la chambre de pierre où se trouvait son fils et se fit ouvrir la porte qu'on avait condamnée. Sans plus tarder et sans être rebuté par l'odeur épouvantable que répandait le corps du malheureux, il pénétra à l'intérieur et montra le visage à Vespasien. Et celui-ci, dès qu'il eut regardé la figure de Notre Seigneur, qui fut appelée ensuite la Véronique, ou la Sainte Face, se trouva délivré de tous ses maux et le corps dépourvu de toute plaie. « Oh ! merveille ! dit Vespasien. Le pouvoir de ce prophète était donc bien réel ! Maudits soient ceux qui ont désiré sa mort et l'ont conduit au plus ignominieux des supplices. Aussi vrai que je suis guéri de cette horrible maladie, je jure de venger le prophète pour tous les tourments qu'on lui a fait subir ! »

C'est ainsi que Vespasien, avec les troupes de son père, l'empereur Titus, partit pour la Judée, et il fit en sorte d'exterminer le plus possible de Juifs, puisque ceux-ci étaient responsables de la mort de Jésus [1]. Quand elle sut

1. Cet antisémitisme sournois est bien dans l'esprit du temps où a été rédigée cette version de la légende, aux environs de l'an 1200, et préfigure les mesures prises par Saint Louis (la rouelle jaune) pour différencier les Juifs des peuples de race « pure ». Ce qui est inquiétant ici (je ne fais que transcrire le récit médiéval), c'est la justification

que le fils de l'empereur se trouvait en Judée et qu'il avait juré de venger Notre Seigneur, la femme de Joseph d'Arimathie vint le trouver. Il y avait longtemps que son mari avait disparu, et elle soupçonnait les Juifs de l'avoir emprisonné dans un endroit inaccessible et connu d'eux seuls. Aussi raconta-t-elle tout ce qu'elle savait à Vespasien, et celui-ci ordonna aussitôt qu'on interrogeât chaque Juif qu'on capturerait avant de le tuer. Mais aucun ne voulut dire la vérité, et Vespasien avait beau en brûler tous les jours sur la grande place de Jérusalem, il ne parvenait pas à savoir où gisait Joseph d'Arimathie. A la fin, il y en eut quand même un qui confessa la vérité et qui le mena dans la maison, là où était la tour creuse qui servait de cachot. « C'est là que j'ai vu qu'on conduisait Joseph, il y a bien longtemps, et j'ai vu aussi comment on en a muré la porte. » Alors Vespasien lui fit grâce de la vie et ordonna aux ouvriers de travailler du pic et du ciseau pour dégager l'entrée.

Quand le mur fut percé, Vespasien se pencha par l'ouverture et appela Joseph par son nom. Mais il n'y eut aucune réponse. Alors Vespasien prit une corde et descendit jusqu'au fond de la cellule. Là, il fut stupéfait : il y avait un homme, à genoux sur le sol de la fosse, et, devant lui, une étrange lumière semblait surgir de la pierre. L'homme agenouillé se retourna et dit : « Bienvenue à toi, Vespasien ! » Vespasien fut encore plus étonné : « Comment sais-tu mon nom ? » demanda-t-il. — Celui qui sait toutes choses, celui qui t'a guéri de ton

---

du génocide par des motifs religieux. Il est évident que l'Église *romaine,* héritière en grande partie de l'Empire romain, ne pouvait accepter que les Romains fussent responsables de la mort du Christ. Il fallait bien trouver un « bouc émissaire », au détriment de la vérité historique, puisque la crucifixion est un supplice spécifiquement romain réservé aux voleurs et aux agitateurs politiques. On ne sait que trop bien les aberrations qui ont découlé de cet état d'esprit.

mal, c'est lui qui m'a dit que tu viendrais me délivrer. Et si tu le voulais, je t'enseignerais à le connaître et à croire en lui. » Vespasien dit qu'il était disposé à écouter Joseph, et celui-ci lui raconta l'histoire de Jésus, sa naissance de la Vierge Marie, ses prédications et ses miracles, sa passion et sa résurrection. Vespasien en fut émerveillé. Puis il fit sortir Joseph de cette fosse où il avait passé tant d'années. Cependant, tous ceux qui le virent n'en crurent pas leurs yeux : il ne portait aucune marque de vieillissement et, bien au contraire, il semblait plus jeune encore qu'au jour de son emprisonnement. Sa femme accourut vers lui et le prit dans ses bras. Mais c'est lui qui la regarda curieusement, car elle avait beaucoup changé. Quant à Vespasien, en mémoire de la trahison de Judas, il fit vendre tous les Juifs qu'il put trouver pour trente deniers chacun.

Joseph avait une sœur nommée Érigée. Le mari de celle-ci était un homme de grande sagesse, qu'on appelait Bron, et qui avait beaucoup d'amitié envers Joseph. Quand Érigée et Bron apprirent qu'on avait retrouvé Joseph, ils vinrent vers lui et dirent qu'ils voulaient vivre désormais en sa compagnie. Joseph en fut très satisfait, d'autant plus qu'il pensait toujours aux paroles prononcées par Jésus dans sa prison : il devait se consacrer au service du Graal et réunir autour de lui les hommes les plus dignes et les plus dévoués. Il invita donc les membres de sa famille, y compris son fils Joséphé et son beau-frère Bron, à se rassembler dans sa maison, et il fit construire une grande table autour de laquelle devaient prendre place tous ceux qui seraient au service du Graal. Quand tout fut préparé, il demanda à Bron d'aller pêcher dans un étang et de lui rapporter le premier poisson qu'il prendrait. Et pendant que Bron était à la pêche, Joseph mit la coupe d'émeraude au centre de la table. Et, lorsque Bron lui eut apporté le premier poisson qu'il eut pris, il fit entrer tous les siens dans la salle. Il demanda à Bron de s'asseoir à côté de lui, et chacun se plaça comme il voulut. Mais Joseph prit bien soin qu'un siège restât inoccupé entre son fils Joséphé et lui-même.

Tous ceux qui étaient assis autour de la table furent dans la contemplation du Saint-Graal. Et ils sentirent bientôt une grande joie envahir leur cœur. Ils entendaient les musiques les plus douces et respiraient les parfums les plus délicats tandis que leurs écuelles se remplissaient de façon mystérieuse de la meilleure nourriture qui fût au monde. Cependant, ceux qui n'avaient pas de place et qui étaient restés debout n'éprouvaient rien d'autre que la faim. Et il en fut ainsi chaque jour : les convives qui avaient droit à une place se nourrissaient du Saint-Graal, tandis que les autres devaient se procurer eux-mêmes leur nourriture. C'est à cela qu'on connut quels étaient ceux qui étaient destinés au service du Graal et ceux qui ne pouvaient y accéder parce qu'ils étaient encore dans la faiblesse et le péché.

Or il y avait, parmi les familiers de Joseph, un homme du nom de Moyse, qui se lamentait de n'être point admis à la table du Graal. Il pleurait piteusement en assurant qu'il était sage et consciencieux, et il suppliait Joseph d'avoir pitié de lui et de lui permettre de s'asseoir dans la sainte compagnie. Joseph savait très bien que Moyse était fourbe et décevant. Néanmoins, après s'être prosterné devant la coupe d'émeraude et avoir prié Notre Seigneur, il dit : « Si Moyse est tel qu'il le prétend, qu'il vienne donc parmi nous. Personne ne peut ni ne doit l'en empêcher. Mais qu'il prenne bien garde, car s'il est autrement qu'il le prétend, il s'expose à être durement châtié. » Moyse lui répondit qu'il ne craignait rien. Mais, comme toutes les places étaient prises, hormis celle qui se trouvait entre Joseph et Joséphé, il vint hardiment s'y asseoir. Alors on entendit un grand bruit et la terre s'entrouvrit à l'emplacement du siège, engloutissant Moyse et se refermant aussitôt si étroitement qu'on n'eût jamais cru qu'elle se fût écartée. Et c'est depuis ce jour que la place entre Joseph et Joséphé fut appelée le Siège Périlleux.

Une nuit, cependant, Joseph fut tiré de son sommeil par une mystérieuse voix qui s'adressait à lui à travers les ténèbres. Et cette voix disait : « Il est temps pour toi de quitter ce lieu pour ne jamais y revenir. Fais construire un navire qui puisse te transporter, avec les tiens, ton beau-frère Bron et ses douze enfants, ta femme et tes deux fils, Joséphé et Alain, ainsi que ceux qui sont admis à la table du Graal. Prenez tous la mer sur ce navire, en n'emportant autre chose que le Graal, et dirigez-vous vers les pays où le soleil se couche. C'est là-bas que tu devras annoncer le saint Évangile et faire édifier une forteresse digne de recevoir le Graal. Vous errerez longtemps chez des nations hostiles, mais vous n'aurez rien à craindre en dépit des souffrances et des privations, jusqu'au moment où vous aborderez dans le lieu qui vous est destiné, c'est-à-dire aux vaux d'Avalon [1], aux limites du monde, là où le soleil disparaît dans les flots pour renaître le lendemain, plus lumineux et plus puissant que jamais. »

Un soir, après avoir navigué des semaines dans la tempête, ils parvinrent au port de la cité de Sarras. Certains disent que ce nom provient de celui de Sarah, l'épouse d'Abraham, mais ils sont dans l'erreur : c'est en effet de Sarras que sont issus les peuples que nous appelons Sarrasins. Et dans cette cité régnait alors un roi du nom d'Évalach [2], et qui avait un frère nommé Séraphè.

1. Le texte médiéval de Robert de Boron dit très exactement « les vaux d'Avalon » et identifie nettement ce lieu à Glastonbury, dans le Somerset, l'*Urbs Vitrea* ou *Ynys Glas* (« île de Verre ») des anciens textes monastiques.

2. Le nom d'Évalach, qui apparaît seulement dans la version dite de Gautier Map, est présenté sous la forme *Avalach* dans la tradition

Et comme ce pays n'était pas accueillant à l'égard des étrangers, Joseph fut immédiatement arrêté et conduit devant le roi. Mais Joseph répondit fièrement à toutes les questions qu'on lui posait, puis il demanda à parler au roi Évalach en particulier. Celui-ci y consentit. Alors Joseph parla ainsi : « C'est le Dieu des chrétiens qui me conduit vers toi, afin de te rappeler quelle est ton origine. Tu es un roi riche et puissant maintenant, mais personne ne connaît ton lignage authentique. Or, moi, je vais te le dire : tu es né quelque part dans le pays des Gaulois, et ton père était un pauvre savetier. Je sais cela grâce à mon maître, le seigneur Dieu, à qui rien ne peut être caché. Je peux également te dire que tu gardes dans une pièce secrète dont toi seul possèdes la clef de la porte, juste à côté de ta chambre, une statue en bois représentant la plus belle femme qui se puisse voir dans le monde. Et chaque nuit, tu couches cette statue près de toi, et tu honnis la reine, ton épouse, au moyen de cette vaine image. »

Le roi Évalach fut bien étonné de ce discours, se demandant par quel pouvoir surnaturel l'étranger pouvait savoir ce qu'il était le seul à connaître. Il demanda à Joseph de lui en dire plus long sur son Dieu. Joseph l'instruisit longuement, puis, après avoir fait brûler l'idole dont le roi était épris, il baptisa Évalach sous le nom de Nascien, et son frère Séraphè sous celui de Mordrain. Et, la nuit qui suivit ce jour, ravi de son sommeil par la même voix mystérieuse qui venait souvent l'entretenir, il eut la vision que Jésus-Christ lui-même consa-

---

purement galloise, et certaines Triades en font même le père de la fée Morgane. De toute évidence, il s'agit d'un nom de lieu et non pas de personne, ce lieu étant l'île Fortunée de la mythologie celtique, *Ynys Avalach* en gallois, devenue ensuite en français l'île d'Avalon. De toute façon, il y a ici une référence au Paradis celtique, l'île des Pommiers (*insula Pomorum*).

crait évêque son fils Joséphé. D'ailleurs, le lendemain, Joséphé, fils de Joseph, entra dans le grand temple de Sarras. Il s'approcha d'une idole païenne qui était placée sur un autel et traça sur elle le signe de la croix, tout en prononçant une formule de conjuration avec tant de force et de puissance que le mauvais esprit qui s'y trouvait caché commença de crier : il disait qu'il consentait à s'en aller, mais qu'il ne le pouvait pas parce que Joséphé avait fait le signe de la croix sur la bouche de la statue. « Va-t'en par le bas ! » lui dit Joséphé. Et, au moment où l'esprit malin sortait, l'évêque lui jeta sa ceinture autour du cou, puis il le traîna de force à travers toute la ville. L'esprit hurlait et se lamentait, à tel point que tous les bourgeois et marchands de la ville sortirent de chez eux pour voir ce qui se passait. Alors Joséphé lui ordonna d'avouer qui il était. L'autre confessa publiquement qu'il était un diable chargé par Satan en personne de pervertir les gens en répandant fausses nouvelles et faux témoignages. Aussitôt qu'ils entendirent cette confession, les gens de la ville coururent se faire baptiser. Et le roi fit publier un édit ordonnant que tous ceux qui refuseraient le baptême seraient bannis à jamais de sa terre. Ainsi fut converti le royaume de Sarras au service du Graal et de Notre Seigneur. Puis, le lendemain, Joseph, Joséphé et tous ceux de leur suite, reprirent la mer dans la direction du soleil couchant.

Quelque temps après, le roi Nascien reposait dans son lit en sa cité de Sarras quand une grande main vermeille l'enleva, l'entraîna à travers les airs et le déposa bientôt, tout évanoui, dans l'île Tournoyante. Voici pourquoi on l'appelait ainsi : au commencement de toutes choses, les quatre éléments étaient confondus. C'était le Chaos. Le Créateur sépara ces éléments : ainsi, aussitôt, le feu et l'air qui sont toute clarté et toute légèreté montèrent vers le ciel tandis que l'eau et la terre, qui sont pesantes choses, tombèrent vers le bas. Mais comme ces éléments avaient si longtemps été amalgamés, quelques-unes des propriétés de l'un se retrouvaient souvent dans un autre. Lorsque le Créateur purifia l'air et le feu de toutes les parcelles de terre et d'eau qui les encombraient, ainsi que la terre et l'eau de tout ce qui était céleste, les résidus formèrent une sorte de masse, trop pesante pour s'élever dans les airs, trop légère pour rester à terre, trop sèche pour se joindre à l'eau, trop humide pour se confondre au feu. Et cette masse se mit à flotter dans l'univers, jusqu'à ce qu'elle parvînt au-dessus de la mer d'Occident, entre l'île Onagrine et le port aux Tigres. Il se trouve, à cet endroit, dans la terre, une immense quantité d'aimant dont la force était telle qu'elle attira et retint les parties ferrugineuses de cette masse, mais cependant insuffisante pour en empêcher les parties de feu et d'air d'entraîner la masse vers le ciel. Et cette masse demeura à la surface de la mer, se mettant à pivoter sur elle-même selon le mouvement des astres. C'est pourquoi les gens de ce pays l'appelèrent « île », parce qu'elle était au milieu de l'eau, et « tournoyante » parce qu'elle était instable et virait sans cesse. C'est là que Nascien fut déposé, évanoui, par la main mystérieuse qui l'avait enlevé de Sarras.

Quand il reprit conscience, il ne vit autour de lui que le ciel et l'eau, car ni herbe ni plante ne pouvaient pousser sur cette matière. Alors il se mit à genoux, la tête du côté de l'orient, et pria Notre Seigneur. Lorsqu'il se releva, il vit approcher sur la mer une nef très haute et richement parée qui se dirigeait vers l'île. Elle y accosta, et Nascien, après avoir fait le signe de la croix, y pénétra. Il n'y découvrit âme qui vive. Il vit cependant un lit magnifique, sur le chevet duquel gisait, à demi dégainée, l'épée la plus belle et la plus précieuse qui eût jamais existé, à cela près que les *renges*, ou attaches, étaient inhabituelles et bien pauvres par rapport au reste ; elles semblaient en effet être en étoupe de chanvre, et elles étaient si faibles qu'elles n'auraient même pas pu supporter le poids de l'épée et du fourreau. Et sur la lame, il y avait des lettres gravées qui avertissaient qu'elle ne pourrait être retirée que par le meilleur chevalier de tous les temps, et que les renges seraient un jour remplacées par une jeune fille vierge de la race de Salomon. Et, autour du lit, se trouvaient trois fuseaux de bois : l'un était blanc comme neige, le second vermeil comme le sang, le troisième vert comme l'émeraude. Mais voici quelle était l'origine de cette nef et des objets merveilleux qu'elle contenait :

Au temps où Adam et Ève, après avoir mangé, sur les conseils du Serpent, le fruit de l'Arbre de la Connaissance, furent chassés du jardin d'Eden par l'archange au glaive de feu, ils emportèrent avec eux deux choses que Dieu leur avait permis de prendre, afin qu'ils eussent toujours devant les yeux l'image de ce qu'ils venaient de perdre. Ces deux choses, c'étaient la belle émeraude qui était tombée du front de Lucifer, et une branche de l'Arbre de la Connaissance, la branche même où pendait la pomme dont ils avaient goûté. Et quand ils furent sur la terre, travaillant celle-ci avec beaucoup de peine pour se procurer une maigre nourriture, Ève planta le rameau près de l'endroit où ils dormaient à même le sol. Or, le rameau s'enracina et il crût avec tant de force et de rapidité qu'il devint bientôt un très bel arbre dont la tige, les branches et les feuilles étaient blanches comme la neige qui vient de tomber. Mais quand Adam, sur l'ordre de Dieu, eut connu Ève et engendré Abel, l'arbre devint vert comme l'herbe des prés. Et plus tard, lorsque Abel eut été tué par son frère Caïn, l'arbre changea encore de couleur et devint rouge comme le sang. Désormais, il n'y eut pas d'arbre si merveilleux dans le monde entier. Cependant, il ne porta jamais plus ni fleur ni fruit, et tous les rameaux qu'on en détachait pour les planter en terre se desséchèrent.

Arriva le temps du roi Salomon. Celui-ci était sage et

avisé et il avait connaissance des secrets de la nature, de la force des herbes, des vertus des pierres, du cours des planètes et de toutes les choses qu'il ne faut pas divulguer au commun des mortels. Mais, comme tous les autres hommes, le roi Salomon était faible : il fut séduit par la beauté d'une femme pour laquelle il commit de grandes fautes contre Dieu. Et pourtant, cette femme le trompait honteusement. Salomon le savait et en ressentait beaucoup d'amertume, au point d'écrire, dans son livre qu'on appelle *Paraboles,* des réflexions très désagréables à propos des femmes. Or, la nuit suivante, il entendit une voix qui lui disait : « Salomon, n'aie point de mépris pour les femmes. Certes, c'est la première femme qui a apporté le malheur à l'homme, mais c'est une autre femme qui lui rendra le bonheur en donnant naissance à un fils qui sauvera le monde. Et cette femme sera de ton lignage. »

Salomon se mit à réfléchir et à scruter les divins secrets et les Écritures. Il finit par découvrir des prophéties très anciennes qui annonçaient qu'un de ses descendants dépasserait en valeur et en générosité tous ceux qui l'auraient précédé. Salomon en fut tout réconforté, mais ce qui le chagrinait, c'était non seulement de ne pas pouvoir connaître ce chevalier si preux qui devait sortir de sa lignée, mais encore de ne pas savoir comment faire connaître à ce chevalier qu'il avait deviné sa venue. Il eut cependant l'idée de consulter la femme qu'il aimait, car celle-ci, toute perverse et rusée qu'elle était, possédait une grande intelligence pour les choses les plus secrètes de la nature. Il alla la trouver et lui dévoila ce qui le chagrinait ainsi. La femme se recueillit un moment, puis elle dit à Salomon : « Je sais ce que tu dois faire. Rassemble tes charpentiers et fais-leur construire une haute nef dans un bois qui ne puisse pourrir avant quatre mille ans. Ensuite, tu iras au temple que tu as fait construire, et tu y prendras l'épée du roi David, ton père. Tu en retireras la lame qui est la plus tranchante et la mieux forgée qui ait jamais été et, grâce à ta science de la force des herbes et des vertus des pierres, tu muniras cette épée d'un fourreau sans pareil et d'un pommeau fait de pierreries diverses, mais si habilement composé qu'il paraisse d'une seule gemme. Quant à moi, j'y ajouterai des renges de chanvre si faibles qu'elles ne pourront que rompre sous son poids. Plus tard, une demoiselle remplacera ces renges, et ainsi réparera-t-elle ce que j'ai mal fait, comme la Vierge à venir amendera le méfait de notre première mère. »

Six mois plus tard, le navire était construit et l'épée, ornée par les soins de Salomon, fut placée sur un riche lit de parade. C'est alors que la femme déclara qu'il y manquait quelque chose. Elle commanda aux charpentiers d'aller couper dans l'arbre merveilleux et dans ceux qui en étaient issus un fuseau rouge, un fuseau vert et un fuseau blanc. Or, aux premiers coups qu'ils donnèrent dans les arbres, les charpentiers furent épouvantés parce qu'ils voyaient les arbres saigner. Mais la femme exigea qu'ils finissent leur travail, et c'est ainsi que les fuseaux furent plantés dans le lit. Puis Salomon grava sur la lame des lettres qui interdisaient de retirer l'épée de son fourreau à tout chevalier qui ne serait pas le meilleur des meilleurs. Enfin, on mit la nef à la mer. Bientôt, le vent gonfla les voiles et la nef quitta le port pour disparaître à l'horizon. Et personne ne revit plus cette nef avant Nascien, quand il fut dans l'île Tournoyante.

Tandis que Nascien s'émerveillait à contempler la nef, l'épée et les fuseaux, un grand vent s'était levé, qui devint une violente tempête, et la nef se trouva emportée à une vitesse effroyable sur les flots déchaînés. La tourmente dura près de huit jours pendant lesquels Nascien ne cessa de prier Dieu, de telle sorte qu'il ne souffrit ni de la faim, ni de la soif, ni de la peur d'être englouti. Le neuvième jour, la mer redevint calme et le soleil se mit à briller. Nascien s'endormit paisiblement à l'intérieur de la nef, et pendant son sommeil il crut voir un homme vêtu de rouge, qui s'approchait de lui et prononçait ces paroles : « Nascien, sache que tu ne reviendras jamais dans ta cité de Sarras. Tu resteras dans la terre d'occident où tu vas. Mais quand trois cents ans se seront écoulés, le dernier homme de ton lignage remontera dans cette nef, qui est celle de ton ancêtre Salomon, et ceci afin de rapporter à Sarras la coupe d'émeraude qu'on appelle le Saint-Graal. Et ce sera le neuvième de tes descendants après ton fils Galaad. Lui aussi, il portera le nom de Galaad et dépassera en chevalerie terrienne et céleste tous ceux qui l'auront précédé, et c'est lui qui mettra fin aux temps aventureux. » Ainsi parlait la voix dans le songe de Nascien. Le lendemain, il se réveilla. Le ciel était beau et clair, et une brise légère poussait la nef vers la terre. Il aborda bientôt dans un port et sut que c'était là que se trouvaient Joseph d'Arimathie et tous ceux qui l'avaient suivi. Mais une fois qu'il fut sur le sol ferme, la nef s'éloigna du rivage et disparut dans une étrange brume qui venait de se lever sur la mer.

Cependant, Joseph, Joséphé et tous les autres accueillirent Nascien avec une grande joie. Il leur raconta les étranges aventures qu'il avait vécues. Mais Joseph n'avait pas oublié qu'il devait se rendre jusqu'aux vaux d'Avalon. Le lendemain, ils partirent tous, portant précieusement le Saint-Graal dans un coffre qu'ils avaient construit tout exprès. Ils arrivèrent ainsi à la ville de Galafort, dont le roi avait nom Ganor. Quand celui-ci vit arriver Joseph et ses compagnons nu-pieds, vêtus de pauvres habits et sans autre bagage qu'un petit coffre qu'ils mettaient tout leur soin à porter, il fut fort étonné, et encore plus quand il apprit que ces voyageurs étaient de riches personnages dans leur pays et qu'ils avaient tout laissé pour l'amour de Jésus-Christ. Le roi Ganor ordonna à ses clercs et à ses mages de venir et de discuter avec ces gens qui croyaient en un Dieu bien différent de leurs propres dieux. Il dit à l'évêque Joséphé qu'il voulait l'entendre défendre sa foi contre eux. Alors, Joséphé pria la Vierge Marie de ne pas laisser parler ceux qui oseraient s'élever contre elle et son glorieux fils. C'est ainsi que les clercs et les mages du roi Ganor ne purent que crier et braire, prendre leur langue à deux mains, la déchirer et même l'arracher. A ce spectacle, le roi Ganor fut touché de la grâce de Dieu et demanda immédiatement à devenir chrétien, et tous ceux qui étaient avec lui voulurent également se faire baptiser. Joséphé les baptisa donc, tant hommes que femmes, dans une grande cuve d'eau qu'il avait bénie de sa propre main. Et il n'y eut plus personne dans la ville qui ne fût devenu chrétien.

Mais en apprenant cette nouvelle, le roi d'un pays voisin, qui était le seigneur du roi Ganor, rassembla ses barons et vint assiéger la ville. La bataille fut rude, mais Nascien trancha la tête du roi païen, dont tous les hommes s'enfuirent. En mémoire de cette victoire, Joséphé fit construire une église en l'honneur de la Vierge Marie, et ce fut la première église à être construite sur l'île de Bretagne. Après quoi, Joseph et Joséphé s'en allèrent tous deux à la recherche des vaux d'Avalon, avec quelques-uns de leurs compagnons qui portaient le Graal avec eux. Partout où ils passaient, ils émerveillaient les gens par leur allure et leur ténacité, et beaucoup de ceux à qui ils s'adressaient se convertissaient et demandaient le baptême. Cependant, lorsqu'ils parvinrent sur les terres du roi Crudel, qui régnait alors sur le nord de la Cambrie, celui-ci les fit arrêter et enfermer dans une grande prison qu'il avait fait aménager sous la terre, et il défendit qu'on leur donnât à boire et à manger.

Or, cette même nuit, Mordrain, le frère de Nascien, qui se trouvait dans la cité de Sarras, eut un songe : il voyait Notre Seigneur souffrant et très triste, qui lui commandait d'embarquer avec sa famille et la femme de Nascien, ainsi qu'avec tous ses hommes, et d'aller en l'île de Bretagne pour le venger du roi Crudel. Le lendemain, Mordrain fit tous les préparatifs nécessaires et quitta la cité de Sarras. Il aborda près de Galafort avec son armée et rencontra Nascien, qui avait été averti de la venue de son frère. Tous deux, avec les hommes de Sarras et ceux de Galafort, marchèrent contre le roi Crudel qui fut défait et tué. Et ils trouvèrent Joséphé avec son père Joseph, et tous leurs compagnons, dans leur prison. Ils étaient tous en bonne santé car ils avaient vécu du Saint-Graal pendant quarante jours, sans souffrir de quoi que ce fût, en toute aise et confort.

Mais peu de temps après, il arriva une grande merveille. Une nuit où il ne pouvait pas dormir, Mordrain fut pris d'un tel désir de contempler le Graal qu'il se leva et entra en cachette dans la chambre où l'on avait placé la coupe d'émeraude. Il lui sembla entendre autour de lui des voix qui chantaient en grande harmonie, et aussi un bruit d'ailes aussi fort que si tous les oiseaux du monde s'étaient rassemblés en cet endroit. Il s'avança vers le Graal et souleva l'étoffe qui le recouvrait. Mais au même instant, une lumière si vive qu'elle était insoutenable le frappa au visage de telle sorte qu'il devint aveugle. Et une voix se fit entendre, venant de très loin : « Mordrain, tu es trop hardi. Jamais les merveilles du Saint-Graal ne seront contemplées par un seul homme mortel avant que ne vienne le Bon Chevalier, celui par qui la chevalerie terrienne deviendra céleste. Et sache que tu ne mourras pas, car tu dois expier par une vie prolongée la faute que tu viens de commettre, et cela jusqu'au jour où le Bon Chevalier te rendra la vue. » Et depuis cette nuit-là, on ne connut plus Mordrain autrement que sous le nom de Roi Méhaigné.

Joseph, Joséphé et leurs compagnons errèrent tant qu'ils parvinrent dans le royaume des Écossais. Là, un soir, à souper, ceux qui pouvaient y être admis s'assirent à la Table du Graal. Mais, parmi les autres, il y en eut deux, Siméon et Chanaan, qui se sentaient exclus et s'en désespéraient. C'est alors que l'Ennemi entra dans leur cœur et dans leur corps. Quand tout le monde fut endormi, ils prirent des épées très tranchantes, puis Chanaan vint couper la tête de ses douze frères, tandis que Siméon frappait son cousin Pierron. Mais l'épée dévia et Pierron ne fut que blessé. C'est ce Pierron qui, plus tard, convertit le roi d'Orcanie et en épousa la fille, et c'est à son lignage qu'appartinrent plus tard le roi Loth d'Orcanie et son fils Gauvain, le neveu du roi Arthur.

Siméon et Chanaan furent jugés, et comme leur crime était odieux du fait qu'ils avaient attaqué lâchement leurs victimes durant leur sommeil, ils furent condamnés à être enterrés vifs. Mais, pendant qu'on creusait leurs fosses, on vit venir deux hommes vermeils comme la flamme, qui volaient dans les airs comme des oiseaux et qui enlevèrent Siméon. Quant à Chanaan, il fut enseveli vivant, suivant le jugement prononcé, et autour, on enterra ses douze frères, chacun d'eux avec son épée, comme il se doit pour de preux chevaliers. Or, le lendemain matin, on vit que la tombe de Chanaan flambait comme un buisson ardent tandis que les douze épées de ses frères étaient dressées vers le ciel. Alors ils reprirent tous leur chemin, à la recherche du lieu auquel ils devaient parvenir, c'est-à-dire aux vaux d'Avalon. Mais les pays qu'ils traversaient étaient rudes, et ils endurèrent de grandes souffrances, tant par le froid que par le manque de nourriture.

Car seuls pouvaient se nourrir du Graal ceux qui avaient le cœur suffisamment pur pour être admis à s'asseoir à sa table. Les autres se nourrissaient comme ils pouvaient. Or, un jour qu'ils se trouvaient en une terre déserte, la nourriture manqua complètement et, malgré tous leurs efforts, ils ne purent rien trouver à manger. Alors Joséphé dit à son jeune frère, qui avait nom Alain le Gros, d'aller pêcher dans un étang proche. Le jeune homme jeta son filet et ne prit qu'un seul poisson. Il faisait froid, et Alain le Gros sentait ses doigts s'engourdir. Pris de pitié, Joséphé ne voulut pas que son frère lançât de nouveau le filet. Il s'agenouilla devant le Graal et demeura longtemps en prières et oraisons, de telle sorte que bientôt le poisson foisonna, et que tous ceux qui avaient faim purent être rassasiés. C'est en mémoire de ce miracle qu'Alain le Gros fut surnommé le Riche Pêcheur, et c'est un nom qu'il transmit ensuite à tous ses descendants.

De nombreuses années avaient passé depuis que Joseph d'Arimathie avait quitté la terre de Judée. Il était vieux et faible, et il n'avait pas encore trouvé le chemin qui menait aux vaux d'Avalon. Il en vint au moment où il devait quitter ce monde. Il mourut à Galafort, entre les bras de son fils l'évêque Joséphé. Joséphé en fut très triste, et avec lui tous ceux qui avaient suivi Joseph d'Arimathie sur cette terre de Bretagne pour y mettre le Saint-Graal à l'abri des mécréants. Joséphé était lui-même très faible à force de veiller et de jeûner, à force d'errer par les pays et les royaumes. Et il lui vint un songe au cours duquel il lui fut révélé qu'il devait bientôt trépasser du siècle. Alors il voulut revoir Mordrain, cet Évalach qu'il avait baptisé et qui était devenu le Roi Méhaigné. Il alla le trouver et lui annonça sa mort prochaine.

Mordrain s'agenouilla devant l'évêque Joséphé, et il lui parla ainsi : « Ami très cher, quand tu auras quitté ce monde, il me faudra demeurer seul pendant tout le temps de ma pénitence, et cela jusqu'au jour où le Bon Chevalier viendra me délivrer. Je te prie, pour l'amour de Dieu, de me laisser un témoignage qui puisse m'aider à supporter ma souffrance et ma solitude. » Alors, de son propre sang, l'évêque traça une grande croix sur le bouclier de Mordrain, et il lui dit que cette croix demeurerait toujours fraîche et vermeille à travers les temps. Et le Roi Méhaigné se fit mettre sur les lèvres le bouclier qu'il ne pouvait voir de ses yeux brûlés, et il le baisa en pleurant. Quant à

Joséphé, qui savait que son dernier jour était proche, il était déjà parti pour rejoindre son jeune frère, Alain, le Riche Pêcheur.

« Frère, dit-il, c'est toi qui seras le gardien de la coupe d'émeraude qui contient le sang de Notre Seigneur. Au nom de Jésus-Christ, et au nom de notre père, je t'investis de cette mission qu'il te faudra mener de façon à ce que notre lignée ne puisse jamais s'interrompre jusqu'au jour où viendra le Bon Chevalier qui terminera les temps aventureux. Quand tu auras quitté ce monde, à ton tour, ce seront tes descendants qui auront la garde du Saint-Graal, et, en mémoire de toi, on les nommera les Riches Rois Pêcheurs. » Et Alain lui répondit : « Frère, je ferai tout ce que tu me dis, et je trouverai le lieu qui est appelé les vaux d'Avalon pour y construire la forteresse où sera conservée et gardée la coupe d'émeraude. »

Après la mort de Joséphé, Alain quitta le pays avec le Graal et tous ceux qui survivaient de ceux qui avaient accompagné Joseph d'Arimathie. Il arriva bientôt dans un royaume peuplé de sottes gens qui ne savaient rien, sinon conduire des troupeaux et cultiver des champs. On appelait ce royaume la Terre foraine, et c'est un roi lépreux du nom de Kalaphe qui y régnait. Alain se présenta devant le roi et lui promit de le guérir pourvu qu'il fît ce qu'il lui dirait de faire. « Si tu me jures de me rendre la santé, dit le roi, il n'y a rien que je n'accomplirai de tout ce que tu m'ordonneras. » Alain lui répondit : « Abandonne la foi qui est la tienne et fais-moi couper la tête si tu n'es pas immédiatement guéri de ta maladie ! »

Alors Kalaphe ordonna à ses gens d'abattre et de brûler les idoles qui se trouvaient dans les temples de son royaume. Alain le baptisa et lui donna le nom d'Alphasem. Puis il fit apporter le Graal. Et dès qu'il eut aperçu de loin la coupe d'émeraude, le roi se sentit tout à coup en pleine santé. Et il publia un édit qui obligeait tous les habitants de son royaume, hommes et femmes, à se faire chrétiens. Puis il donna sa fille en mariage à Alain le Gros, le Riche Roi Pêcheur. Et surtout, il lui indiqua où se trouvaient les vaux d'Avalon. Alain se rendit en ce lieu, qui était une île au milieu des marécages, et il y fit construire une grande forteresse à laquelle il donna le nom de Corbénic. Et c'est là, dans une chambre secrète, qu'il fit placer le Saint-Graal.

Mais personne ne le savait. Et ceux qui passaient près de la forteresse de Corbénic ne la voyaient pas, car elle était toujours entourée de brouillards. C'est pourquoi certaines personnes appelaient ce lieu la Cité de Verre. Et pendant plusieurs siècles, personne ne sut découvrir le chemin qui menait au Château Aventureux [1].

1. Synthèse du *Joseph* de Robert de Boron (fin du XIIe siècle), édité par Bernard Cequiglini, *le Roman du Graal,* Paris, 10, 18 1981, et du récit intitulé *Estoire dou saint Graal,* attribué — faussement — à Gautier Map, publié par Oskar Sommer, Washington, 1909.

CHAPITRE IV

La Trahison de Vortigern

En ces mêmes temps, il y avait, chez les Romains, un consul sage et avisé du nom de Macsen, et qui avait été choisi pour commander à tous les autres. Il gouvernait avec habileté et prenait grand soin de faire respecter la paix entre tous les peuples que Rome avait soumis. Mais, un jour qu'il était allé à la chasse, en compagnie de ses officiers et de ses vassaux, il se sentit accablé par la chaleur et la fatigue. Il s'arrêta dans une clairière, à l'écart, et s'étendit sur le sol. Les valets dressèrent en cercle autour de lui leurs boucliers en les plaçant sur la hampe de leurs lances afin de le défendre du soleil et lui mirent sous la tête un bouclier émaillé d'or. Ainsi dormit Macsen.

Or, pendant son sommeil, il eut une vision. Il se vit remonter la vallée d'une rivière jusqu'à sa source, puis parvenir au sommet d'une montagne qui lui parut la plus haute du monde. Une fois la montagne franchie, il se vit parcourir d'immenses pays traversés de rivières qui coulaient dans tous les sens, puis arriver à l'embouchure d'un grand fleuve, près d'un port et d'une immense forteresse surmontée de tours en grand nombre et de différentes couleurs. Dans le port, il y avait une nombreuse flotte au milieu de laquelle se remarquait un navire plus beau que les autres. Il sembla à Macsen qu'il s'embarquait sur ce navire et qu'il traversait la mer jusqu'à une grande île. Après avoir traversé l'île de part en part, il aperçut des vallons encaissés, des précipices, des rochers élevés et une terre abrupte, très arrosée, de telle sorte qu'il n'en avait jamais vu de pareille. De là, il voyait, dans la mer, non loin du rivage, une petite île, et en face de cette île, une forteresse très vaste et très belle. Il alla vers la forteresse. La porte en était ouverte. Il entra et se trouva dans une grande salle dont le plafond lui parut être en or et les murs faits de pierres précieuses. Dans cette salle, deux jeunes gens, vêtus d'habits magnifiques, jouaient aux échecs. Au pied d'une des colonnes qui soutenaient la salle, un homme aux cheveux blancs était assis dans une chaire, l'air imposant, portant aux bras des bracelets d'or, aux doigts de nombreuses bagues, au cou un collier d'or. Et en face de cet homme, dans une chaire d'or rouge, était assise une jeune fille si belle qu'il n'était pas plus facile de la regarder que le soleil dans tout son éclat. A son entrée, la jeune fille se leva et vint vers lui et lui jeta ses bras autour du cou. C'est alors que Macsen fut tiré de son sommeil par le cri des chasseurs, les hennissements des chevaux et les aboiements des chiens. Mais il ne prêta aucune attention à ce qui se passait autour de lui : toute sa pensée était encore auprès de la jeune fille qu'il avait vue en songe.

Depuis ce jour, Macsen tomba dans une grande langueur. Si les gens de sa maison allaient boire vin et hydromel dans des vases d'or, il restait à l'écart. S'ils allaient écouter de la musique ou les récits des conteurs, il ne les accompagnait pas. Il n'aimait qu'une seule chose, dormir. Et aussi souvent qu'il dormait, il voyait apparaître, dans son sommeil, cette jeune fille dont l'éclat et la beauté étaient plus troublants que tout ce qu'il y avait de plus précieux au monde.

Mais comme il ne s'occupait plus des affaires publiques, ses officiers et ses vassaux vinrent se plaindre à lui de son inertie. Il décida alors d'envoyer des messagers dans tous les pays pour tenter de retrouver la jeune fille. Mais, après de longs mois, les messagers revinrent sans pouvoir donner de nouvelles à propos de cette jeune fille. Macsen en fut très attristé, mais un de ses conseillers lui dit d'aller exactement à l'endroit où il avait eu le songe, la première fois, et ensuite de bien décrire la vision qu'il avait eue : ainsi les messagers qu'il enverrait par la suite pourraient mieux se diriger vers le lieu où se trouvait la jeune fille.

Ainsi fut fait. Macsen décrivit très exactement les moindres détails de son rêve aux treize messagers qu'il fit aussitôt partir. Ceux-ci se dirigèrent vers le soleil couchant. Ils franchirent une grande montagne, traversèrent un vaste pays aux multiples rivières, arrivèrent dans un port à l'embouchure d'un fleuve et s'embarquèrent sur le navire que Macsen avait vu pendant son sommeil. Ils débarquèrent alors dans une grande île, la traversèrent de part en part, et, du sommet de la montagne qu'on appelle Eryri, ils aperçurent la terre abrupte et bien arrosée, la petite île de Môn non loin du rivage, et sur celui-ci la forteresse que Macsen leur avait décrite [1].

La porte de la forteresse était ouverte. Ils entrèrent et aperçurent une grande salle. Deux jeunes gens y jouaient aux échecs, assis sur une couche d'or. Un homme aux cheveux blancs était assis au pied d'une colonne dans une chaire recouverte d'or, et la jeune fille se trouvait en face, dans une autre chaire d'or rouge. Les messagers tombèrent à genoux devant elle et la saluèrent. Puis ils lui exposèrent l'objet de leur mission. « Tu as donc le choix, princesse. Ou tu viendras avec nous pour que celui qui nous envoie t'épouse et te fasse impératrice, ou bien l'empereur viendra ici lui-même pour te prendre

1. Il s'agit de Caernarvon, au nord-ouest du Pays de Galles.

comme femme. » La jeune fille répondit : « Je ne veux pas mettre en doute ce que vous me dites, mais je n'y ajoute pas foi non plus. S'il est vrai que l'empereur m'aime et qu'il veuille m'épouser, il n'a qu'à venir jusqu'ici. »

Les messagers repartirent immédiatement et se rendirent en hâte auprès de Macsen pour lui rendre compte du succès de leur mission. Macsen partit immédiatement pour l'île de Bretagne avec ses troupes, avec ses treize messagers pour guides. Il reconnut tous les paysages qu'il avait pu voir dans son rêve. En apercevant la forteresse sur le rivage, il dit : « Voici le lieu où j'ai vu la jeune fille que j'aime le plus au monde. » Il entra donc dans la forteresse et alla vers la grande salle, comme s'il y était déjà venu de nombreuses fois auparavant. Il vit les deux jeunes gens, Konan, fils d'Eudav, et Adeon, fils d'Eudav, en train de jouer aux échecs, et leur père, l'homme aux cheveux blancs assis dans la chaire recouverte d'or, et, en face de lui, Elen, fille d'Eudav, encore plus belle que lorsqu'il l'avait contemplée dans son rêve. Il s'agenouilla devant elle et la salua. Alors Elen se leva, alla vers lui, lui mit ses bras autour du cou et le releva. Ainsi l'empereur Macsen épousa-t-il Elen Lluyddawc, fille d'Eudav, fils de Caradoc, de l'antique lignée des rois de Bretagne [1].

Ce mariage ne fut cependant guère apprécié par Konan, le frère d'Elen, qui était seigneur de Mériadog et qui, héritier du royaume de son père, voyait se dresser un rival en son beau-frère. Konan se retira dans le Nord avec les gens qui lui étaient fidèles, et il engagea la lutte contre Macsen. De durs combats eurent lieu, qui ne donnèrent raison ni à l'un ni à l'autre. Finalement, cédant aux supplications d'Elen, Konan et Macsen se

1. Ce début de chapitre est emprunté au récit gallois *le Songe de Macsen.*

réconcilièrent solennellement et s'engagèrent à gouverner ensemble le royaume. Et Macsen demeura sept ans en l'île de Bretagne, tandis que, sur le continent, les Romains avaient choisi un autre empereur [1].

Or Macsen regrettait vivement le pouvoir qu'il avait perdu. Les trésors qu'il avait accumulés dans l'île de Bretagne ne lui suffisaient pas, et il lui vint à l'idée de reconquérir son empire. Il s'ouvrit de son projet à Konan Mériadog, et celui-ci lui promit son soutien. Tous deux rassemblèrent des troupes, parmi les meilleurs guerriers de l'île, et ils préparèrent une grande quantité de navires solides et bien pourvus. Quand tout fut prêt, Macsen et Konan s'embarquèrent avec leurs hommes et abordèrent sur les rivages de ce qu'on appelait alors l'Armorique.

Le royaume d'Armorique était tenu par le roi Hymbaut. Lorsqu'il eut appris que les Bretons commençaient à envahir ses terres, il assembla le plus tôt qu'il le pût cinq mille Gaulois en armes, et, se mettant à leur tête, il s'efforça de les refouler et de les rejeter à la mer. Mais après que les deux armées eurent longuement combattu, le sort fut défavorable à Hymbaut : il fut tué dans une bataille et tous ses hommes furent mis en fuite ou moururent de leurs blessures. Ainsi Macsen et Konan furent maîtres de l'Armorique. Macsen appela son beau-frère et lui dit : « Voici l'un des meilleurs royaumes de la Gaule, que nous avons soumis et par lequel nous pouvons espérer avoir encore mieux, car c'est un chemin très convenable pour aller soumettre les autres peuples. Ce royaume, je te le laisse et je te l'octroie en récompense des services que tu m'as rendus. C'est un pays fertile en blé, riche en fleuves, avec des prés où paissent de nombreux troupeaux et des forêts remplies de bêtes sauvages. Tu en feras une autre Bretagne et tu y multiplieras ton

1. D'après l'*Historia Regum Britanniae.*

lignage pour la plus grande gloire de celui-ci. » Konan fut fort satisfait du discours de Macsen. Il le remercia et promit de l'aider le plus qu'il pourrait.

Alors les Bretons se transportèrent devant Rennes qu'ils prirent sans coup férir, car ils ne trouvèrent la ville occupée que par des femmes : les Gaulois, qui avaient entendu parler de la cruauté des Bretons qui leur avaient tué leur roi et qui avaient fait un grand massacre de ses gens, n'avaient pas osé rester et s'étaient enfuis. De la même façon, les Bretons prirent la cité de Nantes, celle de Vannes et celle de Léon, ainsi que toutes les autres forteresses, tous les bourgs et tous les villages de l'Armorique. Ils tuèrent tous les hommes et tous les garçons qui se trouvaient dans le pays. Cependant, ils épargnèrent les femmes et les filles, car ils voulaient les épouser et repeupler l'Armorique avec leur lignage. Mais ils leur coupèrent la langue à toutes de façon à ce que leurs enfants ne pussent parler une autre langue que celle de leurs pères. Et c'est depuis ce temps-là que l'on parle le même langage dans l'île de Bretagne et en Armorique [1].

Après qu'ils eurent ainsi vidé de Gaulois tout le pays qui va jusqu'à la Neustrie, que nous appelons aujourd'hui Normandie, et jusqu'au fleuve de la Maine où se trouvait la forteresse d'Angers, Macsen et Konan établirent bon nombre de leurs fidèles dans les villes qu'ils venaient de conquérir, à charge pour ceux-ci de les renforcer et de constituer des remparts contre d'éventuelles expéditions des Gaulois. Quand cela fut fait, Macsen envoya des messagers dans l'île de Bretagne pour qu'on y rassemblât cent mille hommes du peuple, et il les fit s'établir dans le royaume d'Armorique. Et pour

1. Ces détails se trouvent dans l'*Historia Brittonum*, manuscrit de Chartres. La légende de Konan s'est largement développée en Bretagne armoricaine, surtout à cause de la famille des Rohan qui en fit, pendant très longtemps, son ancêtre mythique. Cependant la fiction

que ces gens du peuple fussent préservés et défendus, il fit également venir trente mille guerriers de l'île de Bretagne et il les répartit par toutes les contrées du royaume. Alors Macsen laissa le pays en pleine et entière possession de Konan. Et Macsen, avec un grand nombre de Bretons, passa plus avant dans la Gaule, combattant contre les Gaulois et les Romains, conquérant des cités et des bourgs, et ravageant les terres lointaines. Il ne revint jamais en Armorique, pas plus qu'il ne retourna auprès de sa femme Elen, dans l'île de Bretagne. Quant à Konan, il organisa son royaume et le partagea entre ceux qui l'avaient servi le plus fidèlement. Et c'est ainsi qu'il donna le pays de Vannes à l'un de ses parents, lequel fut l'ancêtre des bons chevaliers que furent Lancelot du Lac et Bohort de Gaunes. Et c'est depuis ce temps que l'Armorique fut appelée la Petite-Bretagne, ou encore la Bretagne armorique [1].

Cependant, l'île de Bretagne était la proie des Pictes et des Gaëls qui venaient y faire de fréquentes incursions et y pillaient les forteresses et les campagnes sur leur passage. Et il n'y avait plus de Romains pour assurer la défense de ce pays du bout du monde. Le fils d'Elen et de Macsen avait bien tenté de rassembler tous les chefs bretons pour faire face aux ennemis, mais les rivalités internes, les querelles entre les chefs n'avaient pas permis de repousser ceux-ci. Et le peuple vivait dans la terreur. Cela dura ainsi jusqu'à ce que Constantin le Béni, arrière-petit-fils de Macsen, refoulât les Pictes au-delà de la grande muraille que les Romains avaient fait construire

---

recouvre une certaine réalité historique, celle qui concerne l'avance progressive des émigrants bretons vers l'est, sur les territoires occupés par les Gallo-Romains, puis par les Gallo-Francs.

1. D'après la Chronique de Pierre Le Baud, historiographe d'Anne de Bretagne, dont il existe deux versions publiées par Charles de La Lande de Calan en 1908.

au nord de la Tyne. Il y eut alors une période de calme et de paix. Mais tout recommença à la mort de Constantin. Celui-ci laissait en effet trois fils, Emrys, Uther et Constant. Ce dernier s'était fait moine et il n'aspirait à aucun pouvoir, mais les chefs des différents peuples ne parvenaient pas à choisir entre Emrys et Uther.

C'est alors qu'un neveu de Constantin, qui était un Vortigern, se mit de la partie. Il fit tant et si bien qu'il persuada le troisième fils de Constantin, Constant, de revendiquer la royauté, se mettant ainsi en position d'arbitre entre ses deux frères. Faute de mieux, les chefs élurent donc Constant comme leur roi. Mais Constant était faible et il n'avait aucune ambition, lui qui avait choisi la voie du silence et du recueillement. Il nomma Vortigern sénéchal du royaume et le laissa gouverner à sa guise. Car Vortigern était habile et sans scrupule. Il avait conclu un accord avec les Pictes, leur promettant des terres s'ils l'aidaient à conquérir le royaume de Bretagne. Et, comme il était très riche, il soudoyait les chefs et les faisait agir selon sa volonté. Il s'était même arrangé pour que les gardes du roi Constant fussent tous des Pictes : ainsi était-il informé de tout ce que disait le roi et de tous les entretiens qu'il avait avec les officiers du royaume. De plus, comme Vortigern était très brave, il s'était attiré la sympathie de beaucoup de gens qui lui reconnaissaient une grande compétence dans les affaires publiques et un grand talent de diplomate dans les rapports avec les peuples voisins. Il en concevait d'ailleurs de l'orgueil, et il se persuadait de plus en plus qu'il était irremplaçable et qu'il devait s'arranger pour discréditer le plus possible le vrai roi et poser la couronne sur sa propre tête. Et ce n'était pas difficile, car le roi Constant n'était guère capable de s'opposer aux ennemis des Bretons. De plus, c'est à ce moment que les Saxons, venus de Germanie, commençaient à débarquer dans l'île de Bretagne et à menacer sérieusement les habitants de la côte qui regarde l'orient.

Vortigern déclara qu'il se retirait des affaires et s'en alla résider dans une de ses forteresses. Quand le roi Constant l'apprit, il fut très ennuyé. Il alla trouver Vortigern et lui demanda avec insistance de l'aider dans sa lutte contre ces Saxons qui débarquaient ainsi dans cette île avec la volonté évidente de la soumettre et d'en réduire les habitants en esclavage. Mais Vortigern lui répondit : « Seigneur roi, que d'autres se chargent de la défense du royaume. Moi, je ne peux plus venir à ton aide, car il y a dans le royaume des gens qui me haïssent parce que je t'ai servi avec dévouement. Je tiens donc à ce qu'ils s'en occupent eux-mêmes. Quant à moi, je n'entreprendrai plus rien. »

Quand le roi Constant eut entendu ces paroles, il comprit que Vortigern ne changerait pas d'avis et qu'effectivement il ne pourrait pas compter sur lui. Il rassembla le plus d'hommes qu'il put et s'en alla combattre les Saxons. Mais ceux-ci lui infligèrent de lourdes pertes et agrandirent encore davantage les territoires qu'ils occupaient. Et, en revenant de cette expédition désastreuse, les hommes de Constant murmuraient qu'il en aurait été tout autrement si Vortigern les avait menés au combat. Ainsi le roi Constant était-il de plus en plus déconsidéré et abandonné. Plusieurs de ses officiers vinrent trouver Vortigern et lui dirent : « Seigneur, nous sommes désormais sans chef, car le roi que nous avons est incapable de commander. Nous te supplions donc de devenir roi et de nous gouverner, car nul mieux que toi ne peut ni ne doit régner sur ce pays. » Vortigern répondit : « Je comprends votre désarroi, seigneurs, mais qu'y puis-je ? Certes, si le roi était mort et que vous me demandiez de lui succéder, j'accepterais volontiers cette lourde charge. Mais c'est impossible tant que le roi Constant sera en vie. »

Les officiers qui avaient entendu les paroles de Vortigern les interprétèrent chacun à sa façon. Certains d'entre eux se réunirent alors et examinèrent la situation. Puis ils en vinrent à cette conclusion : « Le mieux que nous ayons à faire, c'est de faire périr le roi Constant. Quand il aura disparu, Vortigern deviendra roi. Mais il saura que c'est grâce à nous et il fera tout ce que nous voudrons. Ainsi le tiendrons-nous ensuite à notre merci. » Or, ceux qui parlaient ainsi, c'étaient les Pictes que Vortigern avait placés auprès de Constant pour mieux le surveiller. Parmi eux, ils en désignèrent douze qui furent chargés d'accomplir ce qu'ils avaient décidé en commun. Les douze se rendirent près du roi Constant alors que celui-ci était en prières dans une chapelle. Ils se jetèrent sur lui et le tuèrent à coups de couteau et d'épée. Puis ils allèrent ensuite chez Vortigern pour le mettre au courant de ce qu'ils avaient fait.

Mais en apprenant cette nouvelle, Vortigern se mit dans une grande colère : « Comment ? Vous avez osé porter la main sur votre roi et le tuer ? Je vous conseille de fuir, car les seigneurs de ce royaume chercheront à vous faire périr s'ils apprennent que vous êtes responsables de la mort du roi. Et, pour ma part, sachez que je ne veux plus jamais avoir des relations avec vous ! » Les douze se retirèrent, très chagrinés par l'attitude de Vortigern, mais bien décidés à lui faire payer cher son ingratitude.

Cependant, la nouvelle de la mort de Constant se répandit très vite. Les gens du royaume se réunirent pour délibérer sur le choix de son successeur. Constant avait deux frères, Emrys et Uther, mais ils étaient trop jeunes pour régner. Il ne restait guère que la solution de donner la couronne à Vortigern, un homme capable et qui saurait conduire les Bretons à la victoire. Vortigern fut donc élu à l'unanimité et, avec une feinte modestie, il déclara qu'il acceptait d'être le roi pour le bien de tous et la sauvegarde du pays.

Mais les deux hommes qui avaient la garde des deux

jeunes frères de Constant, et qui assistaient à la délibération, comprirent que l'avenir serait incertain et sans doute tragique pour les deux enfants dont ils avaient la charge. « Dès que Vortigern sera roi, il fera sûrement tuer nos deux protégés. Or, nous avons beaucoup aimé leur père, le roi Constantin, et celui-ci nous a comblés de bienfaits. Tout ce que nous avons, c'est à lui que nous le devons. Nous serions donc bien mauvais et bien ingrats si nous abandonnions ses fils au sort qui leur est réservé. Il n'y a pourtant aucun doute : dès que Vortigern sera roi, il voudra les faire tuer avant qu'ils ne soient en âge de revendiquer le royaume qui leur appartient de droit. » Et les deux hommes décidèrent alors de partir, avec leurs protégés, dans un pays étranger, du côté de l'orient, afin de les soustraire aux agissements de Vortigern.

Vortigern fut donc investi de la royauté. Mais les douze assassins de Constant revinrent le trouver. Il se comporta avec eux comme s'il ne les avait jamais vus. Alors ils l'assaillirent de reproches, lui rappelant que c'était grâce à eux qu'il était devenu roi. Lorsque Vortigern les entendit parler du crime qu'ils avaient commis, il les fit aussitôt saisir. Il leur dit : « Vous venez d'avouer votre crime, et ce crime est impardonnable. Vous n'aviez aucun droit de tuer le roi, et je suis sûr que vous en feriez de même envers moi si l'occasion s'en présentait. En prononçant publiquement ces paroles, vous vous êtes vous-mêmes condamnés à mort. » Et, sans plus tarder, Vortigern ordonna de lier les douze meurtriers à douze chevaux de façon qu'ils fussent écartelés.

Mais quand ils furent morts, les autres Pictes eurent une entrevue avec Vortigern. « Tu as trahi l'alliance que nous avions conclue avec toi, roi Vortigern, et tu t'es déshonoré en livrant nos amis à un supplice aussi infamant qu'atroce. » Vortigern leur répondit que s'ils ajoutaient un seul mot, il leur ferait subir le même sort, mais les Pictes se moquèrent ouvertement de ses menaces et lui répondirent avec colère : « Roi, tu peux nous menacer tant que tu veux, cela ne changera en rien notre détermination. Sois bien sûr que nous te défions solennellement, au nom de tout notre peuple. Nous pouvons t'assurer que, tant que nous aurons un homme à nous, nous ne cesserons de nous battre contre toi et les tiens. Tu es breton, et nous sommes des Pictes. Tu n'es donc pas notre souverain légitime, et tu as rompu toi-même le traité dont nous étions convenus. Il te faudra mourir, Vortigern, de la même sorte que celle que tu as infligée à nos amis, et ce sera une terrible vengeance. » Là-dessus, ils prirent congé, laissant Vortigern en proie aux plus sombres pressentiments.

Car ils mirent immédiatement leur projet à exécution, ameutant les Pictes et les rassemblant pour former de grandes armées, et ils commencèrent à envahir le royaume. Vortigern se sentit faible et désemparé devant ces attaques, d'autant plus que les Pictes étaient de redoutables guerriers, et que les Bretons commençaient à douter de la légitimité du roi qu'ils avaient pourtant choisi. Vortigern vivait dans la crainte d'être assassiné, non seulement par les Pictes, mais par ses propres sujets. Alors, sans vergogne, il envoya des messagers vers ses anciens ennemis les Saxons pour faire à ceux-ci des propositions de paix, faisant même dire qu'il souhaitait conclure un pacte avec eux. Les Saxons avaient deux chefs fort respectés, Hengist et son frère Horsa. Hengist était très ambitieux et d'une très grande habileté manœuvrière. Il comprit tout de suite que Vortigern, malgré ses grands airs, était dans un état de faiblesse dont il pouvait aisément tirer parti. Il accepta ses propositions et promit de lutter contre les Pictes à condition de recevoir des terres en toute souveraineté. Vortigern, qui ne voyait pas comment refuser les conditions de Hengist, consentit à tout ce que l'autre demandait. Alors Hengist et Horsa conduisirent les Saxons vers le nord, et, comme ils étaient puissants et bien armés, ils eurent tôt fait de vaincre les Pictes et de les refouler bien loin, sur les montagnes de la Calédonie. Puis ils revinrent trouver Vortigern pour réclamer la récompense à leurs services. Vortigern leur donna alors de nombreuses terres sur les bords de la Tamise, ainsi que l'île de Thanet. C'est pour cette raison que Vortigern est dit l'un des trois hommes de déshonneur de l'île de Bretagne, celui qui, le premier, fit alliance avec les Saxons rouges et leur permit de s'installer dans le pays des Bretons, pour le plus grand malheur de ceux-ci.

Mais Hengist voyait plus loin. S'entretenant fréquemment avec Vortigern, il finit par le persuader que sa sécurité ne serait pleinement assurée que s'il s'entourait davantage de troupes saxonnes, ce qui fit que Vortigern lui accorda la permission de faire venir de Germanie d'autres Saxons qui pourraient plus sûrement le protéger contre ses ennemis. Et Hengist envoya rapidement des messagers de l'autre côté de la mer. Puis il se plaignit à Vortigern de ne posséder à titre personnel aucune forteresse où il pût se sentir en sûreté s'il devait un jour se défendre contre d'éventuels agresseurs. Vortigern lui répondit qu'il lui concéderait volontiers un emplacement, pourvu que celui-ci n'excédât point la longueur d'une courroie faite avec la seule peau d'un taureau. Alors Hengist tua un taureau et l'écorcha, puis il découpa la peau en une unique lanière, extrêmement fine, dont il entoura un roc qu'il avait auparavant choisi pour sa situation stratégique au milieu d'une plaine et d'où l'on pouvait voir surgir n'importe quel assaillant. Et c'est sur ce roc que Hengist construisit une forteresse inexpugnable d'où il pouvait surveiller tout le pays.

Cependant, les messagers que Hengist avait envoyés en Germanie étaient de retour, avec dix-huit navires remplis des meilleurs guerriers qu'ils avaient pu rassembler. Mais parmi ces guerriers se trouvait la belle Ronwen, qui était la fille de Hengist. Et celui-ci, qui avait une idée en tête, invita Vortigern à partager son repas au milieu des siens, s'arrangeant pour placer Ronwen à côté du roi et prenant grand soin d'enivrer le Breton. Vortigern ne fut pas long à être échauffé, et, ne pouvant plus résister à l'attrait qu'exerçait Ronwen sur lui, il la demanda en mariage à son père. Hengist se fit prier, prétendant que sa fille était beaucoup trop jeune, mais comme Vortigern, de plus en plus amoureux, suppliait son hôte de lui donner satisfaction, il consentit à la lui donner en échange du royaume de Kent. Sans plus réfléchir, Vortigern accorda le royaume de Kent à Hengist, au mépris des lois les plus élémentaires, car le Kent avait son roi légitime, lequel se trouva donc, à cause de la passion de Vortigern, dépossédé injustement de ses domaines.

Cela ne contribua guère à maintenir intacte la réputation de Vortigern auprès des Bretons. Furieux et inquiets de ce mariage qui risquait, à plus ou moins brève échéance, de provoquer l'annexion du royaume par un prince saxon, ils se regroupèrent autour de Vortimer, le fils de Vortigern, qui manifestait publiquement son désaccord avec son père, et affirmait haut et fort qu'il fallait au plus vite se débarrasser de cette engeance païenne, véritable pieuvre dont les tentacules s'infiltraient dans les moindres vallées du royaume. Le comble fut atteint lorsque, cédant encore une fois aux exigences de son beau-père, Vortigern concéda aux Saxons les territoires au nord de la Humber. Vortimer lança le signal de la révolte et entraîna derrière lui un grand nombre de Bretons qui, dans un grand élan d'énergie, se disaient prêts à chasser l'envahisseur d'où qu'il vînt. Ils prononcèrent la déchéance du roi Vortigern et engagèrent la lutte armée contre les Saxons. Nombre d'entre eux succombèrent sous les coups des Bretons et durent reprendre la mer en direction de leur pays d'origine. Quant au Saxon Horsa, frère de Hengist, il fut tué dans une bataille, ce qui contribua à démoraliser l'ensemble du peuple saxon.

Mais l'épouse de Vortigern, la Saxonne Ronwen, qui haïssait le fils du roi en lequel elle voyait un dangereux rival, entreprit de retourner la situation. Elle harcelait sans cesse son mari pour qu'il châtiât durement les rebelles à son autorité, puis, grâce à des messagers secrets qu'elle paya à prix d'or, elle fit empoisonner le malheureux Vortimer. Et celui-ci, au moment de mourir, demanda à ses compagnons de placer son tombeau dans le port d'où s'étaient rembarqués les Saxons : ainsi, non seulement les ennemis ne pourraient plus jamais accoster sur cette côte, mais tous ceux qui se trouvaient encore sur l'île de Bretagne seraient obligés de se retirer pour ne jamais plus revenir. Or, les compagnons de Vortimer négligèrent d'accomplir ce vœu, et ce fut un grand dommage pour la Bretagne.

Car Hengist, entre-temps, avait demandé des renforts en Germanie, des guerriers sûrs et bien entraînés. Ils vinrent en grand nombre pour aider le chef saxon et les quelques fidèles qui lui restaient. De toute façon, Hengist se méfiait de Vortigern qu'il pressentait vouloir le trahir, malgré l'influence prépondérante de Ronwen. Après avoir envoyé des messagers auprès du roi de Bretagne afin de discuter des termes d'une nouvelle alliance, il réunit ses frères d'armes et ses conseillers, leur demandant leur avis sur la meilleure façon de subjuguer complètement celui qui était devenu son gendre. Tous furent d'accord pour que l'on renouvelât les serments d'amitié et de paix, mais également pour isoler complètement Vortigern des siens et se débarrasser de ceux qui pouvaient le pousser à résister aux exigences des Saxons. Et Hengist lança une invitation à Vortigern et aux principaux chefs bretons pour qu'ils vinssent participer à un grand festin dans la plaine de Salisbury. Aussi bien les Saxons que les Bretons devaient y venir sans armes, en signe de confiance et d'amitié, pour se jurer mutuellement une paix éternelle entre leurs deux nations.

Mais c'était évidemment un piège savamment étudié par Hengist. Il réunit les siens et leur ordonna de garder chacun son couteau entre la plante du pied et la semelle de sa sandale : « Quand je vous dirai *nimed our saxes* (« tirez vos couteaux »), précipitez-vous sur eux, et à l'aide de vos couteaux, égorgez-les tous, sauf le roi. Car, d'une part, c'est l'époux de ma fille et, d'autre part, s'il est fait prisonnier, il pourra donc racheter sa vie et sa liberté, ce qui sera de grand profit pour nous. » Ils promirent d'agir comme l'avait ordonné Hengist. Les Bretons vinrent donc sans armes à cette entrevue et les Saxons leur parlèrent courtoisement, faisant à leurs hôtes mille amabilités. Ils s'assirent de façon à ce que chaque Saxon eût à côté de lui un Breton, et, alors que la conversation allait bon train, Hengist vociféra la phrase dont il était convenu avec ses hommes. Ceux-ci dégagèrent leurs couteaux et se jetèrent sur leurs voisins. Trois cents chefs du roi Vortigern furent ainsi égorgés, moins un seul nommé Eidol, comte de Gloucester, qui, ayant saisi un pieu, se vengea cruellement en massacrant soixante-dix Saxons avant de s'enfuir et de disparaître. Mais Vortigern fut réduit à l'impuissance et chargé de chaînes. Pour recouvrer sa liberté, il dut en passer par les volontés de son beau-père et livrer aux Saxons de nombreuses régions de son royaume [1]. Et l'on appela cette triste entrevue le Complot des Longs Couteaux.

Vortigern régnait toujours sur l'île de Bretagne, mais il avait de moins en moins de pouvoir, car non seulement les Saxons se méfiaient de lui, mais les Bretons eux-mêmes commençaient à prendre conscience de sa duplicité et de son ignominie. Il mit le comble à cette ignomi-

1. Les détails sur ce complot sont empruntés à l'*Historia Brittonum.*

nie en épousant même la fille qu'il avait eue de Ronwen, ce qui arrangeait fort bien Hengist, mais qui détourna définitivement de lui la plupart de ses sujets [1]. Il en fut réduit à errer à travers tout le pays, accompagné seulement d'une troupe de fidèles qu'il payait à prix d'or, car il avait accumulé de nombreuses richesses en pillant les villes et les villages et en écrasant le peuple de taxes en tous genres. Mais chaque forteresse où il résidait lui semblait peu sûre, car il redoutait une révolte générale. De plus, il savait qu'un jour ou l'autre les deux frères de Constant reviendraient dans l'île de Bretagne et le poursuivraient avec acharnement. Il envoya donc des messagers un peu partout pour trouver un emplacement qui lui garantît toute sa sécurité, où il pourrait soutenir un siège sans craindre d'être affamé ou délogé. Ceux qu'il avait chargés de cette mission revinrent bientôt et lui dirent qu'ils avaient découvert un lieu idéal, en Cambrie, sur les hauteurs du mont Eryri. Vortigern s'y rendit, examina le terrain et déclara qu'effectivement l'endroit était imprenable. Il décida de faire bâtir immédiatement une forte tour à cet emplacement et, pour cela, il convoqua des architectes, des charpentiers et des maçons afin que les travaux pussent commencer sans délai.

Dès le lendemain, les ouvriers se mirent à l'œuvre et, en quelques jours, une tour épaisse et magnifique se dressa sur une des pentes de la montagne, au bord d'un précipice infranchissable et dans une position telle qu'on pouvait voir venir de loin n'importe quel voyageur. Vortigern fut très satisfait et, rassuré sur son sort, il s'en alla dormir sous un pavillon, car la tour n'était pas encore

1. Détail qui ne se trouve que dans la *Vie de saint Germain*. Il s'agit de Germain d'Auxerre qui, avec saint Loup de Troyes, avait été envoyé dans l'île de Bretagne pour prêcher contre les idées « hérétiques » de Pélage, fort répandues dans cette île en cette époque et suspectes de néopaganisme druidique.

aménagée pour qu'on pût y habiter. Or, le lendemain, quelle ne fut pas la surprise du roi et de tous les siens quand ils s'aperçurent que la tour s'était écroulée et qu'il n'en restait plus qu'un amas de pierres sur le sol. Furieux, Vortigern convoqua ses architectes et leur reprocha d'avoir tracé de mauvais plans. Les architectes reprirent leurs plans, et le lendemain, après y avoir apporté les corrections qui leur parurent utiles, ils commandèrent aux charpentiers et aux maçons de recommencer leur travail. Mais, quand la tour fut achevée et grandement fortifiée, on s'aperçut le lendemain qu'elle s'était encore écroulée pendant la nuit. Et trois fois encore, malgré tous les efforts de chacun, un tel phénomène se reproduisit.

Vortigern, autant perplexe que furieux, fit venir des sages et des philosophes et leur demanda leur avis sur ces événements incompréhensibles. Ils examinèrent soigneusement les débris de la tour et la nature du sol, puis ils dirent à Vortigern : « Seigneur roi, notre savoir ne peut venir à bout de ce mystère. Il nous semble que seuls les clercs pourraient te dire la solution de ce problème, car, grâce à leurs études, ils en savent plus long que nous sur les secrets de la nature. » Et Vortigern rassembla autour de lui tous les clercs qu'il put trouver dans son royaume. Après avoir bien examiné les lieux, les clercs avouèrent leur étonnement. Alors le roi prit à part ceux qu'il jugeait les plus sages et leur dit : « Pourriez-vous me dire pourquoi cette tour, pourtant construite avec beaucoup de soin, s'écroule chaque fois qu'elle est terminée ? Personne, jusqu'à présent, n'a trouvé un moyen pour la faire tenir. Je vous serais donc bien obligé d'en rechercher la cause, car on m'a dit que vous seuls pourriez y parvenir. »

Les clercs répondirent : « Seigneur roi, nous n'en savons rien. Mais il y a parmi nous des clercs qui pourraient le savoir, car en dehors de leurs études, ils pratiquent en cachette des arts secrets comme l'astrologie et la magie. » Vortigern fut très intéressé, et il ordonna aux clercs de chercher lesquels, parmi eux, se livraient aux arts de l'astrologie et de la magie. Les clercs se consultèrent donc à l'écart et en grand secret. Deux d'entre eux avouèrent pratiquer ces sortes de choses, et ils prétendirent même qu'ils se croyaient assez savants pour éclaircir complètement cette affaire. Ils ajoutèrent qu'ils pensaient bien qu'il y en avait d'autres, dans leur compagnie, qui étaient aussi habiles qu'eux-mêmes. « Recherchez-les donc », dit le roi. On fit des recherches longues et patientes, car chacun hésitait à se dire astrologue et magicien. Pourtant, il s'en trouva sept qui voulurent bien l'admettre. Mais chacun des sept croyait être plus savant que les autres. Ils finirent par se présenter devant le roi et lui promirent qu'ils trouveraient la cause de cet écroulement et le remède qu'on pouvait y apporter. Vortigern promit de leur donner tout ce qu'ils voudraient s'ils découvraient la vérité. Puis il les congédia.

Les sept clercs se réunirent dans un endroit isolé où personne ne pouvait les entendre, et ils discutèrent longtemps pour savoir comment et pourquoi la tour s'écroulait durant la nuit, et quelle était la meilleure façon de la faire tenir. Ils étaient tous très savants en matière d'astrologie et de magie, mais plus ils réfléchissaient et discutaient, moins ils trouvaient de solutions. Ou plutôt, ils n'en trouvaient qu'une seule, unique, et cette solution était connue de tous, mais aucun d'eux n'osait l'exprimer parce qu'elle les remplissait de terreur. Finalement, l'un d'entre eux prit la parole et dit : « Voici ce que nous allons faire. Nous irons l'un après l'autre, sans témoins, nous entretenir avec le roi, et chacun dira en secret ce qu'il a découvert, en précisant que ce qu'il révèle lui est particulier. » L'idée parut excellente à tous et elle fut adoptée. Ils allèrent donc trouver Vortigern, un par un, et lui donnèrent leur avis. Or chacun avait dit la même chose, et dans le plus grand secret : ils ne savaient pas la cause de l'effondrement de la tour, mais ils voyaient en revanche quelque chose de tout à fait extraordinaire, un enfant de sept ans, conçu par une femme, mais qui n'avait pas de père de la race des hommes.

Quand il eut entendu les sept clercs, le roi fut bien étonné. Il les congédia en leur demandant de préciser leur pensée. Lorsqu'ils furent de nouveau seuls, à l'écart de tous, l'aîné des sept clercs s'adressa ainsi aux autres : « Vous avez tous dit la même chose, mais tous, vous avez caché l'essentiel de ce que vous vouliez dire. » L'un des sept lui dit : « Répète donc ce que nous avons dit au roi, et révèle-nous ce que nous avons caché. » Il répondit : « C'est facile. Vous avez tous dit que vous ne saviez pas la cause de l'effondrement de cette tour pendant la nuit, mais que vous aviez vu un enfant de sept ans conçu par une femme, mais qui n'a pas de père de la race des hommes. Vous n'avez rien ajouté de plus ; mais moi, je vous affirme que vous avez tous compris que vous deviez mourir à cause de cet enfant. Moi aussi, j'ai vu tout cela. Il nous faut donc prendre une décision et donner au roi le moyen de faire tenir cette tour. » Les autres lui dirent : « Par le Dieu tout-puissant, nous te prions de bien vouloir nous conseiller. »

« Voici ce que nous allons faire », dit le plus âgé des sept. « Nous nous accorderons pour dire tous la même chose, que la tour ne peut tenir et ne tiendra jamais si l'on ne mélange pas au mortier des fondations le sang de cet enfant né sans père [1]. Si nous parvenons à avoir ce sang et à le mélanger au mortier, la tour tiendra et demeurera intacte quoi qu'il arrive. Que chacun dise la même chose au roi sans qu'il puisse s'apercevoir que

1. Coutume rituelle de conjuration magico-religieuse, fréquemment utilisée dans l'Antiquité chez la plupart des peuples, mais surtout chez les Sémites, y compris les Hébreux.

nous nous sommes concertés. Ainsi pourrons-nous échapper à la mort et nous garder de cet enfant qui, nous l'avons vu très clairement, doit causer notre perte. Mais surtout, il faut absolument empêcher le roi de voir cet enfant. Il est nécessaire que ceux qui iront le chercher le tuent immédiatement et ne rapportent que son sang au roi. »

S'étant ainsi accordés entre eux, les sept sages se rendirent auprès de Vortigern et demandèrent à être reçus l'un après l'autre. Ils firent donc tous semblant d'ignorer ce que disaient les autres. A la fin, le roi les réunit et leur dit : « Seigneurs, vous m'avez tous révélé les mêmes choses. Je vais envoyer des messagers dans toutes mes terres pour découvrir un enfant qui n'a pas de père de la race des hommes. » Le plus âgé des sages crut bon d'intervenir alors : « Bien volontiers, seigneur roi, mais souviens-toi que dès que tes messagers découvriront l'enfant, ils devront immédiatement le tuer, recueillir son sang et te l'apporter en toute hâte. C'est à cette seule condition que la tour pourra tenir. »

Vortigern leur promit de faire selon ce qu'ils avaient dit. Mais, par mesure de précaution, il fit mettre en prison tous les clercs dans une maison fortifiée, leur faisant d'ailleurs remettre tout ce dont ils avaient besoin. Puis il choisit douze messagers qu'il envoya à travers tout le royaume, avec mission de découvrir l'enfant. Mais il leur fit jurer sur les Évangiles que celui qui trouverait l'enfant le tuerait immédiatement, recueillerait son sang dans un vase qu'il fermerait très soigneusement et qu'il le lui rapporterait sans faute, dans les plus brefs délais.

Ainsi partirent les messagers du roi Vortigern, à la recherche d'un enfant qui avait été conçu par une femme, mais dont le père n'était pas de la race des hommes [1].

---

1. D'après l'*Historia Regum Britanniae* et quelques épisodes du *Merlin* en prose, adapté d'un poème perdu de Robert de Boron (début du XIIIe siècle), édité par Gaston Paris et Jacob Ulrich, Paris 1886, traduction intégrale par Emmanuèle Baumgartner, Paris, Stock, 1980.

CHAPITRE V

L'Enfant Merlin

Lorsque Notre Seigneur descendit aux Enfers pour en libérer ceux qui avaient mérité d'être sauvés, il y eut un grand désarroi chez les démons. Ils se réunirent et se dirent entre eux : « Qui est donc cet homme qui a transgressé nos lois, qui a brisé nos défenses rien que par le son de sa voix, qui a pénétré nos secrets les plus profonds et qui a agi selon sa seule volonté ? Nous n'avions jamais imaginé qu'un homme né d'une femme pût échapper à notre emprise et nous défier de cette façon. Or celui-ci est tel que nous n'avons aucun pouvoir sur lui et qu'il nous torture et nous écrase de toute sa force. » Et les démons se lamentaient, perdant toute confiance. Ils savaient désormais que les humains pouvaient leur échapper s'ils écoutaient les paroles de ce Jésus le Nazôréen qui était mort sur la croix et qui avait ressuscité le troisième jour, pour la plus grande gloire de Dieu. Et, de tous les démons, le Prince des Ténèbres n'était pas le moins affligé. Il avait beau tourner et retourner dans sa tête les données du problème, il ne trouvait aucune solution. Fallait-il donc laisser faire et demeurer éternellement dans cette effrayante solitude qui était celle des Enfers ? Il y eut de nombreuses conférences, de multiples débats, mais cela ne déboucha sur rien d'autre que des paroles sans effet.

Un jour, cependant, il arriva que l'un des démons, qui avait une certaine expérience, car il avait beaucoup voyagé dans le monde, s'adressa à ses compagnons en ces termes : « Si ce Jésus, qui est né d'une femme, a pu échapper à notre emprise et libérer les humains de notre pouvoir, pourquoi l'inverse ne serait-il pas réalisable ? Ne serait-il pas possible d'envoyer parmi les hommes une créature à nous, également née d'une femme, qui leur parle de nous et leur vante notre intelligence, nos prouesses, notre manière d'agir, et qui ait, comme nous, le pouvoir de connaître tout ce qui a été dit et fait dans le monde depuis le commencement des temps ? Si nous avions un tel homme, qui nous soit dévoué et qui aurait ce pouvoir qui est le nôtre, qui vivrait sur la terre, qui parlerait le langage des hommes, il pourrait nous aider à les tromper. Ainsi serait rétablie notre supériorité, et l'action de ce Jésus serait effacée de nos mémoires en même temps que notre humiliation. »

L'idée plut grandement aux démons assemblés. Ils dirent tous d'un commun accord : « Quelle belle chose ce serait en effet que de créer un tel homme ! Il aurait toute notre confiance et nous servirait dans tous nos desseins ! » Le Prince des Ténèbres demanda à chacun de donner son avis. L'un des démons dit : « Je n'ai pas le pouvoir de féconder une femme et de procréer, mais je connais une femme qui parle et qui agit exactement comme je le veux, car je me suis substitué à sa volonté. » Un autre fit remarquer : « Parmi les nôtres, il doit bien y en avoir un qui soit capable de prendre l'apparence d'un homme et de féconder une femme. S'il le fait en secret, aussi discrètement que possible, il n'y a pas de raison que cela ne réussisse pas. »

C'est ainsi que fut prise la décision d'engendrer un homme capable de séduire les autres hommes. Après quoi, les démons se séparèrent et s'en allèrent aux quatre coins du monde. Celui qui, comme il l'avait dit, tenait une femme sous sa coupe se rendit aussitôt dans l'endroit où elle habitait, c'est-à-dire dans le pays qu'on appelle aujourd'hui Carmarthen. C'était l'épouse du roi des Démètes [1], qui possédait de grands biens et de grands troupeaux. A force de parler à la femme, le démon lui faisait faire tout ce qu'il désirait. Elle finit même par dire qu'elle vouait au diable tout ce qu'elle et son mari pouvaient avoir de richesses. Le démon ne perdit pas son temps. Il se rendit dans les champs où paissaient les brebis du mari et en fit mourir un grand nombre. Une autre fois, il vint trouver la femme et lui demanda comment il pourrait perdre son mari. Elle lui répondit que le plus sûr moyen était de faire disparaître tous les biens du mari. Ainsi se mettrait-il en fureur et accomplirait-il quelque mauvaise action qui le perdrait à tout jamais.

Le démon retourna donc mettre à mort une partie du troupeau du mari. Quand celui-ci apprit qu'un mal inexplicable frappait ses bêtes, il entra dans une grande colère. Mais ce n'était pas suffisant : la nuit suivante, le démon recommença son œuvre de destruction, s'attaquant cette fois à deux chevaux que possédait le roi des Démètes. Lorsque, le lendemain, le seigneur fut informé des dégâts, il ne put plus contenir sa fureur : il prononça des paroles insensées, déclarant qu'il vouait au diable tous les biens qui lui restaient encore. Le démon en fut tout joyeux. Il redoubla ses coups, et, pour le ruiner encore davantage, cette fois, il lui tua toutes ses bêtes. Rempli de désespoir, le roi s'enfuit loin de toute présence

1. Le peuple des *Demetae* a donné son nom au *Dyved*, au sud-ouest du Pays de Galles, où se trouve la ville de Carmarthen, en gallois *Caerfyrddin*, faussement traduit en « forteresse de Merlin ». En réalité, *Caerfyrddin* est la transposition moderne d'un ancien brittonique *Moridunum*, « forteresse près de la mer ». *Myrddin* (en breton *Merzhin*) est la transcription galloise du français « Merlin » (= petit merle).

humaine, et le démon sut alors qu'il ferait de lui tout ce qu'il voudrait. Le roi avait un fils et deux filles qu'il aimait tendrement. Et le démon vint auprès du fils qui dormait paisiblement, et, sans plus s'attarder, il l'étrangla. Au matin, on découvrit l'enfant mort, et quand le roi eut appris cela, il céda à la colère et au désespoir, reniant Dieu et se livrant entièrement au diable. Alors, le démon vint trouver la femme grâce à laquelle il était parvenu à ses fins. Il l'encouragea à monter sur un coffre, dans son cellier, et à passer une corde à son cou, puis à repousser le coffre et à s'étrangler. On la retrouva donc morte. Et quand le roi apprit qu'il avait perdu sa femme en plus de son fils, il en éprouva une telle douleur qu'il tomba malade et mourut quelques jours plus tard.

La nouvelle de cette tragédie se répandit dans tout le pays et causa surprise et émotion. Désormais, de cette famille royale, il ne restait plus que deux jeunes filles, très belles et de bonne éducation, mais qui se trouvaient exposées à tous les dangers. Le démon le savait et s'en réjouissait, bien décidé à tout tenter pour que l'une d'elles pût devenir la mère de cet enfant tant désiré par les esprits infernaux. Il jeta son dévolu sur l'aînée, mais, pour l'atteindre de façon plus certaine, il préféra utiliser des moyens détournés. Il avait à sa dévotion un jeune homme à qui il faisait accomplir tout ce qu'il voulait, et il envoya celui-ci rôder autour de la plus jeune, qu'il sentait la plus faible et la plus malléable. Le jeune homme s'acquitta fort bien de sa mission, car après quelques semaines de cour assidue, il eut raison de sa vertu et l'entraîna dans les pires débauches qui se puissent concevoir.

La sœur aînée fut très attristée par le comportement de la cadette, et cela s'ajoutait au chagrin qu'elle ressentait de la mort de ses parents et de son jeune frère. Elle était sage et avisée, parfaitement consciente de la situation dans laquelle elle se trouvait, et bien décidée à montrer qu'elle était fille de roi. Et comme elle connaissait un prêtre de bonne réputation, du nom de Blaise, elle alla lui exposer ses craintes et lui demander conseil. Blaise la réconforta du mieux qu'il put, lui assurant qu'il ne pouvait rien arriver de fâcheux à quiconque avait le cœur pur. Et Blaise, qui voyait dans quel trouble se trouvait la jeune fille, lui parla ainsi : « Mon amie, tout ce qui a frappé ta famille est le résultat des coups de l'Ennemi. Il est certain que le diable rôde autour de toi pour essayer de t'abattre, toi aussi. Mais si tu as confiance en moi, je te donnerai les moyens de te protéger contre toutes ses entreprises. Certes, les ruses de l'Ennemi sont innombrables et imprévisibles. Crois-tu au Père, au Fils et au Saint-Esprit ? Crois-tu que ces trois personnes ne font qu'une en Dieu et que Notre Seigneur est venu sur cette terre pour nous indiquer le chemin qui mène vers la lumière ? » La jeune fille répondit : « Oui, je crois tout cela et je le croirai jusqu'à ma mort, tout comme je crois que Notre Seigneur est le maître et le roi de ce monde. Je le supplie donc de me garder des ruses du diable. »

« Ma chère fille, dit encore le prêtre, si telle est ta croyance, ni le diable, ni les démons, ni quelque autre puissance maligne ne pourront rien contre toi. Mais je t'en prie : ne te mets jamais en colère, car c'est de préférence lorsqu'un homme ou une femme s'abandonne à une violente colère que le diable s'insinue dans l'âme et dans le corps. Et, de plus, avant d'aller dormir, fais toujours sur toi le signe de la croix, et prends garde qu'il y ait toujours une lampe allumée là où tu dors. Car le diable ne se plaît que dans l'obscurité, il déteste la lumière et ne vient guère rôder là où elle brille. » La jeune fille retourna chez elle, réconfortée et déterminée à suivre point par point ce que lui avait dit le prêtre. Elle mena ainsi pendant longtemps une vie paisible et réglée. Personne ne put la séduire, et jamais le diable n'entendit dire qu'elle avait commis une mauvaise action.

Cependant, tout cela faisait partie de son plan. Il lui

envoya d'abord une vieille femme qui avait mené une vie dissolue et qui obéissait toujours à ses ordres. Au cours de la conversation, cette femme lui parla ainsi : « Que c'est triste de penser qu'un corps aussi beau que le tien ne trouve pas de plaisir entre les bras d'un homme... Non, vraiment, je ne te comprends pas : tu es riche, de bonne éducation, tu es plus belle et plus plaisante que ta propre sœur, et tu n'as même pas d'ami cher avec qui partager tes nuits. Si tu savais la joie que nous avons, nous les autres femmes, lorsque nous sommes en compagnie de nos amis ! Il ne faut pas attendre la vieillesse pour profiter des attraits que la nature nous a octroyés. J'aurais préféré, quant à moi, n'avoir pas de pain à manger plutôt que de me priver d'un homme, et je te plains de ne pas connaître de tels plaisirs ! » Ce discours ébranla quelque peu la jeune fille. La nuit venue, au moment d'aller dormir, elle se déshabilla, se mit toute nue et contempla son beau corps, pensant que la vieille avait peut-être raison. Mais, avant de se coucher, elle prit bien soin d'allumer sa lampe et de faire le signe de la croix sur elle. Et le lendemain, elle alla tout raconter au prêtre Blaise. Celui-ci lui expliqua que le diable ne s'avoue jamais vaincu et qu'il faut toujours lutter contre ses ruses, jour et nuit, sans jamais désespérer. La jeune fille revint chez elle, soulagée et bien décidée à ne jamais plus se laisser aller à des pensées aussi troubles que celles qui l'avaient envahie le soir précédent.

C'est alors que le démon décida d'agir. Il fit en sorte que la sœur cadette, celle qui vivait dans la débauche, vînt lui rendre visite en compagnie de jeunes gens qui ne valaient pas mieux qu'elle. Quand elle vit sa cadette, l'aînée ne put s'empêcher d'être saisie par la colère : « Ma sœur, dit-elle, tu ne devrais pas venir sous ce toit, du moins tant que tu ne changeras pas de conduite. Quand on apprendra que je t'ai reçue, on croira que je t'approuve et on m'en blâmera ! » La cadette sentit la fureur l'envahir. Elle répondit vivement à sa sœur qu'après tout la maison était autant à elle-même qu'à celle qui l'occupait et qu'elle faisait partie de leur héritage à toutes deux. Et, toisant fièrement son aînée, elle ajouta que sa conduite à elle était encore plus détestable, car il était visible qu'elle aimait le prêtre Blaise d'un amour coupable, et que, sans aucun doute, selon les lois en usage, elle serait conduite sur le bûcher pour ce crime abominable. Quand elle entendit ces accusations, l'aînée redoubla de colère et ordonna à l'autre de quitter les lieux immédiatement. Mais la cadette refusa : « Je suis ici chez moi ! » dit-elle. Alors l'aînée la saisit par les épaules et voulut la mettre dehors, mais les jeunes gens qui l'accompagnaient se mirent à la battre cruellement en lui débitant les pires injures. Et quand ils furent lassés de la frapper, elle s'échappa et courut s'enfermer dans sa chambre.

Là, elle se mit à pleurer de tout son cœur dans l'obscurité, se remémorant la mort de son frère, de sa mère et de son père, et la triste situation dans laquelle elle se trouvait, et sa colère redoublait quand elle pensait à sa sœur. Enfin, brisée de fatigue et d'émotions, elle s'endormit sans avoir tracé sur elle le signe de la croix ni avoir allumé la lampe à son chevet.

C'est bien ce qu'attendait le démon, et il avait tout mis en œuvre pour qu'elle en arrivât là. Il avait fait venir un de ses compagnons qui pouvait prendre la forme d'un homme ; il lui dit que le moment était propice et qu'il ne s'en trouverait pas de meilleur pour accomplir le dessein qu'ils s'étaient fixé. L'autre prit donc la forme d'un homme à l'intérieur de la chambre où dormait la jeune fille et, sans plus tarder, il commença ses manœuvres et finit par la connaître charnellement.

Le lendemain matin, quand elle se réveilla, elle s'aperçut qu'elle n'avait pas allumé la lampe et qu'elle ne s'était pas signée. De plus, elle sentait bien que quelque chose n'était plus comme avant. Elle se leva en hâte, persuadée qu'il y avait quelqu'un dans la chambre. Mais elle ne vit personne. Elle alla jusqu'à la porte : celle-ci était fermée de l'intérieur. Elle comprit alors que le diable l'avait abusée, et, une fois habillée, elle se précipita chez le prêtre Blaise pour lui raconter ce qui était arrivé. « J'étais tellement en colère, dit-elle, que j'ai oublié de me signer comme j'ai oublié d'agir selon vos recommandations. Je me suis donc couchée tout habillée, sans allumer la lampe, et dans cet état de fureur. Or voici qu'à mon réveil je me suis rendu compte que j'avais été déshonorée, que je n'étais plus vierge. Alors j'ai fouillé ma chambre, mais en vain, et je me suis même assurée que la porte était bien fermée. Je jure que cela s'est passé comme je l'ai dit : j'ai été abusée par le diable et je vous supplie, saint homme, de me venir en aide et de sauver mon âme, même si je dois être suppliciée dans mon corps. »

Le prêtre Blaise fut fort surpris de ce que disait la jeune fille, car il n'avait jamais rien entendu de tel. « Mon amie, dit-il, tu es possédée par le démon et il est encore en toi. Comment puis-je alors écouter ta confession et te donner une pénitence ? Je suis persuadé que tu mens, car jamais femme ne perdit sa virginité de la façon que tu dis, sans savoir qui est le coupable, ou du moins sans le voir. Voudrais-tu me faire croire qu'une telle chose t'est arrivée durant ton sommeil ? » La jeune fille répondit : « Dieu me sauve et me préserve de tous les maux ! Je vous jure sur mon salut éternel que je dis la vérité ! » Fortement ébranlé par l'accent de sincérité qui émanait des paroles de la jeune fille, et ému par sa douleur, le prêtre Blaise tenta de la consoler du mieux qu'il pût. Mais il lui dit qu'il ne lui donnerait l'absolution que lorsqu'il aurait la certitude que tout s'était passé ainsi qu'elle l'avait dit. Et il renvoya la jeune fille chez elle en lui ordonnant de garder le silence sur cette affaire.

Pendant les semaines qui suivirent, la jeune fille mena une vie exemplaire et ne cessa de prier longuement, tant au cours de la journée que le soir, avant qu'elle ne s'endormît. Le démon qui l'avait ainsi tourmentée comprit qu'il l'avait bel et bien perdue, car jamais il ne pourrait plus rien sur elle, et il fut très chagriné par cet échec. La jeune fille vécut ainsi jusqu'au moment où il lui fut impossible de dissimuler son état : car elle grossissait et s'arrondissait, si bien que les femmes qui la servaient s'en aperçurent et lui dirent qu'elle était enceinte. Elle leur répondit que c'était vrai. Mais quand elles lui eurent demandé de qui elle était enceinte et qu'elle eut répondu qu'elle ne le savait pas, elles s'écrièrent : « Faut-il que vous ayez couché avec tant d'hommes pour ne pas savoir qui est le père ! » Elle leur dit alors : « Que Dieu me refuse d'accoucher si j'ai eu consciemment des rapports avec un homme ! » A ces mots, les femmes se signèrent et dirent tristement : « Voilà qui est chose impossible. Cela n'est arrivé à aucune femme, à toi pas plus qu'aux autres. C'est sans doute que tu aimes en secret celui qui est responsable de ta grossesse et que tu veuilles le protéger. Car la loi est formelle : quand les juges sauront ton état, tu devras ou périr sur le bûcher, avec ton amant si on le retrouve, ou bien tu devras devenir prostituée, vendant ton corps à ceux qui te paieront ! » La jeune fille fut effrayée par ce que disaient les femmes. Elle leur dit encore : « Que Dieu sauve mon âme, aussi vrai que je n'ai jamais vu ni connu celui qui m'a mise dans cet état ! » Et quand les femmes furent parties, elle s'en alla tout raconter au prêtre Blaise.

Le prêtre ne put plus douter de la réalité : la jeune fille était enceinte. De plus en plus surpris, il se fit confirmer la nuit et l'heure où l'événement s'était produit. Puis, après avoir longuement réfléchi, il lui dit : « Ne crains rien : quand cet enfant que tu portes naîtra, je saurai bien si tu me dis la vérité. Si tout s'est passé comme tu le dis, il faut avoir confiance en Dieu, car tu n'es pas responsable de cet acte et Dieu ne peut que te sauver de la mort. Certes, tu devras vivre des moments pénibles, car lorsque les juges apprendront l'affaire, ils commenceront par saisir tes biens et te donneront à choisir entre mourir ou devenir prostituée. Ne perds pas courage, et dès qu'on viendra pour t'emprisonner, fais-moi immédiatement prévenir pour que je puisse venir à ton aide. »

Effectivement, quand les juges arrivèrent dans le pays, ils entendirent parler de cette femme qui était enceinte et qui prétendait n'avoir jamais connu d'homme, et ils la firent comparaître devant eux. Mais elle fit prévenir le prêtre Blaise qui se hâta d'aller à l'audience. D'ailleurs, les juges le citèrent comme témoin. « Seigneur, lui demandèrent les juges, penses-tu vraiment qu'une femme puisse être enceinte sans jamais avoir connu d'homme ? » Blaise leur répondit : « Je ne vous dirai pas tout ce que je sais, du moins maintenant, mais je peux vous demander, si vous jugez que mes paroles sont sages, de ne pas livrer cette femme au supplice tant qu'elle est enceinte. Ce ne serait ni raisonnable ni juste, car cet enfant ne mérite pas la mort puisqu'il n'a commis aucune faute et n'a pas participé au péché de sa mère. Si vous le livrez au supplice, vous pourrez être sûrs que vous avez tué un innocent. » Les juges approuvèrent ce conseil et décidèrent que la jeune fille serait gardée dans une tour jusqu'au moment où serait sevré l'enfant à qui elle donnerait naissance. Et quand elle fut enfermée dans la tour, entourée de femmes pour la garder, le prêtre lui dit, par la fenêtre : « Quand ton enfant sera né, fais-le baptiser au plus tôt, et envoie-moi chercher lorsqu'on te fera sortir d'ici pour te conduire au bûcher. »

C'est ainsi que la jeune femme resta plusieurs mois dans la tour. Rien ne lui manquait, car les juges lui avaient procuré tout ce qui était nécessaire et l'avaient confiée aux femmes qui étaient enfermées avec elle. Elles restèrent donc toutes dans la tour juqu'au moment où naquit l'enfant, selon la volonté de Dieu. Et, dès qu'il ouvrit les yeux et la bouche, l'enfant posséda l'intelligence et le pouvoir du diable. C'était à juste titre, puisque c'était le diable qui l'avait engendré. Mais le diable avait quand même commis une erreur : il n'avait pas prévu que la mère de l'enfant se tournerait vers Dieu et que, de ce fait, la mère et l'enfant lui échapperaient. L'enfant reçut donc, comme l'avait prévu le diable, la faculté et le pouvoir de connaître tout ce qui avait été dit et fait dans le passé. Mais, parce que la mère avait refusé toute compromission avec l'Ennemi, Dieu accorda à l'enfant la faculté et le pouvoir de connaître ce qui serait dit et fait dans les temps à venir.

Lorsque les femmes reçurent le nouveau-né dans leurs bras, elles furent très effrayées, car l'enfant était très fort et plus velu que tous les autres enfants qu'elles avaient pu voir à leur naissance. Elles le présentèrent à la mère qui dit simplement : « Cet enfant me fait peur. » Et elle fit aussitôt un grand signe de croix. Puis elle ajouta : « Prenez l'enfant, faites-le sortir et faites en sorte qu'il soit baptisé le plus vite possible. » Les femmes demandèrent : « Quel nom veux-tu lui donner ? » La mère répondit qu'elle voulait qu'il portât le nom de son propre père, à elle, et qui était *Merlin.*

Ainsi fut baptisé Merlin, et on le rendit à sa mère qui le nourrit avec beaucoup de tendresse. Elle l'allaita pendant neuf mois pleins, et à cet âge l'enfant paraissait avoir un an. Et quand il eut dix-huit mois, on aurait dit qu'il avait trois ans. Alors les femmes dirent à la mère : « Nous allons maintenant partir rejoindre nos familles, car la mission dont on nous avait chargées est terminée. » La jeune femme comprenait bien que c'en était fini pour elle et qu'on viendrait la chercher pour la conduire sur le bûcher maintenant que son enfant pouvait être sevré. Elle se mit à pleurer et, prenant l'enfant dans ses bras, elle s'approcha d'une fenêtre en murmurant : « Cher fils, je vais mourir à cause de toi et sans l'avoir mérité. Personne ne sait en effet comment tu as été engendré et personne ne peut ou ne veut me croire quand je dis la vérité à ce sujet. Hélas ! il me faudra donc mourir dans le feu... » Alors l'enfant regarda sa mère, ouvrit la bouche et dit très distinctement : « Chère mère, je t'en prie, ne crains rien. Je ne serai en aucun cas responsable de ta mort. »

Quand elle entendit son fils parler ainsi, la mère fut très effrayée. Elle appela les femmes et leur raconta ce qui venait d'arriver. Mais elles ne la crurent pas. Alors la mère prit l'enfant dans ses bras et demanda aux femmes de la menacer pour voir la réaction qu'aurait l'enfant en les entendant ainsi parler. Elles dirent : « Quel malheur qu'une si belle femme que toi soit brûlée à cause de cette créature ! Il aurait mieux valu qu'il ne naisse pas ! » L'enfant dit alors : « Vous mentez. C'est ma mère qui vous a demandé de prononcer ces paroles. » Les femmes étaient abasourdies. « Ce n'est pas un enfant, se disaient-elles, c'est sûrement un démon ! » Et elles se mirent à lui poser quantité de questions. « Taisez-vous et laissez-moi tranquille, s'écria Merlin, vous voyez bien que vous m'ennuyez. Vous êtes plus insensées et chargées de péchés que ma mère ! » Évidemment, les femmes étaient furieuses de se voir traitées ainsi, et elles étaient de plus en plus persuadées que l'enfant était un diable. Elles se répandirent partout en racontant ce qu'elles avaient vu et entendu. Les juges décidèrent qu'il était grand temps de supplicier la mère. Le jour fut donc fixé, et il ne restait plus que quelques jours avant le délai fatal. La mère y songeait sans cesse et ne savait comment échapper à son destin. A la fin, elle ne put plus retenir ses larmes. Alors, les gens qui la gardaient aperçurent le jeune Merlin qui déambulait dans la tour éclater d'un grand rire qui leur donna le frisson. « Comment ? dirent-ils à Merlin, tu ris méchamment parce que ta mère sera bientôt brûlée à cause de toi. Maudit sois-tu et maudite soit l'heure de ta naissance ! Il faut que tu sois vraiment un démon pour te réjouir du sort de cette malheureuse ! » Mais au lieu de leur répondre, l'enfant Merlin se mit à rire de plus belle.

Au jour fixé, la jeune mère fut extraite de la tour et conduite devant les juges. Elle était venue avec son enfant sur les bras. Les juges demandèrent aux femmes qui avaient gardé la mère de Merlin dans la tour s'il était vrai que l'enfant parlait. Elles racontèrent aux juges exactement ce qui s'était passé, mais les juges, tout surpris, déclarèrent qu'il lui en faudrait savoir beaucoup plus s'il voulait sauver sa mère. Puis ils demandèrent à celle-ci de se préparer au supplice. « Seigneur, dit-elle, j'aimerais auparavant m'entretenir avec mon confesseur. » On le lui accorda volontiers. Le prêtre Blaise se trouvait là, en effet, car il avait été prévenu. La jeune femme s'en alla dans une pièce retirée en compagnie de Blaise, laissant Merlin parmi la foule assemblée. Chacun essayait de faire parler l'enfant, mais il se contentait de regarder tout le monde avec indifférence.

Quand sa mère revint, Merlin retourna dans ses bras. Alors les juges firent une dernière tentative : « Femme, dis-nous quel est le père de cet enfant. Prends bien garde de ne nous rien cacher. » La jeune femme répondit : « Sur mon salut, je jure que je n'ai jamais vu ou connu le père de cet enfant, et que je n'ai jamais été dans une telle intimité avec un homme pour en devenir enceinte. » Les juges délibérèrent, puis ils interrogèrent les femmes qui avaient été dans la tour, leur demandant si elles croyaient qu'une telle chose fût possible. Elles ne purent que confirmer qu'une telle chose était impossible. Les juges revinrent alors devant Merlin et sa mère. « Rien ne s'oppose plus à ce que justice soit faite. »

A ce moment, Merlin sauta des bras de sa mère et bondit devant les juges. Il s'écria avec véhémence : « Ce n'est pas de sitôt que ma mère sera mise à mort ! Si l'on mettait à mort tous ceux et toutes celles qui ont eu des relations charnelles avec d'autres personnes que leur épouse ou leur mari, il faudrait brûler au moins les deux tiers de ceux qui sont présents. Je connais bien leurs secrets et, si je le voulais, je pourrais les leur faire avouer, quand bien même ce serait déplaisant à entendre pour certains. Il y en a ici qui ont fait pis que ma mère. Elle n'est pas coupable, et si vous ne me croyez pas, demandez son avis au prêtre auquel elle vient de se confesser. »

Quand il fut interrogé, le prêtre répéta mot pour mot tout ce que la mère de Merlin lui avait dit. Les juges lui demandèrent alors s'il croyait vraiment que tout s'était passé comme elle le prétendait. Blaise l'affirma haut et fort, puis il ajouta : « Je lui ai assuré que justice lui serait rendue et qu'elle ne devait pas perdre confiance. Elle vous a expliqué elle-même comment elle fut séduite pendant son sommeil, dans sa chambre dont la porte était fermée de l'intérieur. Certes, c'est un véritable prodige que la naissance de cet enfant. Mais si cette femme ne peut s'en expliquer, c'est probablement parce qu'il n'y a rien à comprendre. » Alors Merlin prit la parole : « De plus, seigneur prêtre, tu as soigneusement noté la nuit et l'heure où j'ai été engendré, et il est facile de savoir l'heure et le jour où je suis né. On peut donc vérifier ce que dit ma mère. » Le prêtre répondit : « Assurément, mais je me demande d'où te vient une telle science, car tu parais en savoir beaucoup plus que nous tous. »

On fit venir les femmes qui avaient vécu dans la tour avec la mère de Merlin. Devant les juges, elles firent le compte exact de la durée de la grossesse de la mère, de la conception de l'enfant à l'accouchement. On compara ce qu'elles disaient avec ce qu'avait noté Blaise : on en arrivait au même résultat. On put voir que les assistants étaient fort impressionnés. Mais l'un des juges n'en voulait rien savoir : « Cette femme n'en est pas quitte pour autant. Il faut qu'elle nous dise qui t'a engendré, qui est ton père ! » L'enfant se mit en colère et, d'une voix très grave pour son âge, il s'écria : « Je connais mieux mon père que toi le tien, et ta mère sait mieux qui t'a engendré que ne le sait la mienne à mon propos ! » Le juge fut stupéfait de cette intervention : « Si tu as une accusation à formuler contre ma mère, dit le juge, je l'examinerai. »

Merlin lui dit gravement : « Je peux au moins te dire que, si tu la condamnais à mort, elle mériterait mieux que ma mère ce châtiment. Je veux que tu acquittes ma mère, car elle n'est pas coupable de ce dont on l'accuse, et elle a dit toute la vérité lorsqu'elle a raconté comment j'avait été engendré. Si tu ne l'acquittes pas, j'obligerai bien ta mère à avouer toute la vérité en ce qui te concerne. » Le juge était de plus en plus irrité par les paroles impertinentes de l'enfant, et qui étaient en fait une véritable accusation portée contre sa mère. Il dit : « Merlin, s'il en est comme tu le prétends, ta mère échappera au bûcher, mais attention, si tu ne peux apporter la moindre preuve contre ma mère, si donc la tienne n'est pas acquittée, tu seras brûlé avec elle. » Merlin lui répondit qu'il acceptait l'épreuve. Et l'on fixa un délai de quinze jours pendant lesquels le juge fit soigneusement garder Merlin et sa mère tandis qu'il envoyait des messagers dans son pays pour faire venir sa propre mère.

Au jour dit, la mère du juge arriva et on fit sortir Merlin et sa mère pour les faire comparaître devant tout le peuple assemblé. Le juge prit la parole : « Merlin, voici ma mère contre laquelle tu dois formuler ton accusation et apporter les preuves de ce que tu avances. Tu peux lui dire tout ce que tu veux. » Merlin se mit à rire, puis il s'adressa au juge, à voix basse : « Tu n'es pas aussi sage que tu le penses. Es-tu devenu fou pour faire débattre de tout cela devant la foule ? Emmène donc ta mère dans cette maison à l'écart, et prends avec toi deux hommes en qui tu as confiance et qui serviront de témoins. Pour ma part, je désire que vienne avec moi le confesseur de ma mère. » Le juge, frappé par la sagesse de l'enfant, dit qu'il acceptait. Merlin et le juge se retirèrent dans la maison. Le juge avait demandé à deux de ses amis, parmi les plus honorables, de venir l'assister. Et le prêtre Blaise accompagna l'enfant Merlin. « A présent, dit le juge, tu dois aller jusqu'au bout : dis ce que tu veux à ma mère afin de disculper la tienne ». Merlin lui répondit : « Je ne veux pas défendre injustement ma mère au détriment de quelqu'un d'autre, mais seulement faire triompher le bon droit de Dieu et le sien. Encore une fois, et avant d'aller plus loin, je veux que tu saches que ma mère n'a pas mérité le châtiment que vous voulez tous lui infliger. Fais en sorte qu'elle soit acquittée et renonce à enquêter sur ta propre mère. » Mais le juge n'en voulait rien savoir : « Tu ne t'en sortiras pas ainsi, dit-il, il faut que tu en dises davantage. » Merlin le regarda droit dans les yeux. « Tu te repentiras de ton obstination, mais puisque tu le veux, je vais parler. Tu veux faire brûler ma mère parce qu'elle m'a mis au monde sans savoir qui m'avait engendré, mais si je le voulais, elle saurait mieux dire qui est mon père que toi nommer le tien. Et ta mère sait mieux de qui tu es le fils que la mienne, qui ne pourrait encore le dire. » Le juge se tourna vers sa mère et la pria de répondre : « Cet enfant débite des folies », dit-elle. Le juge insista : « Ma mère, ne suis-je pas le fils de votre époux légitime ? » La mère répondit : « Bien sûr que si. » C'est alors que Merlin prit la parole : « Dame, il te faut dire la vérité, même si cette vérité t'en coûte beaucoup. Car si tu ne la dis pas maintenant, ton fils aura toujours des doutes et il en concevra de l'amertume envers toi. » La dame se mit en colère et s'écria : « La vérité ! mais je l'ai dite, la vérité, maudit démon qui vient tourmenter les honnêtes gens et leur raconter des balivernes ! » Merlin insista : « Dame, tu sais très bien qu'il n'est pas le fils de celui qu'il croit. »

La mère du juge commençait à être inquiète. « Et de qui est-il le fils ? » demanda-t-elle.

« Tu sais bien qu'il est le fils du prêtre de ton église. Et je vais t'en donner la preuve : la première fois que tu as couché avec lui, tu lui as dit que tu avais peur qu'il ne te fasse un enfant. Il t'a répondu que cela ne se produirait pas, et que d'ailleurs, chaque fois que vous coucheriez ensemble, il noterait soigneusement le jour et l'heure. En fait, il craignait que tu pusses le tromper avec un autre homme, d'autant plus qu'à cette époque tu étais brouillée avec ton mari. Lorsque l'enfant a été conçu, tu n'as pas tardé à te plaindre d'être enceinte. » Le juge n'en croyait pas ses oreilles. « Est-ce vrai, ma mère ? » demanda-t-il. « C'est un tissu de mensonges et d'inepties ! » s'écria-t-elle. « Mais je n'ai pas terminé, dit Merlin. Voici donc comment les choses se sont passées : quand tu t'es aperçue que tu étais enceinte, tu as demandé au prêtre de te réconcilier avec ton mari avant qu'il ne remarque ton état. Le prêtre est allé le trouver et a su si bien l'entortiller que vous vous êtes effectivement réconciliés et que vous avez couché ensemble. Il a donc cru que l'enfant était de lui, comme le croient la plupart des gens. Et ton fils, ici présent, en est lui-même persuadé. Mais par la suite, le prêtre et toi, vous avez continué votre manège, et vous le continuez encore. La veille même de ton départ, tu as couché avec le prêtre et, au matin, il t'a accompagnée un bout de chemin en te recommandant de faire très exactement la volonté de votre fils, car il sait très bien, lui, d'après ce qu'il a noté, que l'enfant était de lui. »

Merlin se tenait droit devant le juge et sa mère. Celle-ci tremblait de tous ses membres, et elle dut s'asseoir, tant l'angoisse la tenaillait. « Ma chère mère, dit le juge, qui semblait très ému, ma chère mère, quelle que soit la vérité, je te conjure de la dire. Est-ce que cet enfant a dit vrai ? » La mère du juge se mit à pleurer :

« Mon fils, murmura-t-elle péniblement, mon fils, je te conjure de m'accorder ta pitié. Je ne peux plus te le cacher : il en a été comme cet enfant l'a dit. » Le juge se tourna alors vers Merlin : « Il n'est donc pas juste que je punisse ta mère quand je ne punis pas la mienne. Merlin, je te demande, au nom de Dieu, et afin que je puisse vous disculper devant le peuple, ta mère et toi, qui donc est ton père ? »

« Je vais te le dire, et plus par amitié pour toi que par crainte de l'autorité que tu représentes. Apprends donc que je suis le fils d'un démon qui a séduit ma mère pendant son sommeil et qui l'a engrossée sans qu'elle ne s'en rendît compte. Apprends également que les démons de cette sorte sont appelés Incubes et qu'ils habitent dans les airs, toujours prêts à s'unir avec une femme lorsque celle-ci leur plaît ou qu'ils obéissent à un ordre venu des Enfers. Ce démon incube qui est mon véritable père m'a donné l'intelligence des choses qui ont été dites ou faites dans le passé, et Dieu m'a confirmé ce pouvoir : c'est pourquoi j'ai pu te révéler la vie qu'avait menée ta mère. Mais Notre Seigneur, pour récompenser la vertu de ma mère, son sincère repentir et son obéissance aux commandements, m'a octroyé également le don de connaître en partie ce qui se passera dans les temps à venir. Je vais même t'en donner une preuve. » Merlin emmena le juge à l'écart, et il reprit à voix basse : « Ta mère va aller raconter ce que j'ai dit au prêtre qui t'a engendré. Le fait que tu connaisses son secret lui causera une telle frayeur qu'il voudra prendre la fuite. Or, le diable, dont il a toujours été le zélé serviteur, le conduira près d'une rivière où il se noiera. Je peux ainsi te démontrer que je connais l'avenir. »

Le juge dit à Merlin : « Si ce que tu m'as prédit se révèle exact, je t'assure que j'aurai toujours confiance en toi. » Ils sortirent alors de la maison, et le juge s'adressa aux autres juges et à la foule : « Cet enfant, dit-il, a sauvé sa mère du bûcher, et cela parce qu'il a dit la vérité. Que tous ceux qui le verront sachent bien qu'ils n'ont jamais vu et ne verront jamais plus sage créature ! »

Les assistants, qui étaient nombreux, manifestèrent leur joie, car ils avaient tous pris en pitié la jeune femme et son enfant et souhaitaient ardemment qu'elle fût acquittée et que le jeune enfant fût sauvé. La jeune femme serra très fort son enfant dans ses bras, versant d'abondantes larmes, tant son émotion était forte. Puis le prêtre Blaise la reconduisit dans sa maison, promettant de veiller sur elle pour qu'un aussi étrange événement ne se reproduisît plus. L'histoire raconte d'ailleurs qu'il maria bientôt la mère de Merlin avec un jeune homme de race royale, bon et généreux, et que le couple eut une petite fille à laquelle on donna le nom de Gwendydd, c'est-à-dire « Blanche Journée », afin de témoigner à la face du monde que la pureté de la mère de Merlin avait effacé toutes les ombres démoniaques et nocturnes qui avaient présidé à la conception et à la naissance de son fils.

Quant à Merlin, il demeura avec les juges, étonnant ceux-ci par la sagesse de ses propos et l'insolence qu'il mettait parfois à répondre aux questions qu'on lui posait. Le juge qui avait mené l'affaire renvoya sa propre mère dans son pays en la faisant accompagner par deux hommes de confiance, chargés de savoir si Merlin avait dit la vérité sur ses rapports avec le prêtre. Effectivement, dès qu'elle fut de retour, la femme alla trouver secrètement son amant et lui rapporta dans les moindres détails ce que l'enfant avait révélé de leurs rapports. En l'entendant, le prêtre fut terrifié et ne sut quoi répondre. Mais, persuadé que le juge le tuerait dès qu'il reviendrait, il estima qu'il devait s'enfuir, et, ayant traversé la ville, il se trouva alors au bord d'une rivière. Là, le désespoir le prit, et il se dit qu'il était préférable pour lui de mourir noyé que de se voir tué par son propre fils ou jugé et brûlé ensuite. C'est ainsi que le diable dont il avait accompli les volontés le poussa à se jeter dans la rivière et à s'y noyer. Les deux hommes que le juge avait envoyés pour suivre l'affaire le virent se noyer et prirent bien garde d'intervenir. Ils revinrent immédiatement auprès du juge et lui racontèrent tout ce qui s'était passé. Le juge fut bien surpris, car il n'avait pas cru qu'arriverait ce qui avait été prédit. Il fit part des événements à Merlin, et quand Merlin entendit l'histoire, il se mit à rire et dit : « Tu vois bien maintenant que je dis la vérité. Mais je te prie de rapporter tout cela au prêtre Blaise. » Après avoir ainsi parlé, Merlin retourna dans la maison de sa mère.

Cependant, le prêtre Blaise ne savait trop quoi penser de tout cela. Persuadé que la mère de Merlin était innocente de toute faute, il ne pouvait s'empêcher de s'inquiéter à propos de l'étrange faculté de Merlin de connaître le passé et de prévoir l'avenir. Il y avait là, selon sa conscience, quelque chose qui appartenait au domaine du diable. Et pourtant la sagesse de l'enfant n'était pas à mettre en doute : or cette sagesse ne pouvait être l'œuvre de l'Ennemi. Blaise se mit donc à poser à Merlin des questions en apparence innocentes afin de le pousser dans ses ultimes retranchements et tenter de savoir ce qu'il en était réellement, tant et si bien que Merlin se mit presque en colère contre le prêtre. Il lui dit : « Blaise, ne cherche pas ainsi à me mettre à l'épreuve. Plus tu agiras ainsi, moins je te répondrai, et tu seras de plus en plus embarrassé. Fais plutôt ce que je demanderai et aie pleine confiance en ce que je te dirai. »

Blaise se sentait mal à l'aise devant cet enfant qui paraissait ne pas avoir d'âge, dont le corps frêle ne correspondait pas du tout avec les paroles graves qu'il prononçait. « Merlin, dit-il, je t'ai entendu dire de ta propre bouche que tu étais le fils d'un diable. Pour ma part, je te crois. Mais ne t'étonne pas de mes réticences, car j'ai peur que tu ne cherches à me tromper. » Merlin se mit à rire, comme s'il se moquait de Blaise. Il le regardait avec des yeux pleins de malice et Blaise ne pouvait plus supporter son regard. « Allons ! lui dit Merlin, c'est l'habitude des méchants de retrouver partout les défauts qui sont en eux : ils en deviennent incapables de discerner le bien lorsque celui-ci se dissimule dans une forêt de maléfices. Autrement dit, ils voient le mal partout. Je ne prétends pas que tu sois méchant, Blaise, mais à force de côtoyer les gens qui pensent et font le mal, tu as été atteint par les mêmes flèches du doute et de l'erreur. Tu m'as entendu dire que j'étais le fils d'un diable, et tu n'as aucune raison de douter de cette réalité. Mais crois-tu que le fils du diable puisse être lui-même le diable en personne ? Tu es esclave de cette absurdité qu'on répète à loisir : tel père, tel fils. Pourquoi veux-tu qu'il en soit ainsi pour tous les êtres ? C'est blasphémer que de le dire, car chaque être est responsable devant Dieu non seulement de ses actes, mais de ses moindres pensées, et quand un père est criminel, faut-il pour autant condamner son fils ? »

Blaise n'avait jamais entendu un pareil discours. « Mais, dit-il encore, un criminel est un être humain qui peut se repentir et que Dieu peut sauver s'il le mérite. Or, le diable, quel qu'il soit, n'est pas un être humain et ne peut être pardonné, ni sauvé. Je crains fort que le fils d'un diable soit un diable lui-même. » Merlin se mit encore à rire : « Décidément, tu es un beau raisonneur. Je crois qu'il me faut utiliser les mêmes raisonnements que toi. Tu m'as entendu dire que j'étais le fils d'un diable, soit. Mais tu m'as également entendu dire que Dieu m'avait donné le pouvoir et la faculté de connaître l'avenir. Sais-tu pourquoi Dieu m'a donné ce pouvoir ? Car Dieu ne fait jamais rien au hasard, même si sa volonté n'est pas comprise sur le moment. Apprends donc que Dieu m'a donné ce pouvoir parce qu'il fallait détruire le projet maléfique qui était celui des diables lorsqu'ils voulurent avoir un être humain qui soit leur messager sur la terre. Dieu, dans sa grande sagesse, a permis que je gardasse tous les dons et pouvoirs qui m'ont été transmis par mon géniteur, mais il a fait en sorte que ces dons et pouvoirs pussent servir pour le bien des hommes et l'accomplissement du grand plan divin qui prend forme depuis que le monde a été créé. Et, de plus, il m'a donné la faculté de lire dans le grand livre de l'avenir, du moins certaines pages de ce grand livre : car sache bien que seul Dieu connaît la totalité de ce qui adviendra, et que nulle créature ne peut prétendre se substituer à lui. »

Le prêtre Blaise écoutait avec admiration les paroles de l'enfant. « Sais-tu encore, continua Merlin, que le plan des diables s'est retourné contre eux ? Le vase qui reçut la semence maudite était trop pur pour leur appartenir, et la vertu de ma mère était telle que non seulement elle n'a jamais été souillée elle-même, mais elle m'a préservé du destin qui m'était dévolu. Si les démons avaient fécondé ma grand-mère, cela ne se serait pas passé de cette façon, car elle était maudite avant l'heure ; c'est à cause d'elle que des catastrophes se sont abattues sur mon grand-père, ainsi que sur le frère et la sœur de ma mère, comme celle-ci te l'a raconté. Je ne suis pas l'esclave de l'Ennemi, bien au contraire, mais un serviteur de Dieu, comme toi. Or donc, je te demande de me croire, de croire tout ce que je dirai et tout ce que je t'enseignerai au nom de Notre Seigneur. Tout ce que je te révélerai, il faudra que tu le mettes par écrit, que tu en fasses un livre, afin que la postérité en garde témoignage. Et je te raconterai d'abord qu'il y a, non loin d'ici, dans un château que l'on nomme Corbénic, une coupe d'émeraude dans laquelle a été conservé le sang de Notre Seigneur. C'est une coupe très précieuse, que peu d'êtres humains ont eu le privilège de contempler, et que le bon Joseph d'Arimathie a apportée avec lui lorsqu'il est venu d'Orient, avec toute sa famille et tous ceux qui ont la charge de veiller sur le Saint-Graal, puisque tel est le nom de cette coupe. Mais tu ne peux comprendre encore ce que je te dis. Contente-toi d'écrire l'histoire que je vais te raconter : plus tard, tu en auras le sens et l'explication, quand le moment sera venu. » Et l'enfant Merlin se mit à parler, lentement, calmement, sûrement, et le prêtre Blaise transcrivait le Haut Livre du Saint-Graal, depuis les origines jusqu'au moment où Alain, le Riche Roi Pêcheur, construisit la forteresse qui abritait la coupe sacrée.

Et quand Blaise eut fini d'écrire, sous la dictée de Merlin, celui-ci lui dit : « Maintenant, quitte cette ville et va dans la forêt. Fais-toi ermite et prie Notre Seigneur à travers les arbres et les fleurs, car ce sont des créatures comme toi. Je saurai exactement où tu seras et je viendrai te rejoindre quand il faudra que je te parle à nouveau. Car sache-le bien : j'aurai toujours recours à toi pour transmettre mon message aux hommes qui seront capables de le comprendre. Les autres considéreront cela comme un amusement, mais peu importe : ce qui doit être fait sera fait. »

Ayant ainsi parlé, Merlin disparut brusquement de la vue de Blaise sans que celui-ci pût comprendre comment cela s'était produit. Le prêtre Blaise prit donc un bâton et s'en alla vers le nord jusqu'à une forêt où il se construisit une hutte, sur un rocher, au bord d'une rivière, là où les oiseaux du ciel venaient boire l'eau pure, et où les fleurs sauvages embaumaient l'air de leurs parfums délicats. Et il médita longtemps sur les paroles de Merlin, sachant que celui-ci viendrait un jour lui révéler d'autres merveilles qu'il prendrait grand soin de transcrire pour que cela fût transmis aux générations futures.

Mais, pendant que se déroulaient ainsi ces événements, les messagers qu'avait envoyés le roi Vortigern à travers toute l'île de Bretagne afin de découvrir un enfant sans père dont le sang fortifierait les fondations de sa tour parcouraient tout le pays sans parvenir à un quelconque résultat. Ils allaient deux par deux, de ville en ville, de village en village, d'une vallée à l'autre, ils interrogeaient les habitants, prenaient conseil des vieillards, consultaient les devins et les astrologues : personne ne connaissait un enfant dont le père n'appartenait pas à la race des hommes. Finalement, deux de ces messagers en rencontrèrent deux autres et décidèrent de poursuivre ensemble leurs recherches. Or, un jour qu'ils traversaient un grand champ à l'entrée d'une ville, ils virent de nombreux enfants qui jouaient au jeu de la soule. Et parmi ces enfants se trouvait Merlin. Il aperçut les messagers, et, comme il savait les choses à venir, il comprit que ces hommes le cherchaient. Alors, il s'approcha d'un de ses camarades de jeu qu'il savait violent et fier de sa naissance, et, comme s'il s'agissait d'une maladresse, il lui donna un violent coup de pied dans la jambe. Le camarade se mit à pleurer et, dans sa souffrance mêlée de colère, il se mit à injurier Merlin et à l'appeler « fils dont on ne connaît pas le père ». Les messagers, qui avaient vu l'incident, entendirent ce que criait le garçon. Aussitôt, ils se dirigèrent vers l'enfant qui avait prononcé l'injure, et ils lui demandèrent : « Qui donc t'a frappé ? » L'enfant, à travers ses larmes, répondit : « Le fils d'une femme qui n'a jamais su qui avait engendré son enfant, et qui n'a donc jamais eu de père ! »

Quand Merlin entendit cela, il s'en vint vers les messagers. Il se mit à rire et leur dit : « Seigneurs, je suis celui que vous cherchez, celui que vous avez juré de tuer et dont vous devez rapporter le sang au roi Vortigern. » Les messagers demeurèrent stupéfaits. « Qui t'a dit cela ? » demandèrent-ils. Merlin les regarda avec insolence, une petite flamme dans les yeux : « Je le sais, dit-il, depuis que vous avez juré au roi Vortigern de me tuer, de recueillir mon sang et de le lui apporter. » Les messagers ne savaient plus quoi répondre à ce garçon qui leur dévoilait ainsi l'objet de leur mission, que personne, en dehors des douze et du roi Vortigern, ne pouvait connaître. Pourtant, l'un des quatre se hasarda à demander : « Nous suivras-tu si nous te le demandons ? » Merlin répondit : « Seigneurs, j'aurais bien peur d'être tué par vous. Mais si vous me donnez l'assurance que vous ne me ferez aucun mal, je vous suivrai et je dirai au roi pourquoi l'on retrouve sa tour écroulée chaque matin alors qu'elle était ferme et bien construite la veille au soir. » Interloqués, les messagers se dirent entre eux : « Vraiment, cet enfant tient des propos extraordinaires. Il faut qu'il appartienne au peuple des fées pour nous dire très exactement ce que nous attendons de lui. Nous commettrions un grand crime en le tuant ! Mieux vaut nous parjurer vis-à-vis du roi Vortigern et l'amener vivant auprès de lui. » Et ils ajoutèrent : « Nous te promettons solennellement de ne jamais tenter de te causer du mal, ni de te mettre à mort si tu acceptes de venir avec nous auprès du roi Vortigern. »

« Très bien, répondit Merlin. Je le ferai donc, mais à une condition, c'est que vous veniez avec moi auprès de ma mère pour lui demander la permission de partir avec vous. » Les messagers lui dirent : « Nous te suivrons où tu le voudras. » Et Merlin emmena les messagers dans la maison de sa mère. Il présenta à celle-ci les messagers du roi Vortigern et dit : « Mère, voici des hommes qui ont été chargés, par le roi Vortigern, de me tuer, de prendre mon sang et de l'emporter avec eux. Cela, je le savais depuis longtemps. Mais je sais aussi qu'ils n'en feront rien, car ce sont de braves gens au service d'un mauvais roi. Ce roi a fait construire une tour qui s'écroule sans cesse chaque nuit. Il a réuni des clercs pour voir s'ils pourraient résoudre ce problème, mais ils ont été incapables d'en connaître la cause et, à plus forte raison, d'en préconiser le remède. Mais, en jetant leurs sorts et en interrogeant les esprits de la terre, ils ont appris en revanche mon existence et ont compris que je pouvais leur nuire. Ils se sont donc concertés et ont décidé de me faire mourir. Ils ont affirmé au roi que sa tour ne tiendrait que si l'on mêlait aux fondations le sang d'un enfant dont le père n'était pas de la race des hommes. Cet enfant, c'est moi. Vortigern a été très surpris de ce qu'ils disaient, mais il les a crus et il a envoyé douze messagers à travers l'île de Bretagne pour me retrouver. Mais, selon le conseil des clercs, et pour que je ne pusse point leur nuire, il leur a demandé de me tuer et de ne rapporter que mon sang. Ainsi, les clercs du roi Vortigern se croient protégés alors que ce sont des incapables et des faux prophètes. Les messagers sont donc partis deux par deux. Ces quatre-là se sont rencontrés et m'ont découvert. Comme je savais bien qu'ils me recherchaient, j'ai fait en sorte d'attirer leur attention. Les voici donc devant toi, mère. Demande-leur s'ils ont l'intention de me tuer et d'obéir strictement aux ordres du roi Vortigern. »

Les messagers répondirent d'une seule voix : « Dieu nous garde de faire le moindre mal à cet enfant. Nous préférons nous parjurer et subir les pires châtiments de la part du roi plutôt que de toucher à un seul de ses cheveux. Tout ce que nous demandons, c'est qu'il vienne avec nous et qu'il parle au roi Vortigern. » La mère de Merlin leur demanda alors si tout ce qu'avait dit l'enfant était exact. « Oui, répondirent-ils, mais nous te jurons que nous ne ferons pas le moindre mal à ton fils. » La mère de Merlin se tourna vers son fils. « Disent-ils la vérité ? » demanda-t-elle. « Oui, ma mère, je sais qu'ils sont sincères et qu'ils me conduiront auprès du roi sans toucher à un seul de mes cheveux. Alors, je parlerai devant le roi et lui dirai pourquoi sa tour s'écroule. Ils peuvent avoir confiance en moi autant que j'ai confiance en eux. » La mère de Merlin dit : « Puisqu'il en est ainsi, cher fils, je te donne la permission d'accompagner ces hommes après avoir pris acte de leur serment, et je te recommande à Dieu. Je n'ai pas assez de sagesse pour te garder auprès de moi, et pourtant j'aurais bien voulu que tu grandisses dans cette maison jusqu'au jour où tu aurais pris le chemin de ta destinée. » Merlin lui répondit : « Ma mère, ma destinée a été tracée bien avant ma naissance et même bien avant ma conception. Ne crains rien, ma mère, car tout se passera pour la gloire de Dieu et ton bonheur à toi. Je dois partir avec ces hommes, il ne peut en être autrement. »

Ainsi partit Merlin avec les messagers de Vortigern, après avoir pris congé de sa mère. Au cours de leur chevauchée, Merlin et les messagers traversèrent un jour une ville où se tenait un marché. A la sortie de la ville, ils aperçurent un paysan qui emportait une grande pièce de cuir. Il l'avait achetée pour réparer ses souliers car il voulait aller en pèlerinage. Mais quand Merlin le vit, il se mit à rire. « Pourquoi ris-tu ? » demanda l'un des messagers. Merlin lui répondit : « C'est à cause de ce paysan. Demandez-lui ce qu'il a l'intention de faire avec cette pièce de cuir. Il vous répondra qu'il doit réparer ses souliers dans le but de partir en pèlerinage. Suivez-le donc, et vous verrez qu'il mourra avant d'arriver chez lui. » Les messagers furent très surpris des paroles de l'enfant, mais néanmoins, pour en avoir le cœur net, ils rejoignirent le paysan et lui demandèrent ce qu'il comptait faire de cette pièce de cuir. Il leur répondit qu'il voulait réparer ses souliers afin de partir en pèlerinage. Et en pensant à ce que disait Merlin, ils se disaient : « Cet homme a l'air en excellente santé, et cela nous étonnerait qu'il pût mourir avant d'arriver chez lui. Néanmoins, suivons-le et nous verrons bien si l'enfant a dit la vérité. »

Deux d'entre eux demeurèrent avec Merlin, se reposant sur le bord de la route. Les deux autres suivirent le paysan. Mais ils n'eurent pas fait une demi-lieue qu'ils le virent tomber mort au milieu de la route, sa pièce de cuir enroulée autour de son bras. Après s'être bien assurés qu'il était mort, ils revinrent vers leurs deux compagnons, leur rapportant, ainsi qu'à Merlin, cette étonnante nouvelle. « Ne vous l'avais-je pas dit ? » s'écria Merlin. Et les messagers se dirent entre eux : « Les clercs étaient donc bien fous, ou criminels, pour imaginer que nous allions tuer un enfant aussi sage et aussi habile ! »

Ils continuèrent leur chemin vers les domaines de Vortigern. Un jour, ils passèrent dans une ville où l'on enterrait un enfant. Des hommes et des femmes suivaient le cortège avec de grands cris et de grandes manifestations de douleur. En voyant ainsi ces gens se lamenter et en entendant chanter les prêtres et les clercs qui se hâtaient d'aller enterrer l'enfant, Merlin s'arrêta et se mit à rire. Les messagers lui demandèrent pourquoi il riait ainsi. « Voyez-vous cet homme qui se lamente et, au premier rang, ce prêtre qui chante ? C'est pourtant le prêtre qui devrait se lamenter à la place de l'homme. » Les messagers demandèrent à Merlin : « Mais pourquoi ? Veux-tu nous l'expliquer ? » Merlin se remit à rire, puis il dit : « Voici pourquoi je ris. L'enfant pour lequel ce prêtre chante l'office des morts est son propre fils, mais il ne le sait pas. Quant à l'homme qui pleure, il n'a aucun lien de parenté avec l'enfant, mais il croit que c'est le sien. Je trouve cela très drôle ! » Encore une fois, les messagers furent interloqués : « Mais comment nous en assurer ? » dirent-ils. « C'est facile, dit Merlin, il vous suffit d'aller trouver la femme et de lui demander pourquoi son mari pleure tant. Elle vous répondra que c'est parce que son fils est mort. Alors vous lui direz que ce n'est pas son fils, mais celui du prêtre qui chante. Vous saurez bien alors la vérité. »

Les messagers allèrent trouver la femme et agirent comme l'avait dit Merlin. A la fin, la femme se troubla et leur dit : « Seigneurs, je vois que je ne peux rien vous cacher : tout ce que vous dites est vrai, mais, au nom de Dieu, n'en dites mot à mon mari, car il me tuerait s'il l'apprenait. » Les messagers retournèrent vers Merlin et se dirent entre eux que cet enfant était vraiment extraordinaire : ils n'avaient jamais connu auparavant un tel devin, et leur admiration grandissait de plus en plus envers celui qu'on leur avait ordonné de tuer pour en rapporter le sang.

Ils reprirent leur chemin. Mais avant d'arriver au lieu où se tenait le roi Vortigern, les messagers lui dirent : « Merlin, dis-nous, s'il te plaît, ce que nous devons faire. Nous pouvons évidemment annoncer à notre roi que nous t'avons trouvé, mais nous avons peur qu'il ne soit irrité contre nous parce que nous ne t'avons pas tué. » Merlin voyait bien qu'ils étaient dans un grand embarras. Il leur répondit : « Faites tout ce que je vous dirai et rien ne vous sera reproché, je vous l'assure par Dieu, notre maître à tous. Allez voir le roi Vortigern et dites-lui que vous m'avez trouvé. Mais n'oubliez pas de lui rapporter les preuves que je vous ai données de mes talents de devin. Et vous ajouterez que je me fais fort de lui expliquer comment et pourquoi sa tour ne peut tenir, à la seule condition que les clercs, qui l'ont bien mal conseillé, subissent le traitement qu'ils voulaient me réserver. Allez, parlez sans crainte devant le roi, et agissez ensuite exactement comme il vous l'ordonnera. »

Les messagers se présentèrent donc devant Vortigern et celui-ci fut tout heureux de les revoir. Il leur demanda si la mission qu'il leur avait confiée avait abouti à un résultat. « Nous avons fait de notre mieux », répondirent-ils. Et, le prenant à part, ils lui expliquèrent les circonstances dans lesquelles ils avaient découvert l'enfant né d'un père n'appartenant pas à la race des hommes, et ils prirent bien soin d'ajouter qu'ils ne seraient point parvenus à le ramener si celui-ci n'était pas venu à eux spontanément. « Apprends, ô roi, dirent-ils encore, que cet enfant se nomme Merlin, et que c'est le meilleur devin, le plus sage et le plus efficace que nous puissions connaître. Il nous en a donné de nombreuses preuves pendant notre voyage de retour et nous a dit lui-même quel était l'objet de notre mission sans que nous en ayons parlé à quiconque. Il nous a dit qu'il serait très maladroit de notre part de le tuer et de rapporter seulement son sang pour le mêler au mortier des fondations de ta tour. Il a ajouté que les clercs qui t'ont donné ce conseil ne savent pas comment ni pourquoi cette tour s'écroule, et que ce sont des imposteurs qui ont peur de lui. Il a affirmé que lui seul peut te dire la cause de l'effondrement de cette tour, et qu'il peut te le prouver. Il nous a dit encore bien d'autres choses, toutes plus admirables les unes que les autres, et nous a envoyés vers toi pour savoir si tu voudrais bien lui parler. » Mais les messagers, qui craignaient beaucoup le roi, se hâtèrent de préciser : « Au reste, si tu nous l'ordonnes, nous pouvons encore le tuer, car deux de nos compagnons sont restés pour le garder. »

Vortigern réfléchit quelques instants, puis il parla ainsi : « Puisque cet enfant a dit les choses que vous prétendez, il faut donc que je l'écoute. Il sera toujours temps ensuite de prendre une décision. Et si vous vous portez garants sur votre vie que ce Merlin nous expliquera comment et pourquoi la tour s'écroule, je consens volontiers à ce qu'on ne le tue pas maintenant et à ce qu'on me l'amène pour qu'il me parle en toute franchise. » Les messagers, satisfaits de l'attitude de Vortigern, s'en retournèrent près de Merlin, suivis par le roi lui-même. Lorsqu'il les vit arriver, Merlin se mit à rire et dit : « Seigneurs, vous vous êtes constitués mes garants sur votre propre vie ! »

« C'est exact, répondirent les messagers. Nous avons dû choisir et nous avons préféré risquer nos vies plutôt que de te tuer. » Merlin les rassura en leur disant qu'il saurait bien les protéger. Puis il salua le roi et lui demanda de venir à l'écart pour parler en secret. Alors il lui dit : « Seigneur roi, tu m'as envoyé chercher à cause de cette tour qui ne peut tenir, et tu as ordonné à tes messagers de me tuer et de ramener mon sang. Mais cela, tu l'as fait à l'instigation de tes clercs que tu avais consultés à ce sujet. Ils ont prétendu que la tour ne pouvait pas tenir si l'on ne mélangeait pas le sang d'un enfant sans père avec le mortier. Ils t'ont menti, parce qu'ils savaient que je saurais bien résoudre ton problème et que je représentais un danger pour eux. Tes clercs, roi Vortigern, ne sont bons qu'à passer leur temps en vaines parlotes et leur science ne vaut pas plus qu'un petit caillou dans un torrent. Or, si tu me jures que tu réserveras aux clercs le traitement qu'ils voulaient me faire subir, je te montrerai comment et pourquoi ta tour ne tient pas et je t'indiquerai, si tu le désires, le moyen d'y remédier. »

« Si tu me montres ce à quoi tu t'engages, je ferai des clercs ce que tu voudras », répondit Vortigern. Et Merlin reprit : « Si je mens aussi peu que ce soit, retire-moi ta confiance à tout jamais. Fais venir les clercs auprès de la tour, et c'est devant eux que je t'expliquerai ce mystère. » Le roi conduisit Merlin près de la tour. Quand il vit les clercs, Merlin se mit à rire et, par l'intermédiaire d'un des messagers, leur fit demander pourquoi, à leur avis, la tour ne pouvait pas tenir. Ils répondirent : « Nous n'en savons rien, mais nous avons indiqué au roi dans quelles conditions elle pourrait tenir. » Le roi intervint alors : « Ce sont des conditions bien étonnantes, en vérité, puisque vous m'avez demandé de trouver un enfant dont le père n'est pas de la race des hommes. Or, je ne sais pas comment on pourrait trouver un tel enfant. »

Merlin s'avança vers les clercs et leur dit : « Seigneurs, c'est prendre le roi pour un fou que de lui faire accomplir une telle démarche alors que vous avez tout simplement peur de mourir à cause de cet enfant ! C'est ainsi que vous avez cru possible de vous débarrasser de cet être qui doit causer votre mort ! » En entendant l'enfant s'exprimer ainsi, les clercs furent remplis d'épouvante et comprirent qu'ils ne pourraient plus échapper à leur sort. Merlin dit alors au roi : « Je vais maintenant te révéler le mystère de cette tour. Sais-tu qu'il y a sous cette tour une grande nappe d'eau et, par-dessous, deux dragons aveugles, l'un blanc, l'autre rouge, sur lesquels pèsent deux grosses pierres ? Ils sont tous les deux très grands et très forts et chacun d'eux connaît bien l'existence de l'autre. Or, quand on construit la tour, le poids de l'eau et de la terre devient de plus en plus intolérable : les deux dragons bougent, et c'est pourquoi ta tour ne peut que s'écrouler. Fais donc examiner le sol, en dessous de cet endroit, et si je ne t'ai pas dit exactement la vérité, tu pourras me faire tuer. Mais si, en revanche, j'ai dit la vérité, accorde la liberté aux messagers qui sont mes garants et ordonne qu'on mette en accusation les clercs qui ne savaient rien de tout cela. »

Vortigern se hâta de faire venir des ouvriers et leur ordonna de commencer immédiatement leurs travaux de fouille et de déblaiement. L'entreprise parut tout à fait insensée aux gens du royaume, mais personne n'osa dire quoi que ce fût contre la volonté du roi. Merlin, de son côté, ordonna qu'on mît les clercs sous bonne garde. Les ouvriers creusèrent donc activement et finirent par atteindre la nappe d'eau. Ils appelèrent Vortigern pour lui montrer ce qu'ils venaient de découvrir. Le roi en fut très joyeux, mais il dit à Merlin : « Voici qui est bien, mais comment peut-on faire pour enlever cette eau et creuser par en dessous ? » Merlin répondit : « C'est facile : il suffit de drainer l'eau à travers les champs dans des canaux très profonds. » Les travaux continuèrent donc. L'eau fut évacuée par des canaux et l'on creusa sous l'emplacement du lac. Et pendant que ce travail s'accomplissait, Merlin demanda à Vortigern de faire venir les gens importants du royaume pour qu'ils pussent être témoins de ce qui se passerait : « Car, dit-il, dès que l'on aura découvert les dragons, chacun prendra conscience de la présence de l'autre. Ils se réveilleront alors de leur torpeur, ils se combattront immédiatement et s'entre-tueront. Et il faut que chacun puisse voir cette bataille, car elle est lourde de signification. »

Le peuple, pendant ce temps-là, s'était réuni, et les nobles du royaume étaient venus près du roi. Les ouvriers dégagèrent les pierres et les retirèrent. Alors apparurent les deux dragons, si grands, si monstrueux et si hideux que tous en reculèrent d'horreur. Le dragon rouge paraissait encore plus hideux et plus puissant que le blanc, et Vortigern eut l'impression que ce serait lui le vainqueur. « Tu peux constater que j'ai dit la vérité, dit Merlin au roi. Maintenant, tu dois libérer les messagers qui sont mes garants. » Vortigern ordonna donc que les messagers fussent libérés.

Cependant, les deux dragons s'étaient réveillés. Ils se virent si près l'un de l'autre qu'ils se mirent immédiatement en fureur. Ils se ruèrent l'un sur l'autre, et jamais, de mémoire d'homme, on ne vit plus extraordinaire et plus terrifiante bataille entre deux bêtes : elles se battirent avec violence et férocité pendant une journée et une nuit, et, le lendemain, vers l'heure du midi, le combat atteignit son paroxysme. La plupart des spectateurs étaient persuadés que le dragon rouge allait tuer le blanc, mais tout à coup du feu jaillit des narines et de la gueule du blanc, et ce feu vint brûler le dragon rouge. Et quand le dragon rouge fut mort, le blanc se retira à l'écart et se coucha pour mourir à son tour. « Voilà qui est fait, déclara Merlin à Vortigern, et tu peux maintenant construire ici une tour aussi haute et puissante que tu voudras, elle ne s'écroulera jamais plus. »

Vortigern convoqua alors les charpentiers et les maçons et leur commanda de reprendre les travaux afin de construire la tour la plus grande et la plus solide possible. Puis il prit Merlin à part et lui demanda ce que signifiaient les deux dragons et comment le blanc, qui paraissait le plus faible, avait pu tuer le rouge qui avait pourtant eu si longtemps l'avantage. Merlin lui répondit : « Ce qui est ici signifié concerne aussi bien le passé que l'avenir. Si tu me donnais ta parole de ne me faire aucun mal, je consentirais à t'expliquer tout ce que cela signifie, et cela devant les membres les plus respectables de ton conseil. » Vortigern donna sa parole qu'il ne ferait aucun mal à Merlin et qu'il ne permettrait pas que quiconque lui en fît. Il convoqua ses conseillers, parmi lesquels se trouvaient les clercs qui avaient voulu faire mourir l'enfant sans père. Et c'est à eux que s'adressa Merlin : « Seigneurs, vous êtes bien fous de vouloir vous mêler d'astrologie alors que vous n'êtes ni assez vertueux ni assez justes pour avoir accès à cette science. C'est parce que vous êtes remplis de vices et de turpitudes que vous avez échoué dans vos entreprises. Votre science imparfaite ne vous a pas permis de lire dans les astres ce que Vortigern vous demandait, car vous n'en étiez pas dignes. Mais, par contre, il vous a été plus facile de voir que j'étais né. Mais je sais qui vous a révélé cela : c'est l'Ennemi, dans sa fureur de m'avoir perdu et qui espérait bien qu'ainsi je disparaîtrais. Il aurait bien aimé que je fusse tué. Mais j'ai un maître qui sait me préserver de toutes les ruses du diable, du diable dont je ferai éclater l'imposture. Et je ne chercherai en aucune manière à vous faire mourir, vous qui êtes pourtant indignes, si vous me promettez de faire ce que je vous demanderai. »

En entendant ces paroles, les clercs furent bien soulagés. Ils avaient maintenant l'espoir d'échapper à la mort. Ils répondirent : « Merlin, nous ferons tout ce que tu nous demanderas, si c'est en notre pouvoir, car nous comprenons bien maintenant que tu es l'être le plus sage que nous ayons connu. » Et Merlin dit : « Alors, renoncez à pratiquer votre art, allez confesser que vous vous y êtes adonnés, et soumettez-vous à une pénitence telle que vos âmes ne puissent être damnées. Si vous vous engagez à cela, je vous laisserai partir. » Les clercs le remercièrent et lui promirent de faire tout ce qu'il avait demandé. Cependant, Vortigern et ses conseillers pressèrent Merlin de révéler ce que signifiaient les dragons et leur étrange combat. « Vortigern, dit brusquement Merlin, le dragon rouge, c'est toi, et le dragon blanc, ce sont les fils de Constantin. »

Cette réponse plongea Vortigern dans la honte et la terreur. Merlin, qui s'était aperçu de son trouble, lui dit encore : « Vortigern, si tu le souhaites, je m'arrête ici, mais je te prie de ne pas m'en vouloir. Il ne tient qu'à toi de connaître ou de ne pas connaître l'entière signification des merveilles qui ont été vues ici. » Vortigern s'était ressaisi : « Merlin, tous ces hommes font partie de mon conseil. Je désire que tu ailles jusqu'au bout et que tu nous révèles toute la vérité, même si elle est désagréable à entendre. Et je m'engage à ne te faire aucun mal, quoi que tu dises. »

« Voilà de sages paroles, dit Merlin, et je vais donc dévoiler ce mystère. Le dragon rouge, Vortigern, c'est donc toi-même. Comme tu le sais, les fils de Constantin étaient très jeunes à la mort de leur père. Seul Constant était presque adulte, mais il était moine, et c'est lui qui fut choisi comme roi. Mais tu as profité de sa jeunesse et de son inexpérience. Si tu t'étais comporté en loyal parent, tu l'aurais aidé le mieux possible. Mais ton ambition était telle que tu voulais pour toi seul la couronne et la gloire, et aussi la richesse. Car, tu le sais bien, tu as prélevé tout ce que tu as pu sur les terres de tes neveux, les dépouillant ainsi d'une partie de leur héritage. Et cela ne te suffisait pas, tu en voulais encore davantage. Il te fallait en effet beaucoup d'or et de richesses pour t'attacher la fidélité des hommes de ce royaume. Lorsque tu as compris que tu y étais parvenu, tu t'es retiré des affaires, en souhaitant que, les choses allant très mal du fait de l'inexpérience de Constant, les hommes du royaume te supplieraient de prendre leur tête. Ils sont venus vers toi pour se plaindre du roi Constant, qu'ils jugeaient incapable d'assumer sa fonction. Mais au lieu de promettre tes conseils au jeune roi, tu as préféré répondre avec perfidie que tu ne pouvais commander tant que vivrait le roi Constant. C'est ainsi que tu as trahi ta parole. Ceux qui avaient entendu tes propos comprirent que tu leur demandais de tuer le roi Constant : et c'est ce qu'ils ont fait. Heureusement, les deux jeunes frères de Constant, Emrys et Uther, confiés à des gens honnêtes, sont partis en exil, bien à l'abri de tes poursuites. Et tu es devenu roi parce que personne ne pouvait commander ce royaume mieux que toi. Mais tu n'es qu'un usurpateur, et tu le sais fort bien. Et quand ceux qui avaient tué le roi Constant sont venus te demander le prix de leurs services, tu les as fait tuer pour faire croire que tu vengeais l'assassinat de ton neveu. Ce n'était là que faux-semblant, et peu à peu les hommes de ce royaume ont compris qui tu étais en réalité. Tu as des ennemis, Vortigern, beaucoup d'ennemis attachés à ta perte. C'est pourquoi tu fais construire cette tour pour te protéger, mais sache bien que la tour ne peut te protéger tant que toi-même tu t'y refuses. »

Vortigern avait écouté sans broncher le discours de Merlin. Il savait que celui-ci disait toute la vérité et que Merlin avait le pouvoir de fouiller au fond de son âme pour en dévoiler les moindres secrets. Cependant, il dit à Merlin : « Tu es l'être le plus sage du monde, Merlin. Mais je te prie de m'indiquer comment je pourrais me protéger et, si tu consens à me le révéler, de quelle mort je mourrai. » Merlin lui répondit : « Tu le veux vraiment ? » Vortigern, de plus en plus troublé, lui affirma qu'il le voulait.

Merlin reprit ainsi son discours : « Le dragon rouge, qui était fort et agressif, c'est toi, avec ton orgueil, ta puissance et tes mauvaises intentions. L'autre dragon, qui était blanc, ce sont les deux jeunes frères du roi Constant, qui sont en exil à cause de toi. Mais le jour viendra où ils reviendront pour réclamer leur héritage et pourchasser le tyran que tu es. Si le dragon blanc a fini par brûler et tuer le dragon rouge, c'est que les frères de Constant, Emrys et Uther, te pourchasseront jusqu'à ce que tu meures dans les flammes. Et ne t'imagine pas que tu pourras, grâce à ta tour, échapper à ton destin, car cela est écrit de toute éternité. »

Plus Merlin parlait, plus Vortigern était saisi par l'angoisse. Il ne pouvait plus douter des paroles de Merlin, car celui-ci avait déjà donné de nombreuses preuves de ses connaissances. Ses conseillers se taisaient, sachant bien, eux aussi, que les événements s'étaient ainsi déroulés, et qu'ils en avaient été non seulement les témoins, mais les acteurs. Finalement, Vortigern se décida à demander à Merlin : « Merlin, Merlin, dis-moi encore : les deux enfants, ces frères de Constant, où sont-ils actuellement ? » Merlin se mit à marcher de long en large, puis il dit : « Ce ne sont plus des enfants, à présent, Vortigern. Ce sont des adultes, et ils ont pleinement conscience de leurs droits, pleinement conscience du tort que tu leur as causé, ainsi qu'à tout le royaume de Bretagne. Ils disent à juste titre que tu es un usurpateur et un traître à ton pays, car c'est toi qui, le premier, as fait venir dans cette île les Saxons et as conclu un traité d'alliance avec eux. Ils répètent partout que tu as tué leur frère Constant parce que celui-ci t'empêchait d'accéder à la royauté et qu'ils entreprendront contre toi tout ce qu'ils pourront entreprendre afin de restaurer la dignité et la justice dans ce royaume. » Vortigern était de plus en plus atterré. « Mais, dit-il encore, n'y a-t-il pas un moyen d'empêcher tout cela ? » Merlin se mit à rire et dit : « Il n'y a rien à faire. Rien ne saurait empêcher que tu ne sois brûlé par les frères de Constant, exactement comme le dragon rouge, longtemps le grand triomphateur, a été brûlé et tué par le dragon blanc. »

Tous les assistants demeuraient figés, tant la voix de Merlin leur apparaissait comme celle d'un dieu qui s'adressait à eux à travers la lumière du soleil. Alors Merlin se mit en transe, les yeux grands ouverts sur le ciel. Et voici ce qu'il dit à Vortigern et à tous les sages de Bretagne rassemblés autour du roi :

« Malheur au dragon rouge, car le jour de sa défaite approche ! Sa caverne sera occupée par le dragon blanc. Les montagnes seront rasées au niveau des vallées et les vallées seront ruisselantes de sang. Ce sera le triomphe du Loup des Eaux. Alors se lèveront les vents du nord, et les fleurs que le zéphyr faisait pousser périront de froid. Les sanctuaires s'écrouleront sur leur base et les combats à l'épée ne cesseront point. Malheur au dragon rouge ! car il a présumé de ses forces, et ce sera le dragon blanc qui le tuera, le livrant aux flammes de l'enfer et détruisant tout ce qui appartenait aux temps anciens ! En ces jours de colère, on tirera de l'or du lys et des orties, et l'on trouvera de l'argent dans le sabot des bêtes mugissantes. Il y aura la paix sur toute cette île, parce qu'un homme surgi du plus profond d'une vallée viendra réveiller le courage et la ténacité de chacun. Il sera le lion de justice et ses rugissements feront trembler les forteresses de cette île et celles qui se trouvent de l'autre côté de la mer. Mais alors, les femmes prendront une démarche de serpent et tout, dans leur attitude, dénotera l'orgueil et la démesure. La débauche s'emparera de tous et l'humanité ne cessera de forniquer pour la plus grande gloire de l'Ennemi. Un sanglier surgira des forêts et rabattra les troupeaux sur les pâturages désertés depuis de longues années. Sa poitrine nourrira les affamés, et de sa bouche sortiront des fleuves qui abreuveront les assoiffés. Puis, sur la tour de Londres, naîtra un bel arbre à trois branches qui couvrira l'île tout entière de son feuillage. Mais il viendra un vent de tempête et de malheur qui arrachera la troisième branche. Des deux autres, une seule subsistera, en étouffant la seconde par la multitude de ses feuilles. Elle accueillera les oiseaux des pays étrangers qui se répandront partout du sommet des montagnes jusqu'au plus profond des vallées. Mais elle paraîtra si nocive aux oiseaux de ce pays que bien grande sera la crainte de son ombre.

C'est alors que viendra l'âne de l'iniquité. Il sera un orfèvre des plus habiles, mais il sera trop indolent parmi les loups avides qui se répandront partout. En ce temps-là, les chênes brûleront pendant sept mois, et de leurs glands, naîtront des tilleuls. La Severn se jettera dans la mer par sept bras et le fleuve Wysg bouillonnera pendant sept mois. Les poissons mourront de chaleur, et d'eux naîtront des serpents. Les bains de Bath refroidiront et leurs eaux autrefois salubres déverseront des poisons mortels. De la ville des bois de Canut surgira une jeune fille qui arrêtera le fléau. Elle desséchera de son souffle les forces du mal. Ensuite, après s'être guérie elle-même dans une eau salutaire, elle portera de sa main droite la forêt de Kelyddon [1] et, de sa main gauche, les remparts de Carlisle. Sous ses pas s'élèveront des vapeurs de soufre et des flammes gigantesques. La jeune fille versera d'abondantes larmes et remplira toute l'île de ses épouvantables clameurs, et elle sera tuée par un cerf à dix cors dont quatre porteront des diadèmes.

Ensuite, des bois de Calathyr surgira un héron qui survolera l'île pendant deux ans. Par ses sombres clameurs, il rassemblera une grande troupe d'oiseaux de

1. Forme galloise de *Caledonia*, désignant l'ancienne forêt qui recouvrait le territoire compris entre Carlisle et Glasgow, et où vécut le Merlin historique.

toutes sortes. Une grande famine s'ensuivra et la famine amènera une terrible mortalité. Et lorsque ces calamités auront cessé, le détestable oiseau ira vers la vallée de Galabes et s'élèvera jusqu'au plus haut des monts. Au sommet, il bâtira un nid parmi les feuilles d'un chêne qu'il aura planté. Il pondra trois œufs dans son nid, et de ses œufs naîtront un renard, un loup et un ours. Le renard dévorera sa mère et prendra une tête d'âne. Le sanglier fera appel au loup et à l'ours [1] pour qu'ils lui retrouvent ses membres épars : ils feront alliance et promettront de lui apporter deux pattes du renard, ses deux oreilles et sa queue. Alors le renard descendra des montagnes et se changera en loup. Il s'approchera du sanglier comme pour lui parler et le dévorera en entier. Ensuite, il se transformera en sanglier boiteux, et quand les autres arriveront, il les tuera d'un coup de dent et se couronnera de la tête du lion.

Alors un homme plongera la tête du lion dans un grand bassin de vin et l'éclat de l'or aveuglera ses yeux. L'argent blanchira par cercles et tous les pressoirs se mettront en mouvement. Les hommes s'enivreront de vin nouveau et oublieront le ciel pour la terre. Les astres se détourneront d'eux et brouilleront leur course, les moissons se dessécheront et l'eau disparaîtra de la surface de la terre tandis que les rameaux se changeront en racines et les racines en rameaux. Les douze demeures des planètes gémiront de se voir ainsi abandonnées par leurs habitants et le choc des rayons de lumière venu de très haut soulèvera les eaux de la mer, des fleuves et des lacs : ainsi resurgira la poussière des temps anciens et les

1. Il faut savoir que dans la symbolique celtique, le sanglier est un emblème sacerdotal et l'ours un emblème royal. Dans ce déferlement délirant, il est question d'Arthur, le roi promis pour réunifier le royaume. Or, le nom d'Arthur provient d'un mot celtique (*arth* ou *arz*) signifiant « ours ».

vents se heurteront si violemment que leur vacarme ira se perdre dans les astres... [1] »

Ayant ainsi prophétisé sur le devenir du monde, Merlin se retira sans que personne n'intervînt pour lui poser d'autres questions. D'ailleurs, aucun de ceux qui assistaient à cette étrange audience ne comprit ce que l'enfant avait voulu signifier, et aucun d'entre eux ne vit la direction dans laquelle il s'engageait. Mais l'histoire raconte que Merlin s'en alla rejoindre l'ermite Blaise, au plus profond de la forêt de Kelyddon, et qu'il dicta au prêtre le récit des événements qui étaient advenus au royaume de Bretagne [2].

---

1. Ces délirantes vaticinations sont extraites de l'*Historia Regum Britanniae*.
2. L'ensemble du chapitre est inspiré du *Merlin* en prose de la tradition de Robert de Boron.

CHAPITRE VI

Merlin et le roi Emrys

Vortigern et tous ceux qui lui restaient fidèles avaient été fort ébranlés par les révélations de Merlin. La tour fut construite selon les vœux du roi et bien garnie de guerriers pour en assurer la défense. Mais Vortigern ne pouvait s'empêcher d'être inquiet. Il envoyait partout des messagers se renseigner au sujet des deux derniers enfants de Constantin. Il apprit que ceux-ci préparaient une grande expédition contre lui. Ils avaient rassemblé une importante flotte prête à débarquer sur les côtes de l'île de Bretagne, et ils espéraient bien que les Bretons abandonneraient la cause de leur oncle pour rejoindre leur camp. Vortigern se mit en devoir de renforcer les défenses de ses citadelles et de rassembler le plus de gens possible pour s'opposer à l'arrivée des frères de Constant. Et quelques mois plus tard, il apprit que les navires d'Emrys et d'Uther venaient d'accoster dans le pays de Cornouailles.

Vortigern se dirigea en hâte vers le lieu du débarquement, avec une armée très forte et bien ordonnée. Mais au fur et à mesure qu'il avançait, des nouvelles lui venaient selon lesquelles les habitants étaient de plus en plus nombreux à se rallier à ses ennemis. Car en voyant les bannières royales que brandissaient les troupes d'Emrys et d'Uther, ils comprenaient qu'ils avaient en face d'eux les fils de leur seigneur légitime. Quant aux hommes de Vortigern, ils étaient également très impressionnés par le nombre et la détermination des nouveaux venus : ils se rendirent compte qu'une bataille serait désastreuse pour eux et préférèrent se rendre ou s'égarer dans la campagne.

Quand Vortigern apprit la défection de ses troupes, il n'eut plus qu'une solution : s'enfermer dans la tour qu'il avait fait construire et y résister le plus longtemps possible, souhaitant que les assaillants se lasseraient d'un siège et qu'ils finiraient par le laisser tranquille. Mais Emrys et Uther vinrent en personne encercler la forteresse de Vortigern et dirigèrent contre elle de violents assauts. C'est alors qu'intervint saint Germain qui se mit en prière avec ses moines, non loin de la tour de Vortigern, et cela pendant trois jours et trois nuits. La quatrième nuit, toute la citadelle fut embrasée par un feu venu du ciel : Vortigern et tous les siens, qui étaient enfermés dans la tour, furent brûlés et moururent de la façon qu'avait prophétisée Merlin [1].

Quand ils eurent appris que Vortigern était mort, les nobles du royaume se réunirent et choisirent pour roi Emrys, fils de Constantin. Ainsi fut rétablie la lignée légitime. Les deux frères, Emrys et Uther, purent recouvrer l'intégralité des biens et des domaines qui leur revenaient et dont l'usurpation de Vortigern les avait longtemps privés. Mais le royaume n'avait pas pour autant retrouvé la paix car les Saxons devenaient chaque jour

1. Les détails sur la mort de Vortigern sont empruntés à l'*Historia Brittonum*. Une variante prétend que le cœur de Vortigern éclata de désespoir. Une autre variante raconte que la terre s'ouvrit sous la tour et que Vortigern y fut enfoui avec tous les siens, et qu'on ne retrouva aucune trace de la citadelle.

plus nombreux et, sous la conduite de leur chef Hengist, ils opéraient de fréquentes incursions dans les villes et les campagnes pour les piller. Ils revenaient ensuite se réfugier dans les grandes forteresses qu'ils s'étaient fait construire à l'est du pays. Emrys décida qu'il ferait tout pour les chasser définitivement de l'île de Bretagne, et, après avoir pris conseil des plus sages de ses vassaux, il emmena une armée mettre le siège autour de la forteresse de Hengist. Or, cette forteresse était si puissante qu'aucun assaut ne pouvait en venir à bout et, de plus, elle était si bien garnie de vivres et de provisions que les Saxons ne craignaient nullement d'être délogés de leur position.

Au bout de six mois de siège, le roi Emrys réunit son conseil pour examiner la solution qui serait à adopter afin de s'emparer de la forteresse de Hengist. Or, il y avait là cinq hommes qui avaient assisté à l'assemblée au cours de laquelle Merlin avait dévoilé à Vortigern le merveilleux secret des dragons. Ils rapportèrent au roi les étonnants propos qu'avait tenus Merlin et lui assurèrent qu'il était le plus sage et le plus habile de tous les devins qu'on eût connus de mémoire d'homme. Et ils ajoutèrent qu'ils pensaient que ce Merlin, s'il le voulait, pourrait bien leur donner le moyen de s'emparer de la forteresse de Hengist. « Où est donc ce Merlin que vous dites si savant et si habile ? » demanda le roi. « Nous n'en savons rien, répondirent les conseillers, mais tu pourrais le savoir si tu envoyais des messagers à travers tout le royaume. » Le roi Emrys pensa que la chose en valait la peine et il envoya immédiatement des messagers à travers tout le pays afin de chercher des nouvelles de ce Merlin.

Ce dernier se trouvait alors dans la forêt de Kelyddon, auprès de l'ermite Blaise à qui il racontait les merveilleuses histoires du Saint-Graal. Mais il devina immédiatement que le roi Emrys avait envoyé des messagers pour le retrouver. Il prit congé de Blaise et s'en alla à la ville la plus proche, sachant que les messagers y allaient bientôt passer. Il y vint sous l'apparence d'un bûcheron, une grande cognée suspendue à son cou par une courroie de cuir, les jambes enfouies dans de grandes bottes de cuir, la figure hirsute, barbue et échevelée. Tel qu'il était, il ressemblait à un homme sauvage n'ayant jamais quitté la forêt qui l'avait vu naître. Après être arrivé dans la ville, il se dirigea tout droit vers la maison où étaient descendus les messagers et il y entra sans explication. Les messagers furent bien surpris de voir cet homme sauvage dans son bizarre accoutrement. « Qui es-tu, et que viens-tu faire ici ? demandèrent-ils d'un ton méprisant. Nous avons autre chose à faire que de parler à un rustre comme toi ! »

Merlin se mit à rire et leur dit : « Seigneurs, vous vous acquittez bien mal de votre mission. Car votre roi vous a demandé de tout faire pour retrouver le devin qu'on appelle Merlin ! » Les messagers étaient bien étonnés de voir ce forestier en haillons leur parler de Merlin. Ils s'écrièrent : « Quel démon a donc pu lui apprendre quel était l'objet de notre mission ? » Merlin les regardait avec insolence. « Si c'était moi qui étais chargé de retrouver Merlin, pour sûr, j'y arriverais avant vous. » A ces mots, les messagers l'entourèrent, car ils comprenaient que le rustre avait certainement des nouvelles à leur transmettre. « Connais-tu donc Merlin ? » demandèrent-ils. Merlin se mit à rire encore plus fort, puis il dit : « Je sais bien où il se trouve, et quant à lui, il sait fort bien que vous le cherchez. Sachez cependant que vous ne le trouverez pas si telle n'est pas sa volonté. Il m'a pourtant chargé de vous dire que vous perdez votre temps : en admettant que vous le trouviez, il ne consentirait jamais à vous suivre. Et, lorsque vous reviendrez auprès de votre roi, apprenez-lui qu'il ne prendra pas la forteresse qu'il assiège avant la mort de Hengist. Sachez encore qu'il n'y a que cinq personnes dans toute l'armée du roi Emrys qui peuvent se targuer de connaître Merlin, et qu'il n'y en aura plus que trois quand vous serez de retour. Enfin, dites à votre maître et à ses conseillers que s'ils venaient dans cette région et pénétraient dans la forêt, ils trouveraient Merlin. Mais je vous affirme que si le roi ne vient pas lui-même, personne n'aura le pouvoir de lui amener Merlin, car le devin n'a pas l'habitude de se déranger à propos de n'importe quoi, ni d'écouter n'importe qui. » Alors, sans que les messagers pussent savoir ce qu'il était devenu, l'Homme Sauvage disparut de la pièce où se tenaient les messagers.

Ceux-ci étaient tout ébahis, se demandant s'ils avaient rêvé ou s'ils avaient réellement vu et entendu un rustre leur parler ainsi du devin Merlin. Puis, après s'être concertés, ils décidèrent qu'ils iraient rapporter cet étrange événement au roi Emrys et à ses conseillers. « Nous verrons bien, dirent-ils encore, si les deux conseillers dont parlait le rustre sont vraiment morts. » Ils chevauchèrent donc une nuit entière avant de parvenir auprès du roi. « Alors, demanda celui-ci dès qu'il les vit, avez-vous trouvé Merlin ? » Les messagers étaient plutôt embarrassés. L'un d'eux répondit : « Seigneur roi, nous allons t'expliquer ce qui nous est arrivé, mais pour cela il faudrait que tu réunisses ton conseil et que nous parlions devant lui. »

Le roi Emrys fit rassembler ses conseillers et les emmena, en compagnie des messagers, dans un endroit retiré. Les messagers rapportèrent avec exactitude leur extraordinaire aventure et toutes les paroles prononcées par le mystérieux bûcheron. Ils ajoutèrent qu'il leur avait dit que deux des cinq conseillers qui connaissaient Merlin seraient morts avant qu'ils ne reviennent eux-mêmes. On leur répondit qu'effectivement deux des conseillers étaient bel et bien morts. Tous se demandèrent alors avec étonnement qui pouvait bien être cet homme si laid et si effrayant dont leur parlaient les messagers. Ils ignoraient en effet que Merlin, en vertu des pouvoirs qu'il avait reçus des diables, pouvait, lorsqu'il le désirait, prendre toutes les formes qui lui plaisaient.

Cependant, après avoir fait le récit de leurs aventures, les messagers dirent au roi : « Nous sommes à peu près certains que c'est Merlin en personne qui nous a parlé. Personne en dehors de lui n'aurait pu prédire ainsi la mort de tes conseillers, ou encore dire que la forteresse que tu assièges ne pourra être prise avant la mort de Hengist. » Les trois conseillers survivants, et qui étaient donc les seuls à connaître Merlin, invitèrent le roi à se rendre lui-même dans la forêt de Kelyddon. Après avoir mûrement réfléchi, Emrys se décida à suivre cet avis. Il confia la poursuite du siège à son frère Uther, fit ses préparatifs de départ et prit la route en compagnie des trois hommes qui étaient les seuls à pouvoir reconnaître le devin. Une fois arrivé dans la forêt de Kelyddon, il interrogea les gens qu'il rencontrait sur Merlin, mais personne ne put rien lui dire. Comme il poursuivait ses recherches à travers les landes et les bois, l'un de ses compagnons aperçut un grand troupeau de bêtes que gardait un homme très laid. Voici comment était cet homme : il avait des cheveux rudes et crépus ; si on avait renversé un sac plein de pommes sauvages sur son crâne, pas une pomme ne serait tombée sur le sol, mais chacune d'elles se serait accrochée à ses cheveux. Si sa tête avait été jetée contre une branche, la tête et la branche n'auraient pu se détacher. Long et épais comme un joug était chacun de ses deux tibias. Chacune de ses deux fesses avait la forme d'un fromage posé sur un brin d'osier. Il portait à la main une perche à la pointe de fer fourchue et noire, et sur son dos un cochon roux tacheté de noir qui ne cessait de crier [1].

1. La description de l'Homme Sauvage est empruntée au récit irlandais de *la Destruction de l'hôtel de Da Derga*, texte gaélique édité et traduit en anglais par W. Stokes, *Revue celtique*, XXII. Une description analogue se retrouve dans le roman de Chrétien de Troyes, *Yvain, ou le Chevalier au Lion*.

Le compagnon du roi lui demanda qui il était. L'autre lui répondit qu'il gardait les bêtes de son seigneur. « Pourrais-tu me renseigner sur un homme nommé Merlin ? » demanda alors le compagnon. « Non, répondit le gardien des bêtes, mais j'ai vu hier un homme qui m'a appris que le roi viendrait chercher un devin dans ces bois. Peux-tu me dire ce qu'il en est ? » Le compagnon dit : « C'est exact. Mais toi, que sais-tu exactement ? Peux-tu me dire où se trouve ce Merlin ? » Le rustre répondit : « C'est au roi que je parlerai, et non pas à toi. » Le compagnon dit : « Alors, viens avec moi, je te conduirai vers le roi. » L'autre refusa catégoriquement : « Et mes bêtes ? Si je n'étais pas là, elles seraient bien mal gardées. Au reste, je n'ai nul besoin de voir le roi. C'est lui qui a besoin de moi, de moi qui pourrais bien lui dire comment trouver celui qu'il cherche. » Là-dessus, le compagnon quitta le rustre et se mit à la recherche du roi. Quand il l'eut rencontré, il lui raconta son entrevue avec le rustre et ce qu'on pouvait attendre de cet homme. Puis il conduisit le roi jusqu'à l'endroit où le rustre gardait ses bêtes. « Voici le roi, dit le compagnon à l'Homme Sauvage. Parle-lui, comme tu me l'as annoncé. »

Le rustre dit à Emrys : « Je sais bien que tu recherches Merlin, mais je sais aussi que tu ne pourras pas le trouver avant qu'il n'y consente. Voici ce que je te conseille de faire : retourne dans une de tes bonnes villes, pas trop loin d'ici, et attends qu'il t'envoie un messager. » Le roi n'était guère disposé à croire ce que disait l'autre : « Comment puis-je être sûr de ce que tu me dis ? » Le gardien des bêtes se mit à rire grossièrement et dit : « Si tu ne me crois pas, retourne donc chez toi et passe ton temps auprès du feu en écoutant de belles histoires, car ce serait folie de suivre un conseil auquel on ne croit pas ! » Et sur ces paroles, le rustre quitta le roi et alla au milieu de ses bêtes.

Emrys était fort perplexe, mais comme il désirait avant tout savoir où se trouvait Merlin et l'interroger sur le sort de la guerre, il se décida à venir loger dans une ville toute proche de là. Les jours passèrent, mais rien de nouveau ne se présentait, et le roi commençait à regretter d'avoir suivi un conseil dont il doutait, quand un homme bien habillé, bien chaussé et qui avait fort bonne allure demanda à lui parler. Le roi le fit entrer. « Seigneur, lui dit le visiteur, sache que Merlin te salue et m'envoie auprès de toi. Il te fait savoir que c'est lui-même que tu as vu dans la forêt en train de garder un troupeau de bêtes et qui t'a dit, souviens-t'en, qu'il viendrait te parler quand il l'aurait décidé. Il n'a pas menti, mais il sait que tu n'as pas encore vraiment besoin de lui. » Emrys répondit : « J'ai pourtant grand besoin de lui, et il n'est pas un seul homme au monde que je désire aussi ardemment connaître. » Le visiteur se mit à rire et dit : « Dans ce cas, je peux te révéler ce qu'il m'a dit de te transmettre : Hengist est mort, et c'est ton frère Uther qui l'a tué. » Le roi fut stupéfait et s'écria : « Comment est-ce possible ? » Le visiteur lui répondit : « Merlin ne m'a rien dit de plus à ce sujet, mais toi, tu es bien fou de mettre en doute ses paroles avant d'avoir cherché à les vérifier. Informe-toi d'abord, et ensuite, accorde-lui ta confiance. »

Et sans ajouter un mot, le visiteur prit congé et disparut. Emrys choisit immédiatement deux hommes de confiance, leur donna les meilleures montures dont il disposait et leur ordonna de se rendre au plus vite auprès de son frère Uther pour savoir si Hengist était réellement mort. Les messagers se hâtèrent mais, en cours de route, ils rencontrèrent des hommes d'Uther qui venaient apporter la nouvelle de la mort de Hengist. Après avoir échangé leurs informations, les messagers s'en allèrent tous ensemble trouver le roi Emrys. Ils lui racontèrent en privé comment Uther avait tué Hengist. Le roi leur défendit de répandre cette nouvelle à quiconque, et on en resta là. Mais Emrys se demandait bien comment Merlin avait pu connaître des événements qui s'étaient déroulés loin de là. Et il demeura encore plusieurs jours dans cette ville, attendant patiemment que Merlin se manifestât.

Or un jour, alors qu'il revenait de l'église, Emrys vit s'approcher un très bel homme, bien vêtu, d'allure très respectable, et qui le salua courtoisement. « Seigneur, lui dit l'inconnu, puis-je te demander ce que tu attends dans cette ville ? » Le roi lui répondit : « J'attends que Merlin vienne me parler. » L'autre se mit à rire. « Vraiment, dit-il, tu n'es pas encore assez sage pour le reconnaître quand il te parle. Mais fais donc venir les trois conseillers qui prétendent le connaître et demande-leur si je peux être ce Merlin ! » Très surpris, le roi fit immédiatement chercher les trois conseillers. Il leur présenta le visiteur, mais aucun des trois ne put dire s'il s'agissait de Merlin. Cela fit rire de plus belle le visiteur. « On ne connaît pas bien quelqu'un si l'on ne connaît pas son apparence et sa nature, dit l'homme. En l'occurrence, vous êtes certains de ne m'avoir jamais vu ? » Les conseillers répondirent : « Nous en sommes certains. »

Alors l'homme prit le roi à part et l'entraîna dans une autre pièce de la maison. Et là, il lui parla ainsi : « Seigneur roi, je veux être ton loyal ami et celui de ton frère Uther. Apprends donc que je suis ce Merlin que tu cherches avec tant de patience, mais que tu ne sais pas reconnaître quand il se présente à toi sous des formes chaque fois différentes. Allons rejoindre tes conseillers, et tu verras qu'ils me reconnaîtront quand même ; et parce que je le veux. » Ils retournèrent dans la salle où étaient restés les conseillers. Mais, ce faisant, Merlin avait changé d'aspect et apparaissait comme un enfant de sept ans. « Oui, c'est bien Merlin ! » s'écrièrent les conseillers en le voyant. Et Merlin, en riant, reprit sa forme d'homme adulte, bien habillé et d'allure agréable. « Maintenant, dit-il à Emrys, tu peux me demander ce que tu veux. »

« Merlin, dit le roi, je voudrais d'abord te demander de m'accorder ton amitié et d'établir entre nous des relations suivies, car des gens dignes de foi m'ont dit que tu étais sage et de bon conseil. » Merlin répondit : « Tous les conseils que tu me demanderas, je te les donnerai si je le peux. Sache en tout cas que je suis celui à qui tu as parlé dans les bois et qui gardait les bêtes, et aussi cet homme qui t'a appris la mort de Hengist. » Cette réponse remplit d'étonnement les compagnons du roi qui ignoraient tout de la mort de Hengist. Et Merlin continua ainsi : « Je vais te donner des détails sur la mort de Hengist, ô roi Emrys. J'ai su, pendant que tu étais ici, que Hengist voulait tuer ton frère par traîtrise, et je suis allé le prévenir de ce qui se tramait contre lui. Il m'a fait confiance et s'est tenu sur ses gardes. Je lui ai parlé de l'audace de son ennemi et de sa détermination : Hengist voulait en effet se glisser seul dans sa tente pour le poignarder. Ton frère a donc attendu dans sa tente, tout seul, se tenant éveillé et armé. Hengist a pénétré dans la tente et cherché partout ton frère qu'il croyait endormi. C'est alors que ton frère s'est jeté sur lui et l'a tué. Ainsi la lâcheté de Hengist s'est-elle retournée contre lui. A présent, la forteresse des gens de Hengist ne pourra plus résister davantage. »

« Mais, dit Emrys, tout cela me paraît si mystérieux que j'ai peine à le croire. Es-tu le diable ou un envoyé de Dieu ? Et pourquoi changes-tu si souvent d'aspect lorsque tu te présentes devant les uns et les autres ? Quel jeu joues-tu ainsi ? Est-ce pour mieux nous embrouiller ? Je crains qu'il n'y ait là quelque ruse de l'Ennemi. » Merlin se mit à rire et dit : « Tu doutes encore, roi Emrys. Tu doutes parce que tu ne cherches pas la réalité des choses et que tu préfères te fier aux apparences. Qu'importe sous quel aspect je me présente si ce que je dis et fais se révèle conforme à la réalité voulue par Dieu ! Apprends donc que chaque fois que tu poses une question, c'est que tu en possèdes la réponse en toi-même, mais que tu n'oses pas l'exprimer. Je ne suis là que pour t'aider à comprendre ce qui se passe en toi. Et puisque tu doutes encore, soumets-moi à une épreuve. Voici ce que nous allons faire : je me suis présenté à ton frère Uther sous l'aspect d'un vieillard et je l'ai ainsi averti du danger qu'il courait du fait des intentions de Hengist. Mais il est le seul à pouvoir le dire, puisqu'il n'y avait pas de témoin à cette entrevue. Or maintenant, tu le sais, toi aussi, et il te sera facile de le vérifier auprès de lui lorsque tu le rencontreras. Et lorsque tu seras aux côtés d'Uther, je viendrai vous trouver tous les deux et je vous étonnerai encore. Ce sera dans dix jours exactement : prends soin de ne pas quitter ton frère ce jour-là. » Et, ayant ainsi parlé, Merlin quitta le roi Emrys et revint dans la forêt auprès de l'ermite Blaise. Et il dit à celui-ci : « Emrys et son frère Uther sont jeunes et pleins de fougue. Ils aiment la vie et ses plaisirs. Si je veux les aider et gagner de leur part une amitié sincère et durable, je dois flatter quelque peu leurs penchants et leur procurer des divertissements plaisants et joyeux. Je sais qu'Uther est amoureux d'une femme très belle dont il est également aimé. Et voici ce que je vais faire : je lui apporterai de la part de son amie une lettre que tu vas me rédiger, et cela pour qu'il croie à ce que je lui dirai en confidence. Ainsi donc, au jour fixé, je serai près d'Uther et d'Emrys, mais sans qu'ils puissent me reconnaître, et le lendemain je leur dirai qui je suis. Ils comprendront alors que je ne cherche pas à les tromper et me feront confiance. »

Blaise fit ce que Merlin lui demandait, et, au jour dit, Merlin s'en alla retrouver le roi et son frère sous les traits d'un serviteur de l'amie d'Uther. Lorsqu'il aperçut Uther, il vint vers lui et lui dit : « Seigneur, ma dame te salue et me prie de te remettre cette lettre. » Uther prit donc la lettre avec grande joie, persuadé qu'il était qu'elle venait de son amie, et il la fit lire par un clerc. La lettre recommandait de faire pleine confiance à son porteur, et Merlin dit à Uther tout ce qui pouvait lui faire le plus de plaisir. Il resta ainsi avec le roi et son frère jusqu'au soir. Uther traita fort bien le messager et se réjouit toute la journée de ce que sa dame lui avait fait dire. Mais le soir venu, Emrys s'étonna de ne pas avoir vu Merlin, car celui-ci lui avait promis de venir. Et quand le messager se fut retiré, les deux frères eurent ensemble une longue conversation.

C'est alors qu'Uther raconta à Emrys les circonstances de la mort de Hengist et qu'il lui révéla la visite d'un vieillard qui l'avait averti de la traîtrise du chef saxon. A ces paroles, Emrys comprit que Merlin lui avait bien dit la vérité à ce sujet. Cependant, Emrys voulait en savoir davantage. Il demanda à son frère : « Mais qui était donc ce vieillard qui t'a sauvé la vie ? » Uther lui répondit : « Par la foi que je te dois, mon frère, je ne le connais pas, mais je peux te dire que c'est un homme plein de sagesse et tout à fait respectable. Ce qu'il m'a raconté me semblait parfaitement absurde, mais quelque chose m'a poussé à le croire, et si je ne l'avais pas cru, si je ne m'étais pas tenu sur mes gardes, c'est Hengist qui m'aurait tué. » Emrys reprit : « Saurais-tu reconnaître ce vieillard s'il se présentait de nouveau ? » — « Certes, répondit Uther, mais j'ignore non seulement qui il est, mais encore où il se trouve ! » A ce moment, un serviteur vint prévenir Uther qu'un homme très âgé, l'air distingué et honorable, demandait à lui parler. « Je suis sûr que c'est Merlin ! s'écria Emrys. Mon frère, reçois-le en privé, et viens me chercher si tu reconnais l'homme qui t'a sauvé la vie. »

Uther le lui promit et se rendit dans sa tente. Le vieillard était là, qui le salua, et Uther en eut une grande joie. Ils parlèrent d'abord de choses et d'autres, comme il est d'usage en pareil cas, puis Uther dit à Merlin : « Qui que tu sois, je te dois d'être encore en vie aujourd'hui. Sois donc béni, vieil homme. Mais quelque chose me trouble : il me semble que mon frère, le roi Emrys, était parfaitement au courant de ton intervention et qu'il connaissait la mort de Hengist... » Le vieillard se mit à rire et dit : « Seigneur Uther, une telle chose ne peut se faire que si quelqu'un le lui a révélé. Va donc le chercher et demande-lui devant moi qui a bien pu l'informer de ce qui était un secret entre toi et moi. »

Uther alla donc chercher son frère en recommandant aux hommes qui gardaient la tente de ne laisser entrer personne. Mais, pendant ce temps, Merlin prit l'apparence du jeune garçon qui était venu apporter la lettre de la dame, et quand Emrys et Uther pénétrèrent dans la tente pour retrouver le vieillard, c'est en présence du messager qu'ils se trouvèrent. « Voilà qui est bien surprenant, dit Uther au roi, car je viens de laisser ici le vieil homme dont je t'ai parlé et voici que nous retrouvons le serviteur qui m'a apporté la lettre de mon amie. Reste ici, je vais aller demander aux gardes s'ils ont vu sortir le vieillard et entrer ce jeune homme. » Et, sur ces mots, Uther quitta la tente tandis qu'Emrys éclatait de rire. Uther ne fut pas long à revenir : les gardes n'avaient vu entrer ni sortir personne. « C'est insensé, dit-il, je n'y comprends plus rien ! Et toi, jeune homme, quand donc es-tu entré dans cette tente ? » Le serviteur répondit simplement : « J'étais là quand tu as parlé avec le vieil homme. » Uther fit le signe de la croix et murmura une courte prière. « Il faut donc que je sois ensorcelé, dit-il, et j'ai bien l'impression que pareille aventure n'est jamais arrivée à un être humain. » Le roi se remit à rire de plus belle, car il se doutait bien que Merlin était à l'origine de ce mystère. « Cher frère, dit-il, peux-tu me dire qui est ce jeune homme ? » Uther répondit : « C'est celui qui m'a apporté la lettre de mon amie, celle que j'ai fait lire devant toi à un clerc, ne t'en souviens-tu pas ? » Mais le roi reprit d'un ton presque sévère : « Mais où est donc l'homme qui t'a sauvé la vie et que tu devais me présenter ? » Uther fut bien embarrassé et dut avouer qu'il n'en savait rien. « Eh bien ! dit le roi, il ne nous reste plus qu'à sortir et à le rechercher, puisqu'il est dans les parages. Nous le retrouverons bien, à moins qu'il ne veuille pas se présenter à nous. »

A ce moment, l'un des serviteurs vint dire à Uther qu'un vieillard se tenait sous la tente. « Dieu soit loué ! s'écria Uther, je vais pouvoir enfin te montrer celui qui m'a sauvé la vie et lui manifester toute ma reconnaissance. » Ils entrèrent dans la tente : effectivement, le vieil homme qui avait averti Uther était là. Uther le salua chaleureusement. Quant à Emrys, qui avait tout compris, il sourit et demanda au vieillard : « Puis-je dire à mon frère qui tu es ? » Merlin répondit qu'il y consentait volontiers. « Cher frère, dit Emrys, où est donc le messager de tout à l'heure ? » Uther répondit : « Mais je n'en sais rien ! Nous l'avons laissé ici ! » Le roi et Merlin éclatèrent de rire à voir la mine déconfite d'Uther. « Mon frère, dit le roi, tu as devant toi l'homme le plus sage et le plus habile du monde, celui dont l'aide et les conseils sont pour nous ce qu'il y a de plus précieux. En outre, il a le pouvoir de changer son aspect et de se présenter à nous de la façon qu'il a choisie. » Uther s'exclama : « Voici une chose merveilleuse et que j'ai peine à croire ! Je veux qu'il m'en donne la preuve ! »

Le roi demanda alors à Merlin de faire une démonstration à son frère. « Comme il voudra, répondit Merlin. Sortez donc un instant tous les deux. » Et quand ils rentrèrent dans la tente, le jeune messager était là, qui dit à Uther : « Seigneur, je dois retourner maintenant vers ma maîtresse. Quels sont les ordres que vous me donnerez ? » Uther était de plus en plus stupéfait. « Apprends, seigneur, reprit Merlin, que je suis l'homme qui a empêché Hengist de te tuer par traîtrise, et sache aussi que j'ai le pouvoir de connaître tout ce qui s'est dit et fait par le passé et, de plus, une grande partie de ce qui doit arriver. Maintenant que vous êtes tous les deux dans cette confidence, soyez certains que je suis votre ami et que je m'emploierai à vous aider en toutes circonstances, autant que je le pourrai, soit par mes conseils, soit par les dons que j'ai reçus à ma naissance. »

« Merlin, dirent ensemble Emrys et Uther, nous ne demandons qu'une chose : accepte notre amitié, et tu auras toute notre confiance. » Merlin souriait. « Je dois vous poser quand même une condition, dit-il. Si vous voulez conserver mon amitié, je vous prie de ne pas prendre ombrage de mes absences, car je ne serai jamais constamment à vos côtés, peu s'en faut. Et quand vous me chercherez, sachez que je le saurai, mais que je ne viendrai pas forcément selon votre désir. Il m'appartiendra de décider si oui ou non je dois intervenir. N'en ayez donc aucune amertume, car ce n'est pas une attitude inamicale que de se refuser à ceux qu'on aime quand on connaît les raisons précises de leur prière. Toutefois, je vous demande de me faire bon accueil en public chaque fois que je reviendrai : les hommes de bien me respecteront davantage et les méchants, ceux qui sont vos ennemis, me prendront en haine et ainsi se démasqueront. Je dois aussi vous dire que, sauf pour vous deux, et en privé, je ne modifierai plus jamais mon apparence, sauf nécessité. Je me montrerai désormais à tous sous mon aspect naturel, et ceux qui m'ont déjà vu autrefois me reconnaîtront et affirmeront bien haut que je suis Merlin. »

Merlin se retira alors pour reprendre sa forme naturelle, puis il se rendit près des anciens conseillers de Vortigern : dès qu'ils aperçurent le devin, ils coururent tout joyeux annoncer son arrivée au roi. Celui-ci, entrant dans le jeu, s'en montra tout heureux et s'en alla solennellement à la rencontre de Merlin. Il l'accueillit avec force démonstrations d'amitié et de respect et le conduisit dans sa demeure. Aussitôt, les conseillers le prirent à part et lui dirent : « Seigneur roi, tu as devant toi le plus sage des hommes, le meilleur devin qui existe. Prie-le donc de te dire comment nous pourrons nous emparer de la forteresse de Hengist et chasser définitivement nos ennemis du royaume. »

Deux jours plus tard, Emrys réunit son conseil au grand complet et, devant tous ceux qui étaient là, Emrys posa les questions qui lui avaient été suggérées : comment prendre la forteresse de Hengist et comment délivrer le royaume des Saxons ? Merlin répondit immédiatement : « Seigneur, voici l'occasion de mettre ma sagesse à l'épreuve. Il faut d'abord que vous sachiez que, depuis la mort de Hengist, les Saxons sont tout à fait désorientés et qu'ils ne pensent plus qu'à quitter le pays. Roi Emrys, envoie donc des messagers auprès d'eux afin de leur faire des propositions de paix. Les Saxons leur répondront qu'ils sont prêts à te laisser ce royaume qui était celui de ton père. Alors, tu les feras reconduire jusqu'au rivage, et tu leur fourniras les navires nécessaires afin qu'ils regagnent leur pays. »

Immédiatement, Emrys envoya des messagers auprès des Saxons. Après avoir entendu ce que proposait Emrys, les Saxons se retirèrent entre eux pour délibérer. « La mort de notre chef Hengist, se dirent-ils, nous a mis dans une situation très difficile. Nous n'avons plus assez de vivres pour continuer à soutenir un siège. Mais n'acceptons pas de partir tout de suite : demandons au roi de nous concéder la forteresse en fief. De notre côté, nous lui ferons hommage, et, chaque année, nous lui remettrons un tribut de dix chevaliers, dix jeunes filles de famille noble, dix faucons, dix lévriers et cent palefrois. » Ayant ainsi conclu leur conseil, les Saxons vinrent donner leur réponse aux messagers et ceux-ci revinrent immédiatement rendre compte de leur mission auprès du roi Emrys. Celui-ci demanda à Merlin ce qu'il fallait penser des propositions des Saxons. « Ils veulent gagner du temps, répondit Merlin. Tu dois exiger d'eux qu'ils évacuent la forteresse. Je sais très bien qu'ils accepteront, car ils n'ont plus de vivres. Fais-leur dire qu'en cas de refus aucune trêve ne leur sera accordée, mais que tu leur fourniras tous les navires qu'il leur faudra pour quitter le pays. Signifie-leur également qu'en cas de refus tu livreras au supplice tous ceux dont tu pourras t'emparer. Mais ils ne discuteront pas, je peux te l'assurer, et ils seront trop heureux de sauver ainsi leur vie, car, en ce moment, ils sont persuadés que le siège va continuer et qu'ils mourront tous de faim et de soif. Ils n'ont plus le choix, et plus tu te montreras intraitable avec eux, plus rapidement ils quitteront ce royaume. »

Dès le lendemain matin, Emrys, suivant les conseils de Merlin, envoya d'autres messagers. Après de longues discussions, les Saxons finirent par accepter d'évacuer la forteresse et de gagner le rivage. Là, on leur fournit autant de navires qu'il en fallait, et bientôt ils prirent la mer. C'est ainsi que le roi Emrys et son frère Uther, grâce aux sages recommandations de Merlin, libérèrent le royaume de Bretagne de l'oppression saxonne. Et Merlin, après avoir pris congé du roi, s'en retourna dans la forêt de Kelyddon, auprès de l'ermite Blaise à qui il dicta le récit des événements qu'il venait de vivre. Quant à Emrys, il gouverna le royaume avec beaucoup d'habileté, rétablissant partout les habitants dans leurs droits et leurs biens, et faisant respecter la justice.

Cependant, après de longs mois d'absence, Merlin revint à la cour du roi et demanda à lui parler. « Te souviens-tu, dit-il, des Saxons que tu as chassés de cette île ? En revenant dans leur pays, ils ont appris à leurs compatriotes la mort de Hengist. Or Hengist appartenait à une famille très noble et très puissante. Lorsque ses parents ont su ce qui lui était arrivé et comment les Saxons avaient été obligés de s'enfuir, ils se sont concertés et ont juré de venger la mort de Hengist et l'affront que tu as infligé aux leurs. Et, ce faisant, ils espèrent également s'emparer de ton royaume et réussir là où les autres ont échoué. » Le roi fut fort surpris de cette nouvelle. « Je trouve qu'ils sont bien audacieux. Nous sommes sur nos gardes et nos forteresses peuvent résister à tous les assauts. D'ailleurs, je doute que les Saxons aient de nombreuses troupes à nous opposer. » Merlin répondit gravement : « Ne crois pas cela, roi Emrys. Pour un combattant de cette île, ils sont capables d'en opposer deux, et si tu ne fais pas preuve de grande sagesse, ils te tueront et s'empareront de ta terre. » Le roi se plongea dans une longue méditation, puis il demanda à Merlin s'il savait quand et comment les Saxons viendraient les attaquer.

« Oui, dit Merlin, je le sais. Ce sera le onzième jour du mois de juillet, mais personne, dans ton royaume, ne le saura, sauf toi. Je te demande en effet de garder le secret. Mais, en attendant, fais convoquer tous tes hommes, riches et pauvres. Réserve-leur le meilleur accueil possible et garde-les près de toi : ainsi seront-ils tous rassemblés et, le moment venu, pourront-ils s'opposer à tes ennemis. Puis, vers la fin du mois de juin, emmène-les tous, sous un prétexte quelconque, à l'entrée de la plaine de Salisbury, sur les rives de la rivière. Car c'est par cette direction que les Saxons voudront pénétrer au centre de cette île. » Emrys interrompit Merlin : « Comment ? Nous laisserions les Saxons parcourir le pays ? Je crois qu'il serait préférable de les attendre sur le rivage et de les empêcher de débarquer. » Merlin reprit : « C'est pourtant ainsi qu'il faut agir. Fais venir ton frère Uther, et je vous dirai comment vous agirez tous les deux. »

Une fois Uther présent et mis dans le secret, Merlin parla ainsi : « Lorsque les Saxons apparaîtront sur les côtes, vous vous garderez bien de les empêcher de débarquer, et vous les laisserez pénétrer à l'intérieur de l'île. Ils ne sauront pas que vos forces seront réunies en un lieu précis et facile à défendre. Mais lorsqu'ils se seront engagés très avant dans les terres, vous enverrez des troupes vers leurs navires afin de leur couper toute retraite. Lorsqu'ils s'en apercevront, ils seront très effrayés, car il sera trop tard pour qu'ils puissent redresser la situation. L'un de vous deux ira alors avec ses troupes les harceler de si près qu'ils se verront obligés de camper loin de la rivière. L'eau leur fera défaut, et même les plus hardis craindront pour leur vie. Vous les tiendrez ainsi en respect pendant deux jours et deux nuits, sans rien entreprendre contre eux. Le troisième jour, ils seront très démoralisés, et c'est alors que vous livrerez bataille. Je peux vous assurer que si vous agissez ainsi, vous obtiendrez la victoire. »

Les deux frères approuvèrent le plan proposé par Merlin. « Mais, dirent-ils, peux-tu nous dire encore si nous mourrons dans cette bataille ? » Merlin les regarda l'un et l'autre sans insistance. Puis il dit : « Seigneurs, tout ici-bas a un commencement et une fin, c'est le lot commun de tous les êtres vivants, aussi bien des humains que des animaux, des arbres, des fleurs, des herbes de la prairie. Il n'est pas bon de redouter la mort, et chacun doit l'accepter comme il convient. Ni la puissance ni la fortune ne peuvent vous préserver d'un destin qui est fixé par Dieu une fois pour toutes. Mais vous me demandez si vous mourrez pendant la bataille, je ne peux vous répondre que si vous me jurez l'un et l'autre sur les Évangiles d'agir comme je l'ordonnerai. Ce sera pour votre bien, pour votre gloire, pour le salut de votre âme et pour la prospérité de ce royaume. Alors, quand j'aurai reçu votre serment, je vous révélerai avec moins d'appréhension ce que vous devez savoir. »

On fit apporter les Évangiles, et les deux frères jurèrent d'observer fidèlement les ordres de Merlin. Quand ce fut fait, ils lui demandèrent de dire toute la vérité, même si celle-ci devait être désagréable à entendre. « Roi Emrys, dit Merlin, tu m'as interrogé sur ta mort et sur l'issue de cette bataille. Je te répondrai. Mais savez-vous d'abord ce que vous m'avez juré l'un et l'autre ? De vous conduire au cours de ce combat avec vaillance et loyauté, envers vous-mêmes et envers Dieu. Soyez purs et libérés de toute faute, car votre mission est de défendre votre royaume contre des ennemis sans pitié qui n'hésiteraient pas à réduire votre peuple en esclavage. Soyez en paix avec Dieu et soyez assurés que vous lutterez contre des gens qui ne croient pas en la Trinité ni aux tourments que souffrit Notre Seigneur sur la Croix. Or, celui qui mourra en défendant sa foi en Jésus-Christ et le bien de son royaume ne doit pas redouter la mort. Maintenant, je peux vous révéler que l'un de vous mourra dans cette bataille, mais je ne vous dirai pas lequel. Cependant, sur le lieu même du combat, le survivant lui fera, sur mes conseils, la plus belle sépulture du monde et la plus grandiose, et qui subsistera tant que le monde durera, forçant l'admiration de toutes les générations à venir. Vous savez donc qu'il faut vous préparer. »

On en arriva ainsi à la fin du mois de juin. Les deux frères accomplirent scrupuleusement ce que Merlin avait ordonné : ils réunirent leurs vassaux et tous les hommes du royaume au jour fixé, au bord de la rivière, dans la plaine de Salisbury. Ils distribuèrent abondamment leurs richesses en s'efforçant de ne commettre aucune injustice et de récompenser ceux qui se montraient les plus fidèles. Et, la première semaine de juillet, on apprit que les Saxons s'étaient présentés sur la côte, avec une flotte immense, et qu'ils avaient débarqué sur l'île de nombreuses troupes qui s'avançaient vers l'intérieur des terres. Le roi Emrys avait envoyé des observateurs pour surveiller l'avance de l'armée ennemie. Ayant entendu leur rapport qui confirmait les prédictions de Merlin, il demanda à celui-ci ce qu'il devait faire. Merlin lui répondit : « Envoie demain à leur rencontre ton frère Uther avec une nombreuse troupe. Lorsqu'il se sera bien assuré que les Saxons sont loin de la mer et à l'écart de la rivière, il devra leur barrer ces deux directions afin d'obliger les ennemis à camper dans un endroit stérile et sans eau. Il devra ensuite se retirer, puis, au matin, quand les Saxons voudront reprendre leur progression, il devra les attaquer et les serrer de si près qu'ils ne pourront poursuivre leur route. Et il agira ainsi pendant deux jours. Le troisième jour, au lever du soleil, c'est toi qui engageras toutes les troupes contre tes ennemis. » Ayant ainsi parlé, Merlin quitta le roi Emrys et prit Uther à part. Il lui murmura simplement : « Uther, veille à te conduire avec vaillance dans ce combat, car tu ne dois pas mourir. Et tu verras, au moment décisif, apparaître un dragon vermeil qui volera dans le ciel et qui crachera des flammes. »

Et Merlin quitta la cour pour rejoindre l'ermite Blaise dans la forêt de Kelyddon.

Cependant, les deux frères agirent selon les conseils de Merlin. Uther prit avec lui une partie des cavaliers, ceux qui lui paraissaient les plus forts et les plus courageux, et il chevaucha jusqu'au camp des Saxons qui s'étaient installés sur la terre ferme. Uther et les siens se répandirent entre les navires et les tentes et obligèrent ainsi leurs ennemis à camper dans une plaine stérile et sans eau, coupés de leurs bateaux et manquant de vivres. Deux jours durant, Uther sut si bien les contenir qu'ils ne purent reprendre leur chemin vers l'intérieur de l'île. Le troisième jour, le roi Emrys fit mettre en marche les troupes qu'il avait gardées auprès de lui et disposa ses corps de bataille. Les Saxons se virent encerclés et prirent peur, d'autant plus que, dans le ciel, apparut un dragon vermeil qui crachait des flammes et qui survola longuement l'armée saxonne, répandant la terreur et le désarroi. Emrys et Uther lancèrent alors l'assaut. La bataille fut difficile et acharnée car, malgré leur position défavorable, les Saxons étaient beaucoup plus nombreux que les Bretons, et ils se battaient avec l'énergie du désespoir. Le bruit, le tumulte guerrier, les clameurs des uns et les hurlements des autres, tout cela était tel qu'on n'eût pu entendre Dieu tonnant dans les airs. Il y eut beaucoup de victimes, et le roi Emrys périt dans cette bataille acharnée, comme l'avait prédit Merlin. Mais les Saxons furent vaincus et tués, et les rares survivants durent s'enfuir en toute hâte et en grand désordre dans les navires qu'ils avaient pu sauver du désastre.

C'est ainsi que se déroula la bataille de Salisbury que gagna Uther et où mourut Emrys, que les clercs appellent Ambrosius, fils de Constantin, et roi de Bretagne. Quand les Bretons apprirent qu'Emrys avait été tué dans la bataille, ils se lamentèrent parce qu'ils n'avaient jamais connu un roi aussi juste et aussi attaché à défendre leurs libertés. Mais ils reconnurent immédiatement son frère Uther et, en souvenir du dragon qui était apparu dans le ciel au moment du combat, ils donnèrent à celui-ci le surnom de Pendragon, c'est-à-dire « Tête de Dragon »[1]. Uther donna des ordres pour que fussent réunis et enterrés en un même endroit les corps des Bretons morts dans cette bataille où s'était joué le sort du royaume. Il fit mettre à part le corps de son frère et fit construire une tombe plus haute que les autres, ajoutant qu'il ne ferait rien graver dessus, car il faudrait avoir bien peu de discernement pour ne pas comprendre que celui qui était enterré là était celui qui avait mené ses hommes à la victoire. Il se rendit ensuite dans une très sainte église du royaume et s'y fit couronner roi en présence de tout le peuple assemblé. Mais quinze jours plus tard, Merlin vint le trouver.

« Tu as décidément peu d'estime et de respect pour ton

1. En fait, il s'agit d'une épithète galloise honorifique, constamment utilisée dans les poèmes de la tradition brittonique. Le nom de *Pendragon*, typiquement gallois, signifie réellement « tête de dragon », mais il a été souvent, par la suite, utilisé comme un titre sacerdotal. C'est notamment le cas chez certaines associations dites « culturelles » qui se réfèrent au néodruidisme.

frère, puisque tu t'es contenté de lui bâtir une tombe plus grande que celle de ses compagnons. Je trouve cela très injuste, et je te demande de construire, sur le lieu où il a péri, un monument digne des plus grands hommes de ce monde. » Uther lui répondit : « Que puis-je faire de plus, Merlin, pour honorer davantage la mémoire de mon frère bien-aimé ? Dis-le-moi, ô sage Merlin, et je me conformerai en tous points à ce que tu m'ordonneras. » Merlin lui dit : « Eh bien voici, Uther Pendragon, roi de Bretagne. Je te demande d'édifier en ce lieu un monument qui puisse défier les siècles. Rassure-toi, je t'aiderai dans l'accomplissement de ta tâche, car ni toi ni tes hommes ne pourraient en venir à bout sans l'aide des puissances divines qui nous animent. Mais c'est toi qui dois ordonner ces choses, car tu es le roi légitime de ce pays et personne ne peut contester ton rang, ta puissance et ta mission. » Uther Pendragon se sentait mal à l'aise. « Ne sois pas inquiet, reprit Merlin. Je veux seulement que tu suives point par point ce que je t'indiquerai. Mais tu comprendras qu'il s'agit d'une volonté royale et non du caprice d'un devin comme moi, qui ne suis que l'interprète de Dieu auprès de toi. »

« Parle, Merlin, je t'écoute », dit Uther. — « Envoie en Irlande des navires avec des hommes de confiance. Ils devront y découvrir d'énormes pierres qu'on trouve dans ce pays et les ramener avec eux. Je vais te dire où elles se trouvent : sur la montagne de Killara, dans un lieu que les anciens connaissaient bien, mais qui a été depuis longtemps abandonné par les hommes. C'est là en effet que l'on peut découvrir des pierres que personne de ce temps ne pourrait transporter ni assembler sans le secours d'une puissance surnaturelle. Grandes sont ces pierres et elles n'ont pas leurs pareilles en force et en vertu. Et si tu veux honorer ton frère, le roi Emrys, et tous ceux qui sont morts avec lui pour la sauvegarde du royaume, tu devras les faire assembler dans la plaine de

Salisbury, sur le lieu même de la bataille où ont péri tant de fidèles et loyaux serviteurs du roi Emrys. Fais prendre ces pierres en Irlande, fais-les transporter ici et demande qu'on les érige en cercle autour de la tombe de ton frère. »

« Mais, dit Uther Pendragon, pourquoi aller chercher si loin des pierres dont il y a si grande abondance dans cette île de Bretagne ? » Merlin lui répondit : « Ce sont des pierres mystiques et douées de différents pouvoirs que je n'ai pas à t'expliquer. Autrefois, ce sont les Géants qui les ont apportées du fond de l'Afrique, et ils les ont placées en Irlande au temps où ils y avaient établi certains de leurs sanctuaires. Car ils ne plaçaient jamais aucune pierre sans accomplir des rites sacrés parmi les plus respectables. Et ces pierres étaient le témoignage du lien qui existe entre le ciel et la terre, entre la Divinité toute-puissante qui insuffle la vie à l'univers et les êtres qui se répandent sur la surface de cette planète à la recherche de leur âme. Sache donc bien que ces pierres sont indispensables pour que soit érigé le monument que je te réclame au nom de ton frère et de tous ceux qui sont morts avec lui pour que vive le royaume de Bretagne. Ces pierres ont d'ailleurs une telle vertu curative que les Géants en mettaient des fragments dans leurs bains afin de se guérir de toutes les maladies [1]. Et ils en mélangeaient également de la poudre aux onguents et aux emplâtres d'herbes qu'ils répandaient sur leurs blessures pour les faire disparaître. »

---

1. Cet épisode, commun à la version française du *Merlin* de Robert de Boron et à l'*Historia Regum Britanniae*, se réfère étroitement à la tradition mythologique irlandaise du « Lac des Herbes », signalée dans de nombreux récits gaéliques : le dieu de la médecine Diancecht avait en effet creusé une « Fontaine de Santé » dans laquelle il avait rassemblé un fragment de tous les végétaux d'Irlande, et cette fontaine guérissait toutes les maladies et toutes les blessures. Il y a là également une analogie avec le Chaudron de Renaissance et de Guérison, tel qu'il apparaît dans la tradition galloise, chaudron qui est un des prototypes du Graal chrétien.

Uther Pendragon envoya donc une importante troupe en Irlande sur de beaux navires bien équipés, capables de transporter de lourdes charges. Et Merlin fut également du voyage puisqu'il avait dit au roi que, sans lui, rien ne pourrait être fait de ce projet. Une fois arrivés en Irlande, les hommes d'Uther se heurtèrent aux troupes du roi d'Irlande qui voulaient les empêcher d'accéder à la montagne de Killara, car elles savaient bien que c'étaient les pierres qu'ils voulaient emporter. Les hommes d'Uther eurent cependant tôt fait de mettre en fuite les Irlandais, et, sous la conduite de Merlin, ils arrivèrent dans la montagne de Killara, à l'endroit où se trouvaient les pierres amenées d'Afrique par les Géants. Merlin dit aux hommes qui l'accompagnaient de commencer leur travail. Évidemment, les pierres étaient tellement énormes qu'ils ne prirent pas au sérieux ce que disait le devin. Ils se contentèrent de rire et d'affirmer que personne au monde, en dehors d'êtres surnaturels, ne pourrait jamais bouger une seule de ces pierres. « Alors, leur dit Merlin, vous êtes donc venus pour rien ici ? Ce sont pourtant les ordres de votre roi de prendre ces pierres et de les transporter dans la plaine de Salisbury. Oseriez-vous lui désobéir ? » Les hommes d'Uther étaient fort embarrassés. Ils savaient que Merlin rapporterait à Uther Pendragon qu'ils n'avaient pas voulu suivre ses instructions. Ils firent contre mauvaise fortune bon cœur : avec des leviers et des cordages, ils s'approchèrent des pierres et tentèrent de les arracher du sol. Mais ce fut peine perdue : ils s'acharnaient dans leur travail tandis que Merlin les regardait, assis sur un tertre, d'un air goguenard. A la fin, n'y tenant plus, l'un d'eux vint trouver Merlin et lui dit : « Écoute, devin, nous n'en pouvons plus, mais tu es témoin que nous avons essayé, dans la mesure de nos moyens, de déterrer ces pierres, et tu ne peux que constater que nous n'y parvenons pas. » Merlin leur répondit : « C'est juste. Je ne pourrai pas dire au roi Uther que vous ne suivez pas ses ordres. Reposez-vous donc, et nous verrons bien demain matin ce qu'il en est. »

Les hommes furent satisfaits des paroles de Merlin, et comme ils étaient tous épuisés, ils s'en allèrent dormir. Or, en se réveillant, le lendemain matin, ils virent avec stupéfaction que le sol avait été creusé autour des pierres et que celles-ci, n'ayant plus d'assise solide, avaient basculé sur le sol. Ils se dirent alors qu'il y avait là quelque prodige et que ce prodige était dû à Merlin. Ils allèrent le remercier, mais celui-ci leur dit : « Le roi ne vous a pas demandé de seulement déterrer les pierres, mais de les lui rapporter. » Et Merlin s'en alla de nouveau s'asseoir sur le tertre d'où il pouvait observer tout ce qui se passait. Les hommes se mirent alors au travail, avec leurs cordages, et ils en appelèrent d'autres en renfort. Mais rien n'y faisait, les pierres ne bougeaient pas d'un pouce. Merlin riait, se moquant visiblement de ceux qui s'acharnaient ainsi devant lui. A la fin de la journée, fourbus et exténués, les hommes d'Uther vinrent trouver Merlin et lui dirent : « Tu es très fort, devin, mais tu n'as aucune pitié de nous. Nous sommes tout dévoués au roi Uther et tu le sais. Mais nous ne pouvons rien de plus si tu ne nous aides pas. Alors, nous t'en prions, Merlin, aide-nous à transporter ces pierres, au nom de Dieu et de notre roi. » Merlin fit mine de réfléchir pendant un certain temps. Il finit par demander : « Croyez-vous que je puisse vous aider ? » Ils répondirent : « Tu es le seul homme à le pouvoir. » Merlin se mit à rire et leur dit : « Allez donc sur vos bateaux et vous verrez bien ce qui arrivera. » Les hommes regagnèrent les navires, mais ils furent bien étonnés d'y trouver toutes les pierres qu'ils avaient été dans l'impossibilité de bouger. « Vous voyez, leur dit Merlin, qu'une telle chose était faisable, et elle ne s'est pas faite avant que vous ne le demandiez ! » Les hommes remercièrent Merlin de son aide mais, à la vérité, ils ne comprenaient pas du tout comment Merlin avait pu transporter ainsi, en quelques instants, d'énormes blocs de pierre de la montagne de Killara jusqu'au port où la flotte bretonne était mouillée. Cependant, ils n'eurent pas de cesse que les vertus et les pouvoirs de Merlin soient célébrés et, lorsque les vents furent favorables, ils firent voile vers l'île de Bretagne, très soulagés d'avoir mené à bien leur impossible mission.

Lorsque Uther Pendragon vit que les pierres étaient arrivées dans l'île de Bretagne, il se réjouit grandement et félicita ses hommes d'avoir accompli un tel exploit. Mais ils avouèrent honnêtement que rien n'aurait été fait sans le concours de Merlin. Le roi se retourna donc vers celui-ci : « Et maintenant, demanda-t-il, que faut-il faire ? » Merlin lui répondit : « Ce n'est pas difficile. Il suffit de prendre les pierres, de les emmener sur le lieu de la bataille, dans la plaine de Salisbury, et de les dresser en cercle. » Les hommes d'Uther lui dirent : « C'est une chose impossible à réaliser, seigneur roi. Seul Merlin en est capable. » Merlin se mit à rire et dit : « Roi Uther, tes hommes disent vrai et ils ont la pudeur de le reconnaître. Je dois te dire qu'ils ont tenté tout ce qui était possible, et tu ne peux que les récompenser de leur zèle et de leur ténacité. Mais allez donc tous dormir, et nous verrons bien demain matin la solution à ce problème. »

Tous allèrent dormir. Mais le lendemain matin, Merlin alla trouver le roi Uther Pendragon et l'emmena dans la plaine de Salisbury. Le roi ne pouvait en croire ses yeux : à l'emplacement de la bataille, dans la plaine, se dressait à présent un cercle de pierres du plus magnifique effet, et au centre duquel se trouvait un rocher plat qui recevait les rayons du soleil levant [1]. « Je ne sais pas comment tu

1. Il s'agit bien évidemment de l'étrange monument de Stonehenge, objet de nombreuses recherches scientifiques et de spéculations en tout genre. Ce monument date de la fin de l'époque mégalithique et a

as fait, dit Uther à Merlin, mais je dois avouer que je ne m'attendais pas à une telle merveille ! » Merlin lui répondit : « Ce monument sera le témoignage de la victoire du roi Emrys et de toi-même. Tu devais bien cela à la mémoire de ton frère. Mais sache que l'on dira de ce monument qu'il est la Danse des Géants, et que les esprits viennent rôder chaque nuit entre les pierres, pour attendre la lumière qui jaillira le matin et qui redonnera vie au monde. Mais attention, roi Uther, cet endroit est marqué du sang de ceux qui ont combattu pour la plus grande gloire du royaume. Et je sais que plus tard, il sera le théâtre d'un autre combat où le père tuera le fils et le fils tuera le père, combat meurtrier qui signifiera la fin des temps aventureux. Je te le dis, roi Uther, lorsque la lumière du soleil brille quelque part, c'est qu'il y a une zone d'ombre de l'autre côté. Et il n'y a pas de triomphe sans défaite. »

« Tes paroles sont bien étranges, Merlin », dit Uther Pendragon. — « Tu ne peux les comprendre, répondit Merlin, je me suis seulement laissé emporter par un flot d'images venues d'ailleurs. N'oublie pas, roi Uther, que je suis le fils d'un diable et que, parfois, quand le diable

---

été transformé plusieurs fois à l'âge du bronze. Il se trouve au centre d'une zone particulièrement riche en tertres tumulaires, ce qui accrédite la légende de l'ensevelissement des guerriers tués à la bataille de Salisbury. Mais les renseignements donnés par les auteurs grecs, en particulier Diodore de Sicile, laissent penser qu'il s'agissait d'un véritable temple solaire. D'ailleurs, au solstice d'été, les rayons du soleil levant passent par l'allée centrale et vont frapper directement la pierre du milieu, ce qui n'est pas un hasard. Il faut signaler enfin que l'un des cercles du monument (il y en a en fait plusieurs) comporte des pierres bleues provenant du comté de Pembroke, à plusieurs centaines de kilomètres de là. La légende de Merlin et l'appellation de *Chorea Gigantum* (Danse des Géants) sont des réminiscences d'une époque très ancienne et démontrent qu'il s'agit d'un lieu sacré. Mais à partir de là, toutes les hypothèses sont permises sans qu'il y ait fatalement contradiction entre elles.

vient se jeter entre Dieu et moi, je n'ai plus conscience des choses présentes. Tout se trouble en moi, tout m'apparaît à travers des brouillards et je ne vois plus que des silhouettes qui s'agitent confusément. Pour l'instant, roi Uther, je ne peux plus t'être utile en quoi que ce soit. Gouverne sagement tes États, et si un jour la nécessité se présente, je viendrai vers toi pour t'aider à nouveau, car je t'ai donné mon amitié pour toujours. »

Et, là-dessus, Merlin quitta le roi Uther Pendragon. Mais il n'alla pas rejoindre l'ermite Blaise dans la forêt de Kelyddon : il s'en alla rôder par le monde [1].

---

1. D'après le *Merlin* de la tradition de Robert de Boron, avec d détails de l'*Historia Regum Britanniae*.

CHAPITRE VII

L'Homme Sauvage

En ce temps-là, il y avait un empereur très puissant dans un des pays de l'est du monde. Chacun l'honorait et le servait de son mieux parce qu'il était d'une grande bonté envers les plus faibles et cherchait à établir la justice autour de lui. Et il avait une femme d'une haute naissance et d'une telle beauté que tous les poètes du pays, qui en étaient secrètement amoureux, la couvraient d'éloges et la magnifiaient de telle sorte qu'elle se croyait au rang des plus célèbres déesses d'autrefois. Cependant, sa beauté n'était que l'apparence qu'elle se donnait car, en réalité, c'était la femme la plus hypocrite et la plus luxurieuse qu'on eût vue sur cette terre. Comme elle était très surveillée par les gens de la cour, et que son époux se méfiait d'elle, elle avait recours à des ruses qui trompaient tout le monde. Elle ne pouvait en effet se passer du commerce avec les jeunes gens dont elle aimait la vigueur et l'impétuosité, et elle avait fait en sorte de garder auprès d'elle douze adolescents, sains de corps et d'esprit, qu'elle attifait en demoiselles et dont elle avait fait sa compagnie favorite. Elle possédait un tel talent de grimage et une telle persuasion que personne ne se doutait que ces charmantes jeunes filles qui ne la quittaient jamais étaient en réalité de solides garçons doués d'un grand appétit pour le corp féminin.

Elle avait cependant très peur que la barbe ne leur poussât, et elle leur oignait le menton de chaux et d'un onguent qu'elle faisait composer par des sorcières de sa connaissance. Ainsi leur barbe naissante tombait-elle, et ces jeunes gens passaient aisément pour des jeunes filles rieuses et enjouées, prêtes à satisfaire les moindres caprices de leur maîtresse. Ils portaient de longues robes traînantes qui dissimulaient leur virilité, ainsi que des voiles qui masquaient les traits marqués de leurs visages, et leurs cheveux étaient soigneusement arrangés à la manière des femmes, de façon que personne ne pût un seul instant soupçonner la vérité. Et l'impératrice menait ainsi joyeuse vie sans craindre aucunement d'être accusée de tromper son époux. D'ailleurs, celui-ci ne tarissait pas d'éloges non seulement sur la beauté de sa femme, mais encore sur le goût très sûr qu'elle avait de s'entourer de demoiselles d'une grande honorabilité et d'une très grande élégance.

Or, à cette époque arriva à la cour de l'empereur une jeune fille qui avait fui son pays d'origine par suite des dissensions qu'elle avait eues avec son père, un grand seigneur, mais elle se présenta sous un habit masculin et prit du service dans les meilleures maisons en qualité d'écuyer. Comme elle était droite, grande et dotée d'une élégante musculature, chacun la prenait pour un homme. De plus, ayant accompli de nombreuses prouesses, tant à la guerre que dans les tournois, elle fut bientôt armée chevalier par l'empereur lui-même, en même temps que plusieurs jeunes gens de son âge. Elle se nommait Avenable, mais se faisait appeler Grisandole, et tout le monde la prenait pour un homme. Cela ne facilitait guère sa vie de tous les jours, car toutes les dames et les jeunes filles de la cour étaient plus ou moins amoureuses de ce jeune garçon dont la mine était si avenante et l'habileté au maniement des armes si surprenante. Mais elle se trouvait fort bien à l'aise dans son rôle et ne pensait aucunement à en changer.

Mais une nuit que l'empereur dormait tranquillement auprès de son épouse, il eut un rêve étrange qui le poursuivit tout au long de la journée. Il avait vu, en effet, une grande truie dont les soies traînaient jusqu'à terre et qui portait un cercle d'or sur la tête ; il lui semblait que son apparence avait quelque chose de familier, sans qu'il eût pu pour autant lui donner un nom. Et, chose très étrange, dans son rêve il avait vu entrer douze louveteaux qui s'étaient précipités sur la truie et l'avaient saillie l'un après l'autre. Après quoi, la truie était partie avec les louveteaux. L'empereur rêva encore qu'il demandait conseil sur le sort qu'on devait réserver à cette truie, et on lui répondait qu'elle devait être jetée au feu avec les douze louveteaux.

L'empereur se réveilla très mal à l'aise, mais il ne savait pas pourquoi. Il n'en dit mot à sa femme, car il était sage et avisé et ne voulait en aucun cas se confier inconsidérément. En allant au conseil, il rencontra le jeune Grisandole dont il avait fait son sénéchal à cause de ses grandes qualités, et il pensa un instant lui demander ce qu'il pensait de son rêve. Mais la beauté du soi-disant jeune homme était telle qu'il en perdait tout contrôle sur lui-même. Aussi préféra-t-il se taire ; mais il demeura si pensif et si éloigné du reste du monde que ses familiers finirent par s'apercevoir de son trouble. Cependant, personne n'osa lui poser de questions et il demeura ainsi toute la journée, sans manger, sans boire, et répondant de façon très évasive aux questions que ses conseillers lui posaient.

Or, vers le soir, dans la forteresse où résidait l'empereur, on entendit une grande rumeur. Il s'agissait d'un cerf, d'une hauteur merveilleuse, et à trois cors, qui se faisait chasser dans les rues de la ville. Personne ne savait d'où il venait, mais il impressionnait tellement les gens que ceux-ci le poursuivaient en espérant bien mettre la main sur lui, et tout cela en poussant de grands cris et de grandes huées. Le cerf, après avoir parcouru longtemps les rues, se retrouva à la porte du palais où résidait l'empereur. Sans s'occuper des gardes, il franchit la porte et se précipita à l'intérieur, jusqu'à la salle où l'empereur était assis pour le repas, renversant les tables, les vins, les viandes, les pots et toute la vaisselle. Et quand il fut arrivé devant l'empereur, il s'inclina et se mit à parler dans le langage clair des humains au milieu des convives assemblés. Et voici ce qu'il dit : « Empereur, laisse tes pensées qui ne te valent rien de bon, car je t'avertis que tu ne trouveras personne pour t'expliquer le rêve que tu as fait cette nuit, hormis l'Homme Sauvage que tu devras t'efforcer de découvrir. » Et, là-dessus, les portes, qui pourtant avaient été solidement fermées, s'ouvrirent brutalement, sans que personne n'intervînt, et le cerf s'enfuit à travers les rues où il fut de nouveau chassé par les habitants. Mais il leur échappa très rapidement et, sans qu'on pût savoir comment, il sauta par-dessus les remparts et disparut dans la campagne. L'empereur fut bien ébahi de ce qui était arrivé, et il se demandait bien quelle était la signification du message que le cerf lui avait adressé. Il fut également très courroucé quand il apprit que le cerf s'était échappé de la ville et qu'il s'était enfui sans qu'on ne retrouvât trace de lui aux alentours. Il fit crier par toutes les rues que celui qui lui ramènerait le cerf, ou l'Homme Sauvage dont celui-ci avait parlé, recevrait la moitié de sa terre et la main de sa fille, à condition toutefois qu'il fût de bonne naissance et qu'il eût prouvé son habileté à tenir le gouvernement d'une province. Aussitôt, les jeunes gens du pays se mirent en quête du cerf et de l'Homme Sauvage, mais ils avaient beau errer dans les forêts, sur les pâturages et dans les champs cultivés, ils ne virent aucune trace de ceux qu'ils cherchaient, ni aucune indication sur l'endroit où ils pouvaient se trouver. La plupart d'entre eux ne tardèrent pas à revenir à la cour, affirmant haut et clair que l'empereur et eux-mêmes avaient été le jouet d'une illusion diabolique. Seule celle qui se faisait appeler Grisandole poursuivit sa chasse à travers les bois. Huit jours durant, elle erra de hallier en hallier sans rien découvir. Alors, elle s'allongea pour se reposer au bord d'une fontaine à laquelle elle avait pu étancher sa soif, et elle allait s'endormir quand elle entendit un bruit de galopade dans la forêt et vit peu après surgir un grand cerf roux qui s'arrêta devant elle.

Et le cerf lui parla ainsi : « Grisandole, c'est la folie que tu chasses ainsi le long des jours et des nuits ! C'est en pure perte que tu me poursuis sans savoir qui je suis. Mais je vais t'aider. Je te dirai que tu n'obtiendras jamais ce que tu cherches si tu n'apportes en cet endroit de la viande de porc bien cuite, de la purée au poivre, du lait, du miel et du pain chaud. Mais ce n'est pas tout : amène avec toi quatre compagnons et un garçon qui fera cuire la viande à petit feu. Puis, tu dresseras le repas sur une table et, avec tes compagnons, vous vous cacherez. Alors, si vous avez de la chance, vous verrez peut-être l'Homme Sauvage. » Et, après avoir prononcé ces paroles, le cerf bondit et disparut dans la forêt. Grisandole ne mit pas une seule seconde en doute ce qu'elle venait d'entendre. Malgré sa fatigue, elle sauta sur son cheval et s'en alla chercher ce qu'on lui avait dit. Étant revenue avec ses compagnons et le garçon de cuisine, elle arrangea tout avec grande attention. La viande grilla sous un beau chêne, et le fumet qui se répandait dans toute la forêt attira l'Homme Sauvage. Mais dès qu'ils le virent, Grisandole et ses compagnons faillirent en perdre le sens tant le spectacle était étrange.

En effet, l'Homme Sauvage avait la tête grosse comme celle d'un veau, les yeux ronds et saillants, la bouche fendue jusqu'aux oreilles, des lèvres épaisses toujours entrouvertes, qui laissaient passer ses dents. Il avait les pieds retournés et les mains à l'envers, les cheveux noirs et durs, si longs qu'ils tombaient jusqu'à sa ceinture. Il était grand, courbé, velu et vieux à merveille, vêtu d'une peau de loup [1]. Ses oreilles, larges comme des vans, pendaient jusqu'au milieu de ses jambes, et il aurait pu s'en envelopper comme d'un manteau pour éviter de recevoir la pluie, un jour d'orage. Bref, il était si laid à regarder qu'on en arrivait à douter que ce fût un être humain. De plus, il avançait en frappant les arbres à grands coups d'une massue qu'il tenait comme un jouet dans sa main, et il menait avec lui, comme un berger son troupeau, une troupe de cerfs, de biches, de daims et d'autres bêtes de couleur rousse [2].

Ainsi donc, l'Homme Sauvage, attiré par le fumet de la viande rôtie, s'arrêta devant le feu et commença à se réchauffer en regardant la nourriture avec envie et en bâillant comme s'il n'avait pas mangé depuis très longtemps. Quand il vit que la viande était cuite à point, selon son goût, il l'arracha de la broche et la dévora sans reprendre sa respiration. Puis il mangea tranquillement le pain chaud et le miel, et but le lait, avant de s'endormir, le ventre plein, devant le feu qui continuait de brûler. C'est alors que Grisandole et ses compagnons sortirent de leur cachette. Avec beaucoup de précautions, et

---

1. Il faut se souvenir que le nom de l'ermite Blaise constitue un jeu de mot sur le nom du loup en breton et en gallois.

2. Cette description est classique dans tous les récits gallois, irlandais ou français d'origine celtique. Le détail de la massue ne peut se comprendre que par référence au personnage irlandais du dieu Dagda, dont la massue tue lorsqu'on en frappe par un bout, et ressuscite si on en frappe par l'autre bout. Ce Dagda, représenté sur le célèbre vase gaulois de Gundestrup, semble être effectivement le maître des animaux sauvages, une image pittoresque des forces primitives, *mais primordiales*, de l'être humain originel.

dans le plus grand silence, ils se saisirent de la massue de l'Homme Sauvage et emprisonnèrent solidement celui-ci grâce à une grosse chaîne de fer. Enfin, ils l'attachèrent sur le dos d'un cheval et prirent le chemin de la cour.

Or, quand ils eurent parcouru quelques lieues, l'Homme Sauvage sembla se réveiller. Il jeta des regards terribles autour de lui, mais ses yeux s'arrêtèrent sur Grisandole. Alors, il se mit à rire. Grisandole lui demanda pourquoi il riait. « Créature dénaturée, forme muée et méconnaissable, trompeuse en toutes choses, piquante comme un taon venimeux, empoisonneuse comme du venin de serpent, tais-toi, car je ne te dirai rien avant que nous soyons en présence de l'empereur ! »

Un peu plus loin se dressaient les bâtiments d'une abbaye nouvellement construite dans une clairière de la forêt, et au bord du chemin se tenait une foule de gens qui demandaient l'aumône. Lorsqu'il les vit, l'Homme Sauvage se mit à rire. Mais quand Grisandole lui demanda, encore une fois, pourquoi il riait, il lui cria méchamment : « Image fausse, décevante créature, piquante comme un poinçon, par lequel les hommes sont affolés ou tués, rasoir plus affilé et tranchant que le plus coupant des poignards, fontaine bouillonnante que rien ne peut épuiser, tais-toi ! Je ne dirai rien jusqu'au moment où nous serons devant l'empereur ! »

Ils arrivèrent à la cour de l'empereur. Quand il les reçut, il se préoccupa immédiatement des moyens qu'on avait mis en œuvre pour garder le plus sûrement possible son prisonnier. Mais l'Homme Sauvage lui dit : « Il est inutile de m'enchaîner, car je jure que je ne m'en irai pas avant d'avoir révélé toute la vérité sur le songe que tu as eu. Fais-moi délivrer de ces chaînes et convoque tous les membres de ton conseil. C'est devant eux que je dois tout t'expliquer. » L'empereur fit débarrasser l'Homme Sauvage de ses chaînes. Et une fois les conseillers assemblés, il le fit asseoir à son côté. Mais celui-ci fit savoir qu'il ne révélerait rien sans la présence de l'impératrice et de ses douze suivantes. L'empereur les convoqua et elles vinrent immédiatement. Quand il les vit arriver, l'Homme Sauvage se mit à rire, puis, se tournant vers Grisandole, il recommença à rire de plus belle, comme si rien ne pouvait arrêter son hilarité. A la fin, l'empereur lui demanda s'il n'était pas fou. « Seigneur, répondit l'Homme Sauvage, jure-moi d'abord devant tous ceux qui sont ici qu'il ne me sera fait aucun mal quoi que je puisse dire, et que je serai libre de tous mes mouvements dès que j'aurai parlé, et je promets de tout te révéler. » L'empereur jura solennellement, et ajouta : « Qu'il en soit ainsi, comme tu le désires. Maintenant, dévoile-moi la signification de mon rêve. »

« Ce n'est pas difficile, dit l'Homme Sauvage. La truie que tu as vue, c'est ta femme. Quant aux douze louveteaux, ce sont ses douze suivantes. Mais, si tu m'en crois, fais-les se dévêtir devant tout le monde : on verra bien si elles sont bâties pour la servir avec dévotion ! » L'empereur ébahi ordonna qu'on déshabillât les suivantes, et chacun put se rendre compte qu'il s'agissait de douze jeunes gens à qui rien ne manquait. L'empereur fut si irrité en voyant cela qu'il demeura un long moment à méditer. Puis, il se tourna vers ses conseillers et leur demanda quelle justice il fallait mettre en œuvre. Ils délibérèrent un instant entre eux et jugèrent que la femme devait être brûlée pour adultère et paillardise, et les jeunes débauchés pendus pour crime de lèse-majesté. Et le jugement fut exécuté sur-le-champ.

Cependant, l'empereur, très étonné par la science de l'Homme Sauvage autant que par son rude aspect, lui demanda : « Peux-tu me dire pourquoi tu as ri en regardant mon sénéchal, quand tu as passé devant l'abbaye, ce matin, et quand la reine est entrée ici ? » L'Homme Sauvage répondit : « Seigneur, j'ai ri la première fois parce que c'était une femme qui m'avait pris par sa puissance et son adresse, alors que nul homme n'y avait réussi jusqu'à présent : car ce chevalier, seigneur empereur, est la plus belle et la meilleure femme qui se puisse trouver dans tout ton pays. La seconde fois, j'ai ri devant l'abbaye parce qu'un trésor était enfoui sous les pieds de ceux qui demandaient l'aumône. La troisième fois, j'ai ri par dépit : car l'impératrice avait le meilleur homme de tout le pays, mais se donnait à douze ribauds. N'en tiens tout de même pas rigueur aux autres femmes, car c'est une chose commune aux femmes qui ont un bon mari de penser qu'elles en ont le pire. Voilà pourquoi j'ai ri. A présent, seigneur empereur, que je t'ai révélé ce que tu voulais savoir, permets que je me retire. »

« Je voudrais encore te demander une chose, dit l'empereur. Comment vais-je tenir mon serment puisque j'ai promis ma fille en mariage à qui s'emparerait de toi et que ce chevalier est une femme ? » L'Homme Sauvage se mit à rire : « Ce n'est pas difficile, épouse-la. Tu n'auras jamais femme plus belle et plus sage. » Et sur ces mots, l'Homme Sauvage prit congé sans que personne ne s'aperçût de son départ. Mais, sur le haut de la porte du palais, apparut cette inscription en caractères hébreux : « Que tous ceux qui liront ces lettres sachent que le grand cerf branchu qui fut chassé dans la ville et l'Homme Sauvage amené par une jeune fille qu'on croyait un homme n'étaient autre que Merlin, le premier conseiller du roi de Bretagne [1]. »

Cependant, Uther Pendragon s'inquiétait de n'avoir pas de nouvelles de Merlin. Il l'avait fait chercher à travers la forêt de Kelyddon, sans aucun succès. Personne n'avait vu Merlin depuis de longs mois, et Uther, qui se

1. D'après le *Merlin* attribué à Gautier Map. L'épisode de Grisandole-Avenable est en fait un conte populaire très répandu et intégré dans la légende arthurienne.

trouvait confronté à de nombreuses révoltes de la part de certains de ses vassaux, aurait eu bien besoin des conseils du devin. Mais les hommes de confiance qu'il avait envoyés un peu partout revenaient l'un après l'autre sans pouvoir révéler autre chose que le récit de leurs aventures. Un jour, l'un d'eux, qui avait nom Kynon, fils de Klydno, raconta pourtant une étrange histoire devant le roi et ses principaux conseillers. Voici ce que Kynon narra à ses compagnons :

« Quand je suis parti à la recherche de Merlin, et après avoir fait mes préparatifs, j'ai voulu aller plus loin que les limites de ce pays. J'ai donc traversé la mer et j'ai abordé dans cette région qu'on appelle encore parfois l'Armorique, mais qui est la Petite-Bretagne. J'errai dans une grande forêt qui recouvre presque toute la péninsule, une forêt dense et touffue, riche en gibiers de toutes sortes, avec des vallées bien arrosées et des collines où soufflent abondamment les vents venus des quatre coins de l'horizon. Je traversai des landes et des déserts, je me plongeai dans la profondeur des bois, mais je ne rencontrai que des forestiers ou des pasteurs qui menaient leurs troupeaux. Il n'y avait ni village ni forteresse, mais des cabanes isolées où vivaient de pauvres gens qui avaient beaucoup de mal à trouver leur nourriture. Je me croyais vraiment aux extrémités du monde.

A la fin, je m'engageai dans un vallon, le plus beau du monde, couvert d'arbres très verts et de taille bien égale, et qui était traversé dans toute sa longueur par une rivière aux eaux rapides et bruyantes. Un chemin longeait la rivière. Je le suivis tranquillement jusqu'au milieu du jour et, passant de l'autre côté de l'eau, je poursuivis ma route jusqu'à la neuvième heure. Je me trouvai alors dans une vaste plaine, à l'extrémité de laquelle se dressait une forteresse étincelante, dont la base était baignée par les flots. C'est vers elle que je me dirigeai. Lorsque je parvins à la porte, deux jeunes gens aux cheveux blonds frisés se présentèrent à ma vue. Ils portaient chacun un diadème d'or et leur vêtement, très ample, était d'une remarquable étoffe brodée d'or. Ils portaient des arcs d'ivoire dont les cordes étaient des nerfs de cerf. Leurs flèches dont les hampes étaient en os de baleine avaient des bardes de plumes de paon. La tête des hampes était en or. La lame de leurs couteaux était également en or et le manche en os de baleine. Ils étaient en train de s'exercer à lancer leurs couteaux sur le tronc d'un gros arbre qui se trouvait devant l'entrée de la forteresse.

A peu de distance de ces jeunes gens, j'aperçus un homme aux cheveux blonds frisés, dans toute sa force, la barbe fraîchement rasée, l'air noble et fier. Il était vêtu d'une longue robe et d'un manteau d'étoffe brodée d'or. Il avait aux pieds des souliers élégants faits du cuir de la meilleure qualité, fermés chacun par un bouton d'or. Dès que je l'aperçus, je m'approchai de lui dans l'intention de le saluer, mais c'était un homme d'une telle courtoisie que ce fut lui qui se leva pour me saluer. Et il m'invita aimablement à le suivre dans la forteresse.

A l'intérieur, je vis qu'il n'y avait d'autres habitants que ceux qui se trouvaient dans la grande salle. Là se tenaient vingt-quatre jeunes filles en train de coudre de la soie auprès de la fenêtre, et je ne crois pas me tromper en disant que la plus laide d'entre elles était la plus belle de toutes les jeunes filles que j'ai pu voir jusqu'à présent dans toute l'île de Bretagne. A mon arrivée, elles se levèrent et me saluèrent. Six d'entre elles prirent mon cheval et se chargèrent de mes armes pour aller les laver dans un bassin dont la blancheur était éclatante. Un autre groupe mit des nappes sur les tables, et six autres me débarrassèrent de mes vêtements de voyage, m'en donnant d'autres, confortables et richement ornés. On étendit sur le sol de nombreux coussins recouverts de fine toile rouge, et tout le monde s'assit. On apporta alors des aiguières d'argent pour nous laver et des serviettes de fine toile, les unes vertes, les autres blanches.

Lorsque nous fûmes lavés, l'homme aux cheveux blonds frisés qui m'avait accueilli se mit à table à côté de moi, et toutes les jeunes filles se groupèrent de l'autre côté, à l'exception de celles qui assuraient le service. La table était d'argent, et les linges de table de la toile la plus fine qu'on eut jamais vue. Quant aux vases dont on nous servait la boisson, il n'y en avait pas un qui ne fût en or, en argent ou en corne de bœuf sauvage. On nous apporta notre nourriture. Je crois bien que je n'ai jamais mangé meilleurs mets que ce soir-là, ni mieux préparés, et que je n'ai bu de breuvage plus suave et plus parfumé.

Nous arrivâmes à la moitié du repas sans que l'homme ou les jeunes filles n'eussent dit un seul mot. Je commençais à penser qu'ils étaient muets, ou bien qu'un enchantement leur interdisait de parler. Mais lorsqu'il sembla à mon hôte que je commençais à être rassasié, il me demanda qui j'étais et quel était le but de mon voyage. Je lui répondis bien volontiers, et j'ajoutai que j'étais fort heureux de trouver quelqu'un avec qui parler, car, à mon avis, le seul défaut que je remarquais dans sa cour, c'était qu'ils fussent tous aussi mauvais parleurs. Il se mit à sourire et dit : « Seigneur, nous aurions parlé volontiers avec toi depuis longtemps sans la crainte que nous avions de te troubler dans ton repas, mais nous allons le faire maintenant. » Je lui révélai donc qui j'étais et ce que je venais chercher dans ces régions. J'ajoutai aussi que je ne craignais pas d'affronter les dangers quels qu'ils fussent pour parvenir au but que je m'étais fixé, même si ces dangers étaient d'ordre surnaturel, car je savais que Dieu me protégerait des entreprises de l'Ennemi. Mon hôte me regarda et se remit à sourire : « Si je ne croyais, dit-il, qu'il dût t'en coûter beaucoup de mal, je t'indiquerais bien un chemin qui mène sûrement vers ce que tu cherches. Mais j'ai trop d'estime envers toi pour te le confier. » Je fus fort chagriné par ces paroles, et mon hôte ne fut pas long à s'en apercevoir. Il me dit : « Je vois ta déception sur ton visage. Puisque tu aimes mieux que je t'indique une chose désavantageuse pour toi plutôt qu'avantageuse, je me résoudrai à le faire. Couche ici cette nuit. Lève-toi demain matin de très bonne heure et poursuis le chemin par lequel tu es arrivé dans cette vallée. Tu parviendras à un bois très touffu et, avant ce bois, tu remarqueras un chemin bifurquant à droite. Suis-le jusqu'à une grande clairière unie, au milieu de laquelle se trouve un tertre. Il est probable que tu puisses trouver là ce que tu cherches avec autant d'acharnement. » Je remerciai mon hôte chaleureusement et, quand le repas fut terminé, on me conduisit à une chambre confortable en me souhaitant un agréable sommeil.

Mais la nuit me parut fort longue tant j'étais impatient de poursuivre mon chemin. Aux premières lueurs de l'aube, je me levai et m'habillai. Tous les gens de la forteresse étaient déjà debout et m'accompagnèrent dans la cour. Je remarquai alors qu'au milieu de cette cour, je ne l'avais pas vu la veille au soir, il y avait un disque qui paraissait tout en cuivre, pendu à l'une des branches du gros arbre contre lequel s'étaient exercés les jeunes gens en y lançant leurs couteaux. Mon hôte se dirigea vers l'arbre et, à l'aide d'un petit marteau de bronze, frappa trois fois le disque de cuivre. Le bruit se répercuta longuement dans la vallée. On m'amena mon cheval tout sellé, on me rendit mes armes et on me souhaita de trouver ce que je cherchais. Je leur répondis en les saluant et en les remerciant de leur accueil, et je me hâtai dans la direction que mon hôte m'avait indiquée. Je découvris le chemin qui bifurquait à droite, et j'y étais à peine engagé que je rencontrai, dans une vaste clairière nue, des taureaux sauvages, des ours, des léopards qui combattaient entre eux et faisaient un bruit si terrible que je m'arrêtai, prêt à m'enfuir si ces bêtes farouches se jetaient sur moi. Au milieu de la clairière s'élevait un tertre de pierres bleues, et sur ce tertre se tenait un homme étrange, le visage très sombre, laid et hideux plus qu'il n'est possible de l'imaginer. Il avait les cheveux touffus, les oreilles larges, le front dégarni, les sourcils abondants, des dents de sanglier, aiguës et jaunâtres, un menton proéminent, une barbe hirsute et de toutes les couleurs. Il tenait à la main une massue qui me parut être en fer tellement elle était massive et terrible, et tantôt il s'appuyait dessus, tantôt il la faisait tourner autour de son poignet monstrueux.

Je m'approchai de lui sans vouloir paraître impressionné et je le saluai aimablement. Il me répondit d'une façon bourrue, comme s'il était dérangé par mon intrusion. Mais j'étais fort intrigué. Je lui demandai qui il était et pourquoi il semblait garder les animaux sauvages qui se battaient dans la clairière. « Quel pouvoir as-tu donc sur ces animaux ? » lui dis-je. — « Je vais te le montrer, petit homme », me répondit-il. Il prit un bâton qui était posé près de lui et en déchargea un bon coup sur le dos d'un cerf. Celui-ci fit entendre un grand bramement et aussitôt, à sa voix, accoururent des animaux en aussi grand nombre qu'il y a d'étoiles dans le ciel, au point que j'eus peine à me tenir debout au milieu d'eux dans la clairière. Je remarquai d'ailleurs qu'il y avait également des serpents, des vipères et toutes sortes d'animaux rampants. L'Homme Sauvage jeta un regard flamboyant sur ces animaux et leur ordonna d'une voix terrible d'aller paître. Immédiatement, tous les animaux baissèrent la tête et lui témoignèrent le même respect que des hommes soumis à leur seigneur. « Vois-tu, petit homme, dit l'Homme Sauvage, le pouvoir que je possède sur ces animaux ? » Il fit encore un geste en élevant sa massue au-dessus de sa tête, et les animaux se dispersèrent sans bruit à travers les bois.

« Mais que cherches-tu ici ? me demanda brusquement l'Homme Sauvage. Ce n'est sûrement pas pour me voir garder mes bêtes que tu es venu jusqu'à ces régions du bout du monde ! » Je lui répondis : « Certes non. Je parcours cette terre à la recherche de Merlin, le plus sage et le plus habile de tous les hommes. » L'Homme Sauvage eut un rire grossier : « Ce n'est certainement pas ici que tu trouveras un jeune homme sage et habile. Je n'ai jamais entendu dire quoi que ce soit de celui que tu appelles Merlin, et parmi tous ceux que je connais, aucun ne serait capable de t'en parler. Mais je vais te donner un conseil : si tu suis ce chemin que tu vois à l'extrémité de la clairière et que tu marches dans la direction de cette colline rocheuse, là-bas, tu pourras jeter ton regard sur le pays environnant. Et si tu ne vois rien qui t'intéresse, va dans la vallée qui est au pied de cette colline. Au milieu, tu verras un grand arbre. L'extrémité de ses branches est plus verte que le plus vert des sapins. Et sous l'arbre est une fontaine dont l'eau bout, bien qu'elle soit plus froide que le marbre. Sur le dessus de la fontaine, tu verras une grande dalle de pierre, et sur la dalle un bassin d'argent qui y est attaché avec une chaîne d'argent de façon qu'on ne puisse les séparer [1]. Prends le bassin, remplis-le de l'eau de la fontaine et répands-la sur la dalle de pierre. Je ne t'en dis pas plus, mais si tu m'en croyais, tu n'irais pas plus loin et tu retournerais chez toi, car il ne peut rien t'arriver de bon dans cette aventure. »

Néanmoins, je pris congé de l'Homme Sauvage et j'allai dans la direction qu'il m'avait montrée. Je mis très

1. Il s'agit bien entendu de la célèbre Fontaine de Barenton, localisée dans la forêt de Paimpont-Brocéliande, en Bretagne armoricaine, à la limite des départements du Morbihan et de l'Ille-et-Vilaine. Voir J. Markale, *Merlin l'Enchanteur*, Paris, Albin Michel, 1992, et *Brocéliande et l'énigme du Graal,* Paris, Pygmalion, 1989.

longtemps à parvenir à la colline et, une fois sur le sommet, j'examinai le pays aux alentours. Mais je n'y vis rien d'autre que des arbres. Seule une vallée s'ouvrait dans le flanc de la colline, et je descendis de ce côté. On en était presque à la moitié du jour lorsque j'aperçus ce dont m'avait parlé l'Homme Sauvage : l'arbre et la fontaine. De l'arbre, je peux dire que c'était le plus beau et le plus verdoyant des pins que j'avais pu voir jusqu'alors. Je ne crois pas qu'il eût laissé passer une seule goutte de la plus forte pluie tant son feuillage était dru et vigoureux. Je vis aussi la dalle de pierre, et le bassin d'argent attaché à une chaîne d'argent. Et, au-dessous, il y avait la fontaine dont l'eau bouillonnait comme de l'eau chaude. Je savais pourtant qu'elle était plus froide que le marbre.

Alors, me souvenant des paroles de l'Homme Sauvage, et ne craignant pas les désagréments dont il semblait m'avoir averti, je pris le bassin, puisai de l'eau dans la fontaine et la répandis sur la dalle de pierre. J'étais curieux de voir ce qui allait se produire, et je dois dire que cela fut très inattendu.

C'était un très beau jour d'été. Le soleil brillait de toute sa splendeur et le ciel était plus pur et plus bleu que la plus bleue des mers. Mais à peine avais-je fini de répandre l'eau sur la dalle que le ciel se couvrit brusquement de nuages noirs et que le tonnerre se fit entendre. Et après le bruit, ce fut la pluie, une pluie de tempête, avec des rafales de vent comme je n'en avais jamais encore vues. Le temps devint si affreux et la foudre tombait avec tant de violence que je pensai cent fois être tué dans cette tourmente. En plus de la pluie, il y avait de la grêle, et pas un grêlon n'était arrêté par les branches, par la peau ou par la chair : cela pénétrait jusqu'aux os et j'en étais tout meurtri. Je ne trouvais aucun abri, même sous le pin que je croyais capable de protéger de toute pluie. Je m'étais replié sur moi-même de façon à en avoir le moins de mal possible, mais rien n'y faisait. A la fin, je compris que la tempête s'apaisait et je levai la tête : il n'y avait plus une feuille aux arbres, et tout paraissait désolé autour de la fontaine. Et, aussi vite que la tempête s'était déchaînée, elle se calma et le ciel redevint aussi pur et aussi bleu qu'il l'était quelques instants plus tôt. Les vents avaient cessé de souffler, et le soleil se remit à chauffer, ce qui n'était pas négligeable car j'étais tout trempé et je grelottais de froid.

Mais le prodige n'était pas terminé. Dès que la tempête eut cessé, je vis des multitudes d'oiseaux parcourir le ciel et se poser sur l'arbre qui dominait la fontaine. Ils étaient si nombreux sur cet arbre qu'on ne pouvait même plus en voir les branches, et l'arbre en paraissait d'autant plus beau. Quant aux oiseaux ainsi rassemblés, ils se mirent à chanter, et leur chant était si mélodieux que je ne pense pas avoir entendu quelque chose de plus mélodieux. Chacun des oiseaux suivait en effet sa propre partie, et l'ensemble était si parfait qu'on pouvait se demander si ce n'était pas une musique céleste. J'étais plongé dans le ravissement et je ne pouvais m'empêcher d'oublier le froid et l'humidité, ne pensant plus qu'à la douce lumière du soleil qui me redonnait vie, qui asséchait mes vêtements trempés et qui me lavait de toutes mes fatigues. Celui qui n'a pas entendu un tel chant ne saura jamais le bonheur qu'on peut ressentir à écouter les harmonies venues du ciel.

Au moment où je prenais le plus de plaisir à écouter les oiseaux, des plaintes et des cris montèrent le long de la vallée, à travers les arbres, et une voix qui paraissait surgir de nulle part parvint jusqu'à moi : « Homme imprudent, que me veux-tu ? Quel mal t'ai-je infligé pour que tu me fisses à moi et à mes sujets le tort que tu as provoqué ? Ne sais-tu pas que la tempête n'a laissé en vie, dans ces parages, ni créature humaine ni créature animale surprise au-dehors ? Même les feuilles des arbres ont été balayées par le vent et la pluie, et cette terre est devenue stérile par ta faute ! »

C'est alors que se présenta devant moi, sur un cheval tout noir, un cavalier long et maigre qui était revêtu d'un grand manteau également noir. En chevauchant, il faisait un tel bruit que j'eus l'impression qu'une nombreuse troupe l'accompagnait, mais je vis qu'il était seul et que c'était le choc de ses armes qui provoquait un tel vacarme dans la forêt. Il se présenta devant moi et me défia, la lance relevée. Je n'eus que le temps de sauter sur mon cheval et de répondre à sa provocation. Le choc fut rude, et j'eus beau tenter de me défendre, je fus bientôt culbuté. Le cavalier noir passa alors le fût de sa lance à travers les rênes de mon cheval et s'en alla, me laissant bien penaud et sans monture. Il ne me fit même pas l'honneur de m'emmener en tant que prisonnier. Il ne me dépouilla pas de mes armes non plus : il se contenta de m'abandonner dans cette forêt. »

Ainsi parla Kynon, fils de Klydno, l'un de ceux qu'Uther Pendragon avait envoyés dans tout le royaume pour tenter d'avoir des nouvelles de Merlin. Uther avait écouté avec attention le récit qu'avait fait Kynon. Il lui dit : « Je te remercie, ami, de ta loyauté. Non seulement tu as subi maintes mésaventures en obéissant fidèlement aux ordres que je t'avais donnés, mais tu nous les racontes avec une franchise qui t'honore et te rend digne de mon amitié. Mais puis-je te dire, Kynon, que tu es passé bien près de Merlin sans le voir ni le reconnaître ? Car enfin, il est évident que cet Homme Sauvage qui gardait les bêtes féroces dans la clairière n'était autre que celui que je t'avais envoyé chercher. Il ne voulait pas qu'on pût le reconnaître et il a modifié son aspect pour te mettre à l'épreuve. Il t'a même envoyé à la fontaine magique qui fait pleuvoir pour savoir si tu étais capable de dénouer les enchantements qu'il suscite dans la forêt. Merlin m'est souvent apparu comme un Homme Sauvage, fruste et grossier, mais c'est pour mieux tromper son monde et sonder les intentions de ceux qui viennent s'adresser à lui. »

Kynon, fils de Klydno, faisait piteuse mine, mais personne, dans l'assemblée, n'osait se moquer de lui, car chacun était persuadé, au fond de lui-même, que, placé dans les mêmes circonstances, il aurait agi de même et n'eût point reconnu Merlin dans ce gardien des bêtes sauvages. « Et qu'as-tu fait ensuite ? » demanda Uther Pendragon à Kynon. « Seigneur roi, répondit Kynon, je ne pouvais plus rien pour ton service. Privé de mon cheval que le cavalier noir avait emmené triomphalement, je repris le chemin en sens inverse, mais à pied cette fois. Je retrouvai le gardien des bêtes sauvages dans la clairière, mais je n'avais nulle envie de lui parler, car il m'aurait couvert de railleries. Ne m'avait-il pas prévenu qu'il ne m'arriverait rien de bon en allant jusqu'à la fontaine ? Je repris mon chemin vers la forteresse où j'avais passé la nuit. Mes hôtes se montrèrent encore plus aimables et courtois que la veille. On me fit faire bonne chère et je pus parler à mon gré avec les hommes et les jeunes filles. Mais personne ne me demanda ce qui s'était passé durant la journée, personne ne fit la moindre allusion à l'Homme Sauvage ou à la fontaine qui fait pleuvoir. D'ailleurs, je n'avais nulle envie d'en parler moi-même. Je passai la nuit dans la forteresse et, le lendemain matin, lorsque je descendis dans la cour, je m'aperçus que toute la forteresse était vide. Il n'y avait plus personne et tout paraissait désert et abandonné, comme si mes hôtes de la veille n'avaient jamais existé que dans un rêve. Par contre, je trouvai un cheval attaché au gros arbre de la cour, un palefroi brun foncé, à la crinière toute rouge, aussi rouge que la pourpre, et complètement équipé. C'est ainsi que j'ai pu revenir rapidement te rendre compte de ma mission, roi Uther. Tu pourras voir ce cheval, il se trouve actuellement dans ta propre écurie. »

Uther Pendragon réfléchit un instant, puis il dit à

Kynon : « N'aie aucune amertume de ce qui t'est arrivé, Kynon, car j'en ai subi autant de la part de Merlin. Sache que tout ce que tu as vécu n'était qu'illusion, et que Merlin, qui sait parfaitement que j'ai besoin de lui, m'envoie cet avertissement pour me signifier que les temps ne sont pas encore venus pour qu'il vienne vers moi. »

Ainsi parla Uther Pendragon, roi de Bretagne. Et tous ceux qui l'entendirent comprirent que c'est sur eux que reposait le sort du royaume [1].

1. Synthèse du récit gallois *Owen et la Dame de la Fontaine*, traduit par Joseph Loth dans *les Mabinogion*, Paris, 1913, tome II, et du roman *Yvain ou le Chevalier au Lion* de Chrétien de Troyes (dernier quart du XIIe siècle).

CHAPITRE VIII

Le Chef des Bardes

Dans le temps où naissait Merlin, il y avait, dans le petit royaume de Penllyn, un homme riche et de bonne réputation qui portait le nom de Tegid le Chauve. Sa demeure se trouvait au milieu du lac Tegid, dans une forteresse qu'il avait fait construire pour se protéger, ainsi que tous les siens, des Pictes et des Saxons qui ravageaient le pays [1]. La femme de Tegid se nommait Keridwen : elle était d'une grande beauté, mais de plus, elle avait la connaissance de tous les secrets de la nature, et l'on répétait partout que c'était une puissante magicienne capable de soulever les tempêtes et de détourner les astres de leur cours. Tegid et Keridwen avaient eu une fille à qui ils avaient donné le nom de Creirwy, c'est-à-dire « Joyau », parce qu'elle était très belle, et un fils qui portait le nom de Morvran, c'est-à-dire « Corbeau de Mer », parce qu'il était très laid et très noir de peau. Mais ils avaient eu également un autre fils, le moins favorisé de tous les enfants de ce pays : non seulement il était laid et repoussant, mais il n'avait aucune intelli-

1. La légende est localisée au Llyn Tegid, ou Bala Lake, près de la ville de Bala, dans le nord-ouest du Pays de Galles.

gence et tous les autres se moquaient de lui, tout en plaignant les parents d'avoir mis au monde un tel monstre.

C'est pourquoi Keridwen se résolut à utiliser sa science pour corriger les déficiences que la nature avait infligées à son fils. Elle étudia longtemps dans les livres et finit par découvrir un moyen pour donner à son fils une intelligence qui fût bien supérieure à celle des autres hommes. Elle se retira dans une forêt et entreprit de faire bouillir un chaudron de science et d'inspiration, à l'aide de plantes qu'elle alla cueillir elle-même, la nuit, à la lumière de la lune, sur les pentes des collines. Quand elle eut réuni ces plantes, elle composa son mélange et en remplit un chaudron qu'elle mit sur le feu. Mais il fallait que le feu ne s'interrompît point pendant un an et un jour : le breuvage devait bouillir ainsi jusqu'à ce que fussent obtenues trois gouttes magiques de grâce et d'inspiration.

Mais comme elle ne pouvait pas toujours être présente, elle chargea un jeune homme du nom de Gwyon le Petit de surveiller nuit et jour la cuisson du chaudron, et un pauvre aveugle qu'on appelait Morda d'activer constamment le feu au-dessous du chaudron. Elle-même, selon les préceptes qu'elle connaissait, suivant les heures et les conjonctions des planètes, s'en allait cueillir d'autres plantes afin que rien ne manquât dans le breuvage ainsi préparé. Gwyon et Morda s'acquittaient fort bien de leur tâche et Keridwen se réjouissait à la pensée qu'elle allait pouvoir bientôt faire de son fils l'être le plus intelligent et le plus sage qui fût au monde.

Or, un soir, vers la fin de l'année, alors que Keridwen était dans la forêt, cueillant des plantes et se livrant à des incantations magiques, il arriva que trois gouttes du liquide contenu dans le chaudron coulèrent sur les doigts de Gwyon. Le jeune homme poussa un grand cri, car la chaleur de ces gouttes était intense et, immédiatement, pour calmer sa douleur, il porta ses doigts à sa bouche.

Et à l'instant même où il absorbait les gouttes du breuvage, il eut la vision de toutes les choses présentes et à venir, comme si l'univers tout entier était devenu un livre qu'il pouvait lire. Mais il vit également qu'il avait tout à craindre de Keridwen, car grande était l'habileté de celle-ci, et ses artifices puissants et imparables. Il en fut très effrayé et s'enfuit dans les bois. Quant au chaudron, il se brisa en deux et le liquide se répandit dans la rivière. Or, comme en dehors des trois gouttes qu'avait absorbées Gwyon le Petit ce liquide était un violent poison, tous les animaux qui vinrent boire dans la rivière cette nuit-là périrent subitement.

C'est alors que revint Keridwen. Elle vit le chaudron brisé et fut désespérée en constatant que tous ses efforts de l'année écoulée avaient été inutiles. En proie à une grande fureur, elle saisit un morceau de bois et en frappa l'aveugle Morda si fort que ses yeux lui tombèrent sur les joues. « Tu m'as défiguré sans raison, dit l'aveugle, car ce n'est pas moi le responsable. » Keridwen répondit : « Tu dis vrai, Morda. C'est Gwyon le Petit qui est responsable de ce désastre ! » Et elle se précipita à la recherche du jeune homme, bien décidée à lui faire payer très cher l'échec de son projet.

Cependant, Gwyon l'aperçut, courant dans sa direction. Comme il possédait maintenant tous les secrets de la nature, il se changea en lièvre et disparut dans les taillis. Mais Keridwen se changea en lévrier et courut de plus belle à sa poursuite. Elle était sur le point de le rattraper auprès d'un étang quand Gwyon se changea en poisson et se précipita dans les eaux. Alors, sans perdre de temps, Keridwen prit la forme d'une loutre, plongea et le pourchassa sous les eaux, tant et si bien qu'il dut lui-même se changer en oiseau. Elle le suivit alors sous l'apparence d'un faucon et ne lui laissa aucun répit dans le ciel. Au moment où Keridwen allait fondre sur lui, il aperçut un tas de grains qu'on venait de battre sur l'aire d'une grange. Il se précipita dans la grange et se changea en grain de blé, se dissimulant ainsi parmi les autres grains. Mais alors, Keridwen prit la forme d'une poule noire surmontée d'une haute crête et, en grattant de ses pattes, elle découvrit le grain et l'avala. Puis elle reprit son aspect de femme et retourna dans la forteresse du lac Tegid.

Mais l'histoire raconte encore que, cette nuit-là, Keridwen devint enceinte. Elle savait bien que ce n'était pas d'avoir eu des rapports avec un homme, et c'est pourquoi elle s'efforça de cacher son état le plus longtemps possible. Et quand le terme approcha, elle se retira dans un endroit secret qu'elle était seule à connaître. C'est là qu'elle accoucha d'un garçon. Mais l'enfant était si beau et si bien formé qu'elle n'eut pas le courage de le tuer : elle l'enferma dans un sac de peau et le jeta à la mer, à la grâce de Dieu, le dernier soir du mois d'avril [1].

Les flots roulèrent longtemps le sac, la nuit durant, jusqu'à parvenir au large du pays du roi Gwyddno. Or, il existait une coutume dans ce pays : chaque matin de premier mai, le roi faisait jeter son filet dans la mer, entre la rivière Tewy et sa forteresse d'Aberystwyth. Le soir, on retirait le filet et celui-ci contenait quelque cent livres de poissons, que l'on distribuait ensuite à tous les pauvres du royaume. Gwyddno avait un fils unique du nom d'Elffin, mais celui-ci semblait marqué par un mauvais destin, car rien de ce qu'il entreprenait ne lui réussissait : c'était le plus malheureux et le plus infortuné de tous les jeunes gens de ce temps-là. Son père en concevait beaucoup de chagrin, car il aimait tendrement son fils et pensait qu'il était né un jour néfaste. Or, cette année-là, sur l'avis de ses conseillers les plus sages, le roi

1. C'est-à-dire au début de la Nuit de Beltaine, la grande fête celtique du début de l'été, correspondant à la Nuit de Walpurgis germanique.

Gwyddno avait confié à son fils le soin de retirer le filet, afin de savoir si la chance lui faisait toujours défaut, et aussi pour lui donner l'occasion de prendre ses responsabilités.

Le soir venu, Elffin alla donc retirer le filet. Il vit qu'il ne contenait rien et fut saisi de chagrin. Comme il s'en retournait, il aperçut un sac de peau accroché au bord du filet. L'un des gardiens du filet lui dit : « Tu n'as jamais eu la moindre chance et, à présent, tu as détruit la vertu de ce filet qui fournissait chaque soir de premier mai la valeur de cent livres de poissons. Ce soir, il n'y a que cette vieille peau ! » La réflexion du gardien provoqua une grande colère dans l'esprit d'Elffin. Il retourna vers le rivage et dit, comme par défi : « Peut-être y a-t-il dans ce sac la valeur de cent livres, et peut-être davantage. Je veux qu'on m'apporte ce sac ! » On saisit le sac de peau et on le lui apporta. Il l'ouvrit et aperçut l'enfant qui le regardait intensément de ses grands yeux ouverts. Il remarqua une étrange lumière sur le front de l'enfant et ne put s'empêcher de s'écrier : « Oh ! un *front brillant* ! [1] Je veux qu'on donne à cet enfant le nom de *Taliesin* ! »

Elffin prit l'enfant dans ses bras et, tout en se lamentant sur sa malchance, il le plaça sur son cheval avec beaucoup de douceur. Il fit avancer sa monture au pas au lieu de la faire trotter comme d'habitude, et l'enfant fut aussi bien que s'il eût été sur le siège le plus confortable du monde. C'est alors que l'enfant se mit à parler, à la grande stupéfaction d'Elffin. Et voici ce qu'il lui dit : « O bel Elffin, ne te lamente plus ! Un homme ne peut

1. Étymologie populaire, et très discutable, du nom de Taliesin, historiquement barde du roi Gwyddno, puis du roi Uryen Reghed, au VIe siècle, devenu ensuite, dans la légende, une sorte de prophète et magicien. Voir mon chapitre « Taliesin et le Druidisme » dans *les Celtes et la civilisation celtique*, Paris, Payot, 12e éd. 1992.

toujours pleurer sur son destin, et le désespoir ne peut apporter aucun profit. Nous ne savons pas ce qu'est le bonheur, ni d'où il vient, mais nous le cherchons sans cesse, et quand il se présente à nous, nous ne le reconnaissons pas. Mais tes prières n'ont pas été vaines, ô Elffin, toi qui m'as recueilli avec tant de douceur, et Dieu ne peut que t'apporter joie et réconfort. Dans le filet de Gwyddno, jamais prise ne fut meilleure que celle de ce soir. Allons, bel Elffin, sèche tes larmes... Bien que frêle et fatigué par les flots qui m'ont roulé jusqu'ici, je peux t'apporter une belle récompense, car ma langue est dotée de pouvoirs merveilleux, et aussi longtemps que je serai près de toi, il ne te manquera ni richesse ni estime de la part des gens de ce monde. »

Elffin fut bien étonné de ce discours. Il demanda à l'enfant : « Mais qui es-tu donc, petit être que j'ai recueilli dans la mer ? Es-tu de la race des hommes ou de celle des esprits qui rôdent sur les rivages ? J'ai bien peur que tu sois envoyé par l'Ennemi pour alourdir mon mauvais destin davantage ! » L'enfant lui répondit en souriant : « Rassure-toi, Elffin, car je ne te veux aucun mal et je ne suis pas envoyé par l'Ennemi. » Alors Taliesin se mit à chanter pour Elffin :

« Je fus d'abord modelé sous la forme d'un bel homme, dans le domaine de Keridwen, la magicienne, afin d'y être purifié et de connaître toutes les sciences du monde. Bien que petit, et modeste en mon comportement, j'étais grand dans mon âme. Et pendant que j'étais en ce domaine, une douce inspiration me saisit, et tous les secrets de la nature me furent donnés en un langage sans mots. Mais je dus m'enfuir, poursuivi par la magicienne en colère et dont les clameurs étaient effrayantes.

Alors je me suis enfui sous l'aspect d'un corbeau au langage prophétique, sous l'aspect d'un renard sarcastique, sous l'aspect d'un martinet infaillible, sous l'aspect d'un écureuil qui vainement se cache. Je me suis enfui sous l'aspect d'un cerf roux, sous l'aspect du fer dans un feu ardent, sous l'aspect d'une épée semant la mort et le malheur, sous l'aspect d'un taureau, combattant implacable.

Je me suis enfui sous l'aspect d'un sanglier hirsute, puis enfin sous l'aspect d'un grain de froment. Alors je fus pris par les serres d'un oiseau de proie qui grossit jusqu'à prendre la taille d'un poulain. Enfin, je fus jeté en un sombre receptacle et, flottant comme un navire sur une mer sans fin, je partis à la dérive. Et, comme je suffoquais, j'eus un heureux présage, et le maître des Cieux permit que je fusse libéré... »

Après avoir ainsi chanté, l'enfant s'endormit. Et Elffin arriva à la forteresse du roi Gwyddno, son père. Gwyddno lui demanda si la prise du filet avait été bonne. Elffin lui répondit que sa prise avait été meilleure que si elle avait été de cent livres de poissons. « Qu'est-ce que c'est ? » demanda Gwyddno. — « Un barde », répondit Elffin. Gwyddno se lamenta : « Hélas ! dit-il, comment un barde pourrait-il te donner du profit ? » Ce fut Taliesin qui répondit lui-même : « Oui, je donnerai à ton fils plus grand profit que le filet ne t'en a jamais donné. » Gwyddno demanda à Taliesin : « Tu es donc capable de parler bien que tu sois si petit ? » Taliesin lui répondit : « Je suis plus capable de parler que toi de me questionner ! » Gwyddno lui dit qu'il voulait l'entendre. Et Taliesin se mit à parler et à chanter devant Gwyddno et les gens de la cour, et chacun admirait la science de cet enfant qui paraissait si frêle et dont les yeux étaient si grands et si lumineux.

Après cela, Elffin confia son protégé à sa femme qui l'éleva tendrement, lui manifestant une grande affection. Et chaque jour, les richesses d'Elffin s'accroissaient et son père se réjouissait de voir que sa période de malheur et de malchance était terminée. Taliesin demeura ainsi jusqu'à l'âge de quinze ans. C'est alors qu'Elffin reçut une invitation de la part du roi Maelgwn Gwynedd, son oncle, qui tenait sa cour à Deganwy [1].

Elffin quitta donc là forteresse de son père et s'en alla à Deganwy où se trouvaient rassemblés les meilleurs chevaliers et écuyers de ce temps, ainsi que les clercs et les bardes les plus renommés. Or, parmi eux s'éleva une discussion, dont voici le sujet : « Y a-t-il dans le monde entier un chevalier aussi noble que Maelgwn, un roi sur lequel les Cieux ont répandu plus de dons et de talents ? Car outre la prestance, la beauté, la douceur et la force, ne possède-t-il pas toutes les qualités de l'âme ? » En plus, on disait que les Cieux lui avaient octroyé un don qui surpassait tous les autres, à savoir son épouse, dont le charme, la beauté, la grâce, la sagesse et la modestie avaient le pas sur les vertus de toutes les autres femmes du royaume. On posa aussi des questions sur certains personnages : qui possédait les plus braves chevaliers, les plus beaux et les plus rapides chevaux, les plus rapides lévriers, les plus sages et plus habiles bardes ? Oui, qui donc sinon Maelgwn Gwynedd ?

En ce temps-là, les bardes étaient en grande faveur auprès des grands du royaume. Personne ne pouvait remplir l'office de ceux qui sont maintenant appelés hérauts à moins d'être grandement instruit, cultivé, habile au service des rois et des princes, bien versé dans l'art des armes, ainsi que très savant en toutes choses du passé. Un barde devait également pouvoir discuter des royaumes étrangers et connaître tout ce qui s'y passait. Il devait répondre à toute question concernant les ancêtres

1. Maelgwn que, dans sa chronique en latin *de Excidio Britanniae*, le moine Gildas appelle Magloconnus est un personnage historique du VIe siècle, qui fut roi de Gwynedd, le nord-ouest du Pays de Galles. La tradition monastique n'est pas tendre envers lui, le rendant responsable de nombreux malheurs survenus en son temps, et le considérant comme un véritable tyran. La légende de Taliesin et les poèmes qui sont attribués à ce barde reprennent toutes ces accusations.

des princes et des rois. Il devait connaître de nombreuses langues, tels le latin, le gallois, le français et l'anglais. En plus, le barde devait être un chroniqueur, un archiviste, un mainteneur de toutes les traditions qui lui avaient été transmises. Il devait être habile à composer des vers et toujours prêt à chanter une strophe en n'importe quelle langue [1]. Et, dans cette assemblée de Deganwy, à la cour du roi Maelgwn, il y avait alors vingt-quatre bardes dont le chef portait le nom de Heinin Vardd [2].

Or, quand les bardes du roi Maelgwn eurent fini de chanter les louanges de leur maître, il advint qu'Elffin se leva et dit à l'assemblée : « En vérité, il n'y a qu'un roi qui puisse rivaliser avec un roi. Mais bien que je ne sois pas moi-même roi, je voudrais cependant dire que mon épouse est au moins aussi vertueuse que l'épouse du roi et que j'ai un barde qui est certainement plus habile que tous les autres bardes ici présents. » Aussitôt, quelques-uns des assistants s'en allèrent rapporter ces paroles imprudentes à Maelgwn. Celui-ci entra dans une violente colère contre son neveu qui osait ainsi le défier publiquement. Et il ordonna qu'on jetât Elffin dans une prison très sûre, et qu'on l'y gardât jusqu'à ce que la vérité fût établie quant à la vertu très sûre de son épouse et à l'habileté de son barde.

On emmena donc Elffin dans une tour de la forteresse et on l'y enferma, une lourde chaîne autour des pieds. On prétend même que c'était une chaîne d'argent parce

1. Cette énumération des vertus et devoirs des bardes est parfaitement conforme aux célèbres « Lois de Howell Dda », rédigées au xe siècle au Pays de Galles. La fonction de barde, dans un milieu chrétien, est une survivance de l'époque druidique : la classe sacerdotale celtique comportait en effet trois principaux degrés : druide proprement dit, barde et devin. Voir J. Markale, *le Druidisme*, Paris, Payot, 2e éd. 1989.

2. Heinin le Barde, personnage historique qui aurait vécu de 520 à 560 à Llancarvan.

qu'il était de sang royal. Puis Maelgwn chargea son fils Rhun d'aller s'informer sur la conduite de l'épouse d'Elffin. Rhun était alors le plus beau jeune homme de tout le royaume, et il n'y avait ni femme ni fille qui eût pu refuser de coucher avec lui. Maelgwn le savait bien, et c'est pourquoi il lui avait confié cette mission, persuadé qu'il séduirait l'épouse d'Elffin même s'il était exact qu'elle fût vertueuse et fidèle. Et Rhun se hâta vers la forteresse de Gwyddno, mûrissant en son esprit le moyen de déshonorer l'épouse d'Elffin. Mais celle-ci se trouvait alors en compagnie de Taliesin. Et Taliesin, qui avait la vision de ce qui se passait ailleurs, lui révéla ce qui se tramait contre elle, comment Maelgwn avait jeté Elffin en prison, et l'arrivée prochaine de Rhun qui allait essayer de l'outrager. C'est pourquoi il proposa à sa maîtresse d'habiller l'une de ses filles de cuisine avec ses propres vêtements. La noble dame y consentit bien volontiers. Elle habilla donc sa servante avec ses plus beaux atours, et lui mit aux doigts des mains les anneaux les plus riches qu'elle possédait. Taliesin demanda ensuite à sa maîtresse de faire asseoir la fille dans sa chambre pour le souper et de se vêtir elle-même des habits de la servante.

Rhun arriva à la forteresse au moment du souper. On le reçut avec beaucoup de prévenances, car tous les serviteurs le connaissaient bien. On l'emmena tout de suite à la chambre où se trouvait la soi-disant épouse d'Elffin. Celle-ci le reçut avec de grandes démonstrations de joie. Rhun et elle s'assirent afin de partager le repas qui fut immédiatement servi. Rhun, très conscient de son charme personnel, commença à plaisanter avec la fille, et celle-ci, ravie de l'occasion, se laissa bien vite aller. Certes, cette histoire peut faire la preuve que les servantes deviennent ivres en peu de temps et s'endorment sans savoir où elles se trouvent ; mais la vérité oblige à dire que ce fut une poudre que Rhun versa en cachette dans la boisson de la fille qui la fit dormir profondément. De toute façon, elle ne se rendit même pas compte que Rhun lui coupait le petit doigt, celui où se trouvait l'anneau aux armes d'Elffin, et que celui-ci avait donné à sa femme quelque temps auparavant. Après cela, Rhun prit congé, quitta la forteresse en emportant le doigt et l'anneau, et s'en retourna à la cour de son père.

Quand il apprit la nouvelle, Maelgwn ne se sentit plus de joie. Il convoqua ses conseillers et leur raconta toute l'histoire depuis le début. Puis il ordonna qu'Elffin fût tiré de sa prison pour le faire comparaître devant lui. Il lui reprocha vivement sa vantardise et lui dit : « Elffin, sache et ne doute plus que c'est folie pour un homme de croire à la vertu de sa femme quand on est dans l'impossibilité de voir ce qu'elle fait. J'ai la preuve que la vertu de la tienne est une illusion, car voici son doigt avec ton anneau. Il a été coupé la nuit dernière par mon fils, alors qu'elle dormait avec lui, plongée dans le sommeil de l'ivresse. » Elffin regarda attentivement le doigt et l'anneau. Puis il dit : « Avec ta permission, roi Maelgwn, je vais rectifier tes paroles. Certes, je ne peux renier mon anneau, que tout le monde connaît, mais je prétends absolument que le doigt sur lequel il se trouve n'a jamais appartenu à la main de mon épouse. Il y a trois choses qui le prouvent, et voici lesquelles : la première est que partout où aurait été ma femme, jamais cet anneau ne serait resté à son doigt, qu'elle fût couchée ou assise, car tu peux constater qu'on peut facilement faire glisser l'anneau sur la jointure du doigt ; la seconde est que ma femme, depuis que je la connais, n'a jamais laissé passer un samedi sans se faire les ongles avant d'aller se coucher, et tu peux constater que l'ongle de ce petit doigt n'a pas été fait depuis au moins trois mois. La troisième chose, enfin, c'est que la main d'où a été coupé ce petit doigt a pétri du seigle il n'y a pas trois jours, et je puis assurer que, depuis mon mariage, ma femme n'a jamais pétri de seigle ! »

Le roi Maelgwn fut grandement chagriné et courroucé contre son neveu Elffin parce qu'il lui avait tenu tête aussi obstinément pour défendre la réputation de sa femme. L'échec de Rhun retombait sur lui et il n'avait pas un caractère capable d'admettre un échec. « Fort bien, dit-il à Elffin, je reconnais que ton épouse est irréprochable, mais il y a autre chose : tu m'as dit que ton barde était plus habile que les miens. Il te reste à le prouver. » Il ordonna donc de reconduire Elffin dans sa prison et déclara en public qu'il l'y laisserait jusqu'à ce que fussent justifiées les paroles qu'il avait prononcées. Et Maelgwn s'en retourna parmi les siens, avide d'entendre les chants de louanges dont ses bardes le comblaient.

Cependant, au même moment, Taliesin, qui savait tout ce qui se passait ailleurs, racontait à l'épouse d'Elffin comment celui-ci avait justifié sa vertu et sa fidélité. Il lui dit encore qu'Elffin avait été reconduit à sa prison, mais qu'elle ne devait pas en être affligée, car il allait, lui, Taliesin, partir pour la cour du roi Maelgwn, et justifier par des actes ce qu'avait prétendu Elffin. Elle lui demanda de quelle manière il s'y prendrait pour arriver à ses fins, et Taliesin lui répondit par un chant : « Un voyage j'accmplirai, et j'irai vers la grande porte de la forteresse. J'entrerai dans la grande salle et je dirai mes paroles devant les bardes du roi, en présence de celui-ci et de tous les nobles du royaume. Je les saluerai, par dérision, et je les réduirai à merci pour la plus grande gloire d'Elffin. Ne t'inquiète pas, maîtresse, toi qui as été pour moi meilleure que la meilleure des mères, je délivrerai Elffin de ses chaînes et je le ramènerai ici, auprès de toi... »

Taliesin prit congé de l'épouse d'Elffin et se dirigea vers la forteresse de Deganwy. Tandis qu'il cheminait ainsi, le long du rivage, il vit un homme venir à lui, qui marchait à grands pas, semblant aller dans la même direction. Il le salua aimablement et lui demanda quel était le but de son voyage. L'autre lui répondit qu'il ne savait pas où il allait, mais qu'il savait qu'il allait rencontrer quelqu'un qui avait de grandes affinités avec lui. « Sais-tu qui je suis ? » lui demanda Taliesin. « Bien sûr, répondit l'homme. Tu es Taliesin, celui qui est né de la magicienne Keridwen. Mais tu n'as pas été toujours ainsi. Autrefois, tu étais Gwyon le Petit, et je sais que la magicienne t'avait chargé de veiller sur le chaudron de connaissance et d'inspiration qu'elle mettait tant de soin et de patience à préparer. Mais contrairement à ce qu'elle avait prévu, les trois gouttes de sagesse et d'inspiration sont venues en toi, et t'ont donné la vision des choses cachées. Je sais que tu es Taliesin et que les générations futures te nommeront Taliesin Pennbardd. Tu seras le meilleur des bardes que cette terre ait connus depuis que le monde est monde. Ainsi en est-il de la destinée des êtres. Autrefois, tu te nommais Gwyon le Petit, et tu n'étais qu'un jeune homme timide qui ne savait pas où allaient le porter ses pas, tandis que maintenant, depuis que tu as bu les trois gouttes et que la magicienne Keridwen t'a redonné une nouvelle naissance, tu es vraiment Taliesin, le chef des bardes de tous les royaumes qui sont au couchant du soleil... »

Taliesin lui répondit : « Je sais qui tu es. Tu es le fils d'un démon à qui le maître des Cieux a donné le don de savoir ce qui arrivera dans l'avenir. Tu es l'esprit du temps et de l'espace, celui qui sait la valeur des planètes et connaît le sens de chaque brin d'herbe sur cette terre où nous sommes incarnés toi et moi. Les hommes de Bretagne t'ont donné le nom de Merlin, et tu es celui qui doit venir pour dire aux princes de ce monde sur quel chemin ils doivent s'engager. Je te salue, Merlin, toi le prophète et le magicien des temps passés, des temps présents et des temps futurs, toi dont le rire étonne ceux qui t'interrogent, et qui dénoues d'un regard les intrigues les plus tortueuses. Mais je connais aussi tes faiblesses. Car tu es un homme, Merlin, et tu as parfois tendance à l'oublier. Tu marches sur le sol et tu t'imprègnes de la terre. Or, cette terre t'inonde de son rayonnement subtil, et tu ne pourras pas t'y soustraire. » L'autre le regarda d'un air étrange. « Oui, je suis ce Merlin dont tu parles, dit-il. Mais maintenant, prophétise, dis-moi les choses que tu connais, mais dont tu ignores peut-être le sens caché. »

« Très bien, dit Taliesin. Je vais te chanter un chant. Le voici : Je suis le sage de la science primitive, je suis l'astrologue averti, je dis la colère, je dis la solution des problèmes. L'inspiration que je chante, je l'apporte des profondeurs. Une rivière, pendant qu'elle coule, je sais son étendue, je sais quand elle apparaît, je sais quand elle se remplit, je sais quand elle déborde, je sais quand elle disparaît, je sais quelle profondeur il y a sous la mer, je sais combien nombreuses sont les heures dans un jour, je sais combien nombreux sont les jours dans l'année, combien nombreux sont les épieux dans une bataille, combien nombreuses sont les gouttes de l'averse, doucement éparpillées au gré des vents. »

« Oui, dit Merlin, et que sais-tu encore ? » Taliesin se remit à chanter : « Je sais combien nombreux sont les vents, les ruisseaux, combien nombreuses sont les rivières, je connais la largeur de la terre et son épaisseur. Je sais pourquoi résonne une colline, je sais pourquoi une vache est connue, pourquoi une épouse est aimante, pourquoi le lait est blanc, pourquoi le houx est vert, pourquoi le chevreau est barbu dans la multitude des champs, pourquoi ronde est la roue, pourquoi le petit du chevreuil est tacheté, pourquoi le sel est le support de la mémoire. Je sais pourquoi l'aulne est de couleur pourpre, pourquoi la linotte est verte, pourquoi une femme n'a point de repos, pourquoi la nuit tombe. Mais personne ne sait pourquoi les entrailles du soleil sont rouges. » Merlin lui répondit : « Mais tu sais bien d'autres choses encore, Taliesin, chef des bardes des pays où le soleil se couche. Dis-les moi, je te prie. » Taliesin reprit : « Je sais que la patte du blanc cygne est noire, je sais quels sont les éléments, je sais quelles sont les errances des sangliers et des cerfs dans les forêts inaccessibles. Je connais les coucous de l'été, je sais où ils seront en hiver. Je connais le bien et le mal. Je connais la coupe d'où a coulé le flot qui inonde le monde, je sais où l'aurore devient le jour et où le crépuscule devient la nuit. »

« Tu prétends tout connaître, ou presque tout, dit Merlin. Mais, dis-moi : Quelle fontaine éclate sous le couvert de l'ombre, alors que le roseau est blanc sous la lumière de la lune ? Dis-moi : Quand une pierre est si lourde, quand une épine est si aiguë, sais-tu ce qui vaut mieux, de la base ou du sommet ? Dis-moi encore : Sais-tu qui tu es quand tu dors, un corps, une âme ou un repaire de perceptions ? Quelle est la place de l'âme ? Quelle forme ont ses membres ? Où s'épanche-t-elle ? Quel air respire-t-elle ? Réponds-moi, Taliesin, chef des bardes des pays où le soleil est rouge avant de disparaître dans les vagues de la nuit ? »

« Tu me soumets à l'épreuve, ô Merlin, le plus sage des hommes, mais je sais que tu n'attends aucune réponse de moi. » Merlin se mit à rire et dit : « C'est vrai. J'attends seulement que tu me dises qui tu es. » Taliesin répondit : « Je suis ce que j'ai été, ce que je suis et ce que je serai. J'ai revêtu une multitude d'aspects avant d'acquérir ma forme définitive, celle que tu vois devant toi, Merlin, il m'en souvient très clairement. J'ai été une lance étroite et dorée, j'ai été une goutte de pluie dans les airs, j'ai été la plus profonde des étoiles, j'ai été mot parmi les lettres, j'ai été livre dans l'origine, j'ai été lumière de la lampe, j'ai été un immense pont jeté à travers trois vingtaines d'estuaires, j'ai été chemin, j'ai été aigle, j'ai été bateau de pêcheur sur la mer, j'ai été victuaille du festin, j'ai été goutte de l'averse, j'ai été une épée dans l'étreinte des mains, j'ai été bouclier dans la bataille, j'ai été corde d'une harpe, j'ai été éponge dans les eaux et dans l'écume, j'ai été arbre dans les forêts. Et puis, quand les temps sont venus, j'ai été le héros des prairies sanglantes, au milieu de cent chefs. Rouge est la pierre qui orne ma ceinture et mon bouclier est bordé d'or. Longs et blancs sont mes doigts. Il y a longtemps que j'étais pasteur sur la montagne. J'ai erré longtemps sur la terre avant d'être habile dans les sciences. J'ai erré, j'ai marché, j'ai dormi dans cent îles, je me suis agité dans cent villes... »

« Et maintenant ? » demanda Merlin. — « Maintenant, je suis Taliesin, et je défendrai jusqu'à la fin des temps celui qui a été mon protecteur et mon bienfaiteur, Elffin, fils du roi Gwyddno, qui est prisonnier du roi Maelgwn à cause de moi. » — « Voilà qui est bien dit, répondit Merlin. Mais je suis curieux de savoir comment tu vas t'en sortir, car tu vas être obligé de te mesurer aux vingt-quatre bardes de Maelgwn, et ce sont de rudes gaillards qui ne te feront pas de cadeau. Si tu veux délivrer ton bienfaiteur, il te faudra user de tout ton pouvoir. Va donc jusqu'à Deganwy et délivre Elffin de ses chaînes. Moi, je serai là pour te voir, mais sache que jamais je n'interviendrai en ta faveur. Je saurai ainsi si ce que tu prétends être correspond à la réalité. »

Taliesin prit congé de Merlin et s'en alla jusqu'à la cour de Maelgwn. Le roi se trouvait dans la grande salle, en grand appareil, comme c'était la coutume pour les princes et les rois en ce temps-là, et il présidait un festin où coulaient à flots la bière et l'hydromel. Après être entré dans la salle sans se faire remarquer, Taliesin alla se placer dans un coin très tranquille, sur le passage que les bardes et les ménestrels devaient emprunter pour aller rendre leurs devoirs au roi, comme c'était la coutume les jours de largesse royale. Et lorsque les bardes vinrent crier « largesse ! » et proclamer les mérites et la puissance du roi, ils passèrent devant Taliesin. Et Taliesin leur fit une grimace et se mit à fredonner : « bléroum, bléroum ! », en mettant un doigt sur ses lèvres. Les bardes ne firent pas attention à lui et continuèrent leur lente procession jusqu'à l'endroit où se trouvait le roi, afin de lui jurer obéissance et de prononcer les éloges habituels. Mais quand ils se furent rangés devant le roi et qu'ils se furent inclinés, au moment de commencer leur chant de louanges, ils demeurèrent muets, incapables de parler ou de chanter, se bornant à faire la grimace et à fredonner sans arrêt : « bléroum, bléroum ! », avec un doigt sur les lèvres, comme ils avaient vu faire Taliesin.

Maelgwn fut bien étonné de ce comportement, et il pensa immédiatement qu'ils avaient dû largement profiter du festin pour s'enivrer. C'est pourquoi il n'insista pas et envoya quelqu'un pour leur dire de quitter la salle. Mais les bardes ne semblèrent pas comprendre ce qu'on leur disait et se contentaient de répondre en fredonnant « bléroum, bléroum ! » avec le doigt sur leurs lèvres. Alors le roi envoya l'un de ses écuyers vers Heinin, le chef des bardes, en lui ordonnant de le frapper pour le ramener à la réalité. L'écuyer prit un balai de genêt et frappa Heinin à la tête si violemment que celui-ci s'affaissa sur le sol. Il se releva aussitôt et alla s'agenouiller devant le roi, implorant son pardon et disant que sa faute n'incombait pas à son abus de boisson, mais à l'influence d'un esprit qui se trouvait dans la salle et qui lui avait jeté un sort. Heinin parla ainsi : « Honorable roi, qu'il soit connu de ta grâce que ce n'est pas la force de la boisson ou l'abus de l'hydromel qui nous a rendus muets de la façon que tu sais, mais l'influence d'un esprit qui est sous la forme d'un jeune homme assis là-bas, à l'entrée de la salle ! » Le roi commanda à l'écuyer d'aller chercher ce jeune homme. Il alla donc vers le recoin où se tenait Taliesin et l'amena devant Maelgwn. « Qui es-tu et d'où viens-tu ? » demanda le roi. Et Taliesin répondit par un chant :

« Je suis un barde de la nature et j'appartiens à Elffin. Mon pays d'origine est la région des étoiles d'été. Jean le Prophète m'appelait l'Homme de la Mer, mais les rois de l'avenir m'appelleront Taliesin. J'étais avec mon roi dans l'état supérieur quand Lucifer tomba dans le gouffre d'enfer. J'ai porté la bannière devant Alexandre. Je sais le nom des étoiles du nord et du levant. J'ai été dans la Voie lactée, tout près du trône où se tient le divin distributeur des richesses de l'univers. J'ai accompagné l'esprit de Dieu jusqu'en la profonde vallée d'Hébron. J'ai été à la cour de Dôn [1] bien avant la naissance de Gwyddyon [2]. J'ai été l'instructeur d'Élie et d'Énoch. J'ai parlé avant d'être doué de parole. J'ai été en Canaan quand Absalon fut tué. J'ai été à la cour des Danois bien avant la naissance d'Odhin. J'ai été sur le lieu de la crucifixion du Dieu de merci.

J'ai été chef gardien de l'ouvrage de la Tour de Nemrod. J'ai été dans l'Arche avec Noé. J'ai contemplé la destruction de Sodome et de Gomorrhe. J'ai été en Afrique avant que Rome ne fût surgie de terre. Je suis venu ici à la ruine de Troie. J'ai fortifié Moïse au passage de la mer Rouge. J'ai été au firmament avec Marie de Magdala. J'ai été doué de génie par le chaudron de Keridwen. J'ai été barde, avec ma harpe, auprès de tous les rois du monde. J'ai enduré la faim pour le fils de la Vierge. J'ai été prisonnier à la cour d'un mauvais roi pendant un an et un jour. On ne sait pas quel est mon corps, s'il est d'un animal terrestre ou d'un être qui évolue dans les eaux. Je suis l'instructeur de tout l'univers et le serai jusqu'au jugement. Il n'y a pas de merveille que je ne puisse révéler... J'ai été neuf mois pleins dans le sein de Keridwen. Je fus Gwyon autrefois, et maintenant je suis Taliesin. »

---

1. Désignation galloise de la constellation Cassiopée. Dôn est un des noms de la Déesse Mère universelle, la *Dana* irlandaise et l'*Anna* bretonne. On remarquera ici un mélange ahurissant de traditions celtiques archaïques, de réminiscences bibliques et de notions gnostiques.
2. Fils de la déesse Dôn et célèbre magicien de la tradition galloise.

Tous les assistants furent émerveillés d'entendre un jeune homme prononcer de telles paroles. Et quand Maelgwn sut que ce jeune homme était le barde d'Elffin, il ordonna au chef de ses bardes, celui qu'on nommait Heinin, qu'il considérait comme le plus sage de tous, de répondre à Taliesin et de jouter avec lui. Mais quand Heinin vint devant Taliesin, il ne put faire autre chose que de fredonner « bléroum, bléroum ! » avec un doigt sur les lèvres. On alla donc chercher les autres bardes, mais aucun d'eux ne put rien faire d'autre que ce que faisait Heinin. On s'aperçut bien vite que les vingt-quatre bardes étaient dans le même état, incapables de répondre à Taliesin et frappés d'une même hébétude. Maelgwn demanda alors à Taliesin pourquoi il était venu. Taliesin ne lui répondit pas directement. Il se tourna vers les bardes et leur dit : « Bardes chétifs ! J'essaie de sauver le prisonnier ! Par mes doux chants inspirés, je m'efforce de réparer l'injustice qui a été commise ici au détriment d'Elffin. Oui, je suis Taliesin, le chef des bardes des pays de l'ouest, et je viens délivrer Elffin de ses chaînes d'argent. »

Et tandis que Taliesin prononçait ces paroles, il y eut soudain une tempête de vent si violente que le roi et ses nobles invités pensèrent que la forteresse allait s'écrouler sur leurs têtes. Effrayé par ce prodige, Maelgwn ordonna d'aller tirer Elffin de sa prison et de l'amener immédiatement dans la grande salle. On se hâta d'obéir au roi, tant la terreur qu'inspirait la tempête était grande. Et dès qu'Elffin fut présent dans la salle, le vent cessa de souffler et les chaînes du prisonnier tombèrent d'elles-mêmes sur le sol. Et Maelgwn reconnut devant tous ceux qui étaient là qu'il avait commis une grande injustice envers son neveu Elffin, proclamant bien haut et bien fort l'innocence de sa femme et la supériorité évidente de son barde sur tous les bardes des pays où le soleil se couche. Et c'est depuis ce temps que Taliesin fut appelé « chef des Bardes ».

Cependant Taliesin prit Elffin à part et lui demanda de prétendre devant le roi qu'il possédait un cheval deux fois meilleur et plus rapide que les autres. Elffin suivit le conseil de Taliesin, et le roi, piqué au jeu, mais voulant malgré tout prendre sa revanche, accepta l'épreuve. Le jour et l'heure furent fixés pour la compétition en un lieu qui fut depuis lors appelé Morva Rhianned. Ce fut là que vint le roi Maelgwn avec tous ses gens, et vingt-quatre des chevaux les plus rapides qu'il possédait. Après une longue discussion, le parcours de la course fut déterminé, et les chevaux furent mis en place pour le départ. C'est alors qu'arriva Taliesin, avec vingt-quatre branches de houx qu'il avait fait légèrement brûler. Il dit au jeune homme qui devait monter l'unique cheval d'Elffin de placer ces branches dans sa ceinture. Il lui ordonna de laisser filer les chevaux du roi devant lui de façon à pouvoir, au bon moment, les dépasser l'un après l'autre. Le jeune homme devait alors prendre une des branches de houx, en frapper le cheval qu'il dépassait à la croupe, et la laisser tomber sur le sol. Après cela, il devait prendre une autre branche et procéder de la même manière avec chacun des autres chevaux du roi. Et Taliesin lui demanda encore de bien repérer l'endroit où son propre cheval ferait un faux pas et d'y jeter son manteau.

Tout se passa comme l'avait prévu Taliesin : le jeune cavalier frappa tous les chevaux du roi l'un après l'autre avec une branche de houx et jeta son manteau à l'endroit où son cheval avait fait un faux pas. Le cheval d'Elffin arriva le premier et Maelgwn dut reconnaître publiquement que son neveu était le meilleur de tous les princes du royaume. Mais quand la fête fut terminée et que chacun rentra chez soi, Taliesin amena Elffin à l'endroit où se trouvait le manteau. Il lui dit de faire venir des ouvriers et de creuser le sol à cet endroit précis. Elffin donna immédiatement des ordres pour que l'on creusât sous l'emplacement du manteau. Or, quand le trou fut assez profond, on découvrit un chaudron rempli de pièces d'or. Taliesin dit alors : « Elffin, voici la récompense qui t'est due pour m'avoir sorti du filet et m'avoir gardé près de toi jusqu'à ce jour. Maintenant, tu dois m'accorder la permission de m'en aller, car j'ai accompli ce que je devais accomplir. » Elffin fut très chagriné de voir partir Taliesin mais, après tant de bienfaits dont le barde l'avait comblé, il pouvait difficilement lui refuser son congé. Et Taliesin partit vers le nord, sachant fort bien qu'il devait retrouver Merlin dans la forêt de Kelyddon, auprès de l'ermite Blaise, afin de raconter à celui-ci les événements dont ils avaient été les témoins [1].

1. D'après l'*Histoire de Taliesin,* texte médiéval contenu dans un manuscrit de 1758 conservé à la Library of Welsh School de Londres, édité dans la *Myvyrian Archaeology of Wales* (I, 17). La rencontre de Taliesin et de Merlin est empruntée aux poèmes attribués à l'un et à l'autre, et contenus dans les manuscrits gallois *Livre Noir de Carmarthen* et *Livre Rouge de Hergest.* Voir J. Markale, *les Grands Bardes gallois,* Paris, Picollec, 1981.

CHAPITRE IX

Le Temps des Merveilles

Pendant ce temps, le roi Uther Pendragon n'avait cessé de guerroyer contre les Pictes et les hordes de Saxons qui continuaient à ravager les régions de l'est et du nord. Il avait été assez heureux pour repousser les Pictes, mais les Saxons lui donnaient encore beaucoup de mal, car chaque fois qu'une de leurs troupes était rejetée à la mer, il en arrivait une autre, plus puissante et plus audacieuse encore. Néanmoins, le roi Uther savait fort bien commander son armée et ne reculait devant aucune difficulté, quel que fût le temps qu'il devait y passer. Bien souvent, il regrettait l'absence de Merlin, mais il savait que celui-ci ne viendrait le trouver que lorsqu'il le jugerait utile pour le royaume. Uther combattait donc les ennemis venus d'ailleurs et, parfois, il devait même se heurter à certains de ses vassaux, ces petits rois qui avaient beaucoup de mal à le reconnaître comme leur chef suprême et qui étaient toujours prêts à le trahir parce que les Pictes et les Saxons promettaient de grandes récompenses à ceux qui leur permettraient d'acquérir des territoires dans cette île de Bretagne qu'ils convoitaient tant.

Car les temps étaient rudes et chacun devait lutter pour sauvegarder sa vie et ses biens, chacun devait se méfier de son voisin toujours prêt à profiter de la moindre faiblesse. Les chefs se retranchaient dans leurs forteresses et se surveillaient sans cesse, tandis que les paysans, dans leurs villages, avaient bien du mal à garder leurs troupeaux et à cultiver leurs champs. Il n'était pas rare qu'on vînt leur dérober leur bétail ou que leurs champs fussent saccagés par des combattants plus enragés que des loups féroces. De pillage en pillage, d'incendie en incendie, le royaume devenait la proie des vautours qui s'abattaient sur lui, et quand les plaintes du peuple parvenaient jusqu'au roi Uther, celui-ci ne pouvait même pas intervenir tant son rôle de chef protecteur le contraignait à combattre lui-même contre d'implacables ennemis.

Merlin savait tout cela, et Taliesin aussi, qui se trouvait auprès de lui, dans la forêt de Kelyddon où tous deux dictaient à l'ermite Blaise les hauts faits du passé et les espérances de l'avenir. Un jour, Taliesin dit à Merlin : « Depuis que je suis dans cette vie, je n'ai plus que le pouvoir de connaître ce que les autres ne connaissent pas, je n'ai plus que le pouvoir de la parole. Je sais endormir ou réveiller une assemblée, je sais rétablir la justice quand elle est bafouée, je sais parfois apaiser une querelle, me placer au milieu d'une bataille et supplier les combattants de renoncer à leur folie. Mais je n'ai plus le pouvoir que j'avais lorsque j'étais Gwyon le Petit, lorsque je savais transformer mon aspect et celui des autres. Ainsi en est-il pour moi. Mais toi, Merlin, non seulement tu as connaissance du passé, du présent et de l'avenir, mais tu as également le pouvoir de transformer les êtres et les choses. Ne peux-tu donc rien contre le mal, contre la souffrance et la mort ? »

« Non, Taliesin, répondit Merlin. Je ne peux rien contre la souffrance et la mort, et c'est tout juste si je peux parfois m'opposer au mal quand je sens que celui-ci menace d'envahir le monde. D'ailleurs, qu'est-ce que le mal et qu'est-ce que le bien ? On agit parfois pour le bien et la conséquence en est le mal. De même, il est parfois nécessaire d'accomplir ce qu'on pense être un mal pour parvenir à ce qu'on appelle un bien. Cela, je le sais mieux que quiconque, puisque j'ai été engendré par l'esprit du Mal, par l'Ennemi, et si Dieu ne m'avait pas arraché à mes origines, je sais bien que je répandrais mort et désolation par la terre entière. N'ai-je point été engendré pour cela ? »

« Cependant, reprit Taliesin, il me semble que tu pourrais intervenir au milieu de ces luttes incessantes et réconcilier ceux qui se heurtent avec tant de violence. » Merlin répondit : « Certes, je le pourrais, mais à quoi cela servirait-il ? Une querelle apaisée, une autre se lèverait. Sache, Taliesin, que la destinée des humains est tout entière fixée dans un plan que seul connaît Dieu. Et si j'ai conscience de ce qui peut arriver dans l'avenir, c'est toujours une vision incomplète qui vient à mon esprit. Et, comme tous les humains, je mourrai, et je ne connais ni le moment ni les circonstances de ma propre mort. Il en est de même pour la destinée du royaume : je sais qu'il disparaîtra un jour, je sais même que cette disparition sera causée par une lutte à mort entre le père et le fils, mais je ne pourrai rien empêcher. On ne peut rien contre la mort, Taliesin, parce que la mort n'est que le milieu d'une longue vie. »

Pendant que Merlin parlait ainsi et que Taliesin l'écoutait attentivement, l'ermite Blaise écrivait sur de grands parchemins qu'il mettait ensuite à l'abri dans des coffres de pierre. Merlin dit à Blaise : « Voici encore un récit que tu devras conserver pour les générations futures, et ce récit, c'est Taliesin qui va le faire, car il le connaît lui aussi, et il faut que tu saches, Blaise, que je ne serai pas toujours là près de toi et que Taliesin est aussi capable que moi de raconter les événements des temps aventureux. » Alors Taliesin prit la parole et l'ermite Blaise transcrivit fidèlement son récit [1].

Il y avait, en des temps lointains, un roi du nom de Brân Vendigeit, c'est-à-dire le Béni. Il était fils du roi Llyr et il avait une sœur nommée Branwen, Blanc Corbeau, ainsi que deux demi-frères, Nissyen et Evnissyen. Nissyen était un jeune homme d'une grande bonté, et chaque fois qu'une dispute éclatait quelque part, il se trouvait là pour l'apaiser, mais Evnissyen ne se plaisait jamais tant que lorsqu'il pouvait semer la discorde quelque part, même entre ses frères. Néanmoins Brân l'aimait beaucoup et l'avait toujours en sa compagnie. Or, un jour que Brân se reposait avec ses frères sur un rocher qui dominait la mer, devant sa forteresse de Harllech [2], il aperçut treize navires qui venaient du sud de l'île d'Irlande et se dirigeaient vers la côte. Ils avançaient rapidement, car un vent favorable gonflait leurs voiles et les faisait se rapprocher de plus en plus. « Je vois des navires qui viennent vers nous, dit le roi. Commandez donc aux hommes de la cour de se vêtir et d'aller jusqu'au port pour savoir quelles sont leurs intentions. »

Les hommes revêtirent de beaux habits et descendirent jusqu'au port. Quand ils examinèrent les navires de plus près, ils furent bien convaincus qu'ils n'en avaient jamais vus qui eussent l'air mieux équipés. De beaux étendards d'étoffe brodée d'or flottaient au-dessus d'eux. Tout à coup, un navire se détacha en avant des autres, et on vit se dresser, au-dessus du pont, un bouclier suspendu à un mât, en signe de paix. Les hommes de Brân avancèrent vers lui de façon à pouvoir converser. Alors, les

1. Ce début de chapitre est inspiré par les poèmes attribués au barde Myrddin-Merlin contenus dans les deux manuscrits gallois, le « Livre Noir » de Carmarthen et le « Livre Rouge » de Hergest, notamment par un curieux dialogue prophétique entre Taliesin et Merlin qui sont supposés en être conjointement les auteurs.

2. Forteresse sur la côte du Merionethshire, au Pays de Galles.

étrangers jetèrent des canots à la mer, se rapprochèrent du rivage et demandèrent à parler au roi Brân. Celui-ci vint à leur rencontre. « Soyez les bienvenus, leur dit-il. A qui appartiennent ces navires et quel en est le chef ? » Les étrangers répondirent : « Matholwch, roi d'Irlande, est ici, et ces navires sont à lui. » Brân leur demanda quel était le désir du roi d'Irlande. « Seigneur roi, dirent-ils, Matholwch est venu jusqu'à cette île pour conclure une alliance avec toi. Il désire ta sœur Branwen en mariage et il établira entre son royaume et le tien des liens qui renforceront la puissance de chacun. » Brân se mit à réfléchir, puis il leur dit : « Que Matholwch vienne à terre et nous délibérerons à ce sujet. »

On alla porter la réponse au roi d'Irlande, et celui-ci vint à terre en compagnie de ses conseillers. On lui fit bon accueil, et il y eut, ce soir-là, un grand rassemblement des hommes de Matholwch et de Brân au cours d'un festin qui dura une grande partie de la nuit. Et, le lendemain, on tint conseil, et il fut décidé qu'on donnerait Branwen à Matholwch. C'était l'une des trois premières femmes de cette île, et la plus belle jeune fille du monde. On convint d'un rendez-vous à Aberffraw où serait célébré le mariage. Alors, tant par mer que par voie de terre, on se dirigea vers Aberffraw [1].

A leur arrivée à Aberffraw, le banquet commença. Brân était assis aux côtés du roi d'Irlande, et Branwen se trouvait avec eux. Ils ne se trouvaient pas dans une maison, mais sous un pavillon, car Brân était si grand qu'il n'aurait jamais pu tenir dans une construction de pierre, si vaste soit-elle. On se mit à boire, et on continua, en causant, jusqu'au moment où il fut plus agréable de dormir que de boire. Ils allèrent donc se coucher. Le lendemain, tous les gens de la cour se levèrent et les

1. Au sud de l'île de Môn (Anglesey), au nord-ouest du Pays de Galles.

officiers commencèrent à s'occuper des chevaux, prenant grand soin d'eux et les répartissant de façon à ce que chacun pût retrouver sa monture en bon état. Sur ces entrefaites, Evnissyen, qui errait dans la cour, se trouva du côté où l'on avait rangé les chevaux de Matholwch et de ses hommes. Il fut alors saisi d'une grande fureur et d'une grande jalousie parce qu'on avait donné sa sœur Branwen au roi d'Irlande sans lui demander son avis. Il se précipita sur les chevaux, leur coupa les lèvres au ras des dents, les oreilles au ras de la tête, la queue au ras du dos, et s'il ne trouvait pas prise sur les sourcils, il les rasait jusqu'à l'os. Il mutila de telle sorte les chevaux de Matholwch qu'il était impossible de n'en rien faire, et cela méchamment, parce qu'il était furieux de voir sa sœur mariée sans qu'il eût pu donner son avis.

On rapporta au roi d'Irlande la façon dont ses chevaux avaient été traités. Il se retira immédiatement sur son navire et donna l'ordre à ses hommes d'embarquer. « Il ne nous reste qu'une chose à faire, dit-il, c'est de partir sans prendre congé de Brân afin de lui faire sentir tout notre mépris. » Mais on vint prévenir Brân que le roi d'Irlande s'en allait sans même lui avoir fait ses adieux. Brân dépêcha immédiatement deux messagers auprès de Matholwch afin de s'informer des raisons de ce départ précipité. Les messagers revinrent bientôt et racontèrent à Brân ce qui s'était passé. Brân entra dans une grande colère contre son frère, mais le mal était fait et il ne lui restait plus qu'à tenter de le réparer. Il fit proposer la paix à Matholwch en lui promettant de lui donner autant de chevaux qu'il en avait perdus, un vase d'or très précieux et de beaux bijoux en argent. Le roi d'Irlande tint conseil avec les siens et accepta de faire la paix avec Brân. Il quitta son navire et vint retrouver Brân au milieu de sa cour.

On leur prépara pavillons et tentes en guise de salle, et

ils se mirent à table. Ils s'assirent dans le même ordre que la veille, quand avait commencé le festin. Le roi d'Irlande et Brân s'entretinrent longtemps de choses et d'autres ; mais Brân constatait que Matholwch semblait triste et que sa conversation manquait de chaleur et de bienveillance. Il se dit que son hôte était chagriné parce que la réparation qu'il avait proposée était trop faible par rapport à l'affront qu'il avait subi. « Écoute, lui dit-il, non seulement je vais te faire remettre ce que je t'ai promis, mais je veux parfaire ma réparation envers toi. Je te donnerai en effet un chaudron dont voici la vertu : si on te tue un homme aujourd'hui, tu n'auras qu'à le jeter dedans pour que, le lendemain, il soit aussi bien portant que jamais, sauf qu'il n'aura plus la parole. » Le roi d'Irlande remercia vivement son hôte, et dès lors la conversation fut gaie et animée, pour la plus grande satisfaction de tous.

La nuit suivante, ils s'assirent de nouveau ensemble et se mirent à boire et à parler. « Seigneur, dit Matholwch à Brân, d'où tiens-tu ce chaudron que tu m'as donné et qui a une si merveilleuse vertu ? » Brân lui répondit : « Il m'est venu d'un homme de ton pays, mais je ne sais pas d'où lui-même le tenait. » — « Comment cela ? » dit Matholwch. — « Cet homme venait en effet d'Irlande et se nommait Lasar. Lui et sa femme s'étaient enfuis de ton pays après s'être échappés de la maison de fer qu'on avait chauffée à blanc sur eux. Cela m'étonnerait que tu ne saches pas quelque chose à leur sujet. » — « En effet, dit le roi d'Irlande, je vais te dire tout ce que je sais. Un jour que j'étais à la chasse, sur le haut d'un tertre, près d'un étang que l'on appelle le lac du Chaudron, je vis sortir de cet étang un grand homme aux cheveux roux, portant un chaudron sur son dos. Il était d'une taille démesurée et il avait mauvaise allure. Et s'il était grand, sa femme était encore deux fois plus grande que lui. Ils se dirigèrent vers moi et me saluèrent. L'homme me dit que sa femme serait enceinte dans un mois et quinze jours, et qu'au bout d'un mois et demi elle donnerait naissance à un guerrier armé de toutes pièces. Je fus bien curieux de voir la chose et c'est pourquoi je me chargeai de leur fournir une maison. Mais au bout d'un certain temps, mes vassaux vinrent me faire des reproches à leur sujet, car ils se faisaient haïr en commettant sans cesse des excès dans le pays, causant des ennuis aux hommes et aux femmes nobles. Et mes vassaux me demandèrent de choisir entre eux-mêmes et ce couple étrange que j'avais accueilli. J'étais bien embarrassé, car je ne savais pas comment les faire partir, d'autant plus qu'ils n'y auraient jamais consenti de leur plein gré. Alors mes vassaux décidèrent d'agir sans moi. Ils firent construire une maison tout en fer et l'offrirent au grand homme roux et à sa femme. Quand ceux-ci furent installés dans la maison, ils firent venir tout ce qu'il y avait de forgerons en Irlande possédant tenailles et marteaux, et firent accumuler tout autour du charbon jusqu'au sommet de la maison. Ils passèrent en abondance nourriture et boisson à l'homme et à la femme. Quand on les sut ivres, on mit le feu au charbon autour de la maison et on fit jouer les soufflets jusqu'à ce que tout fût chauffé à blanc. Mais comme la chaleur devenait intolérable à l'intérieur de la maison, le grand homme roux donna un coup d'épaule dans la paroi et sortit par la brêche ainsi provoquée, portant le chaudron sur son dos et suivi de sa femme. On ne les a plus revus depuis, et je suppose qu'ils ont traversé la mer pour venir jusqu'à toi. » — « Sans aucun doute, dit Brân. Ce sont eux qui m'ont donné le chaudron et, en échange, je leur ai fourni une terre. Depuis lors, ils ont eu des enfants et se sont multipliés. Et partout où ils sont, ils se fortifient en hommes et en armes, les meilleurs qu'on ait vus dans cette île [1]. »

1. Cette étonnante histoire, qui a son pendant exact dans un épisode du récit irlandais *l'Ivresse des Ulates,* est la réminiscence d'un

Quand les fêtes furent terminées, Matholwch repartit pour l'Irlande avec ses treize navires, en emmenant Branwen. Les hommes d'Irlande les accueillirent avec de grandes démonstrations de joie. Il ne venait pas un homme de marque ni une femme noble faire visite à Branwen qu'elle ne lui donnât un collier, une bague ou un précieux bijou royal. Elle passa ainsi une année, faisant l'admiration de tous et s'assurant l'amitié de chacun. Il arriva alors qu'elle devint enceinte et, après le temps requis, elle donna naissance à un fils qui fut nommé Gwern et qu'on donna à élever, comme c'était la coutume, dans les meilleures familles d'Irlande.

Mais, la seconde année, il se fit tout à coup un grand bruit en Irlande au sujet de l'outrage qu'avait subi Matholwch lorsqu'on lui avait mutilé ses chevaux. Ses frères de lait et ses plus proches parents lui firent ouvertement des reproches d'avoir accepté une si faible compensation, et le tumulte devint tel que Matholwch comprit qu'il n'aurait aucun repos tant qu'il n'aurait pas tiré vengeance de l'outrage qu'il avait essuyé. Et voici quelle était la vengeance : Branwen serait chassée de sa chambre et on l'enverrait cuire les aliments pour toute la cour, et chaque jour, le boucher, après avoir coupé la viande, viendrait lui donner un soufflet. Et l'on prit également soin d'interdire à tous les navires d'aborder sur les côtes de l'île de Bretagne afin que nul ne sût là-bas le traitement infligé à Branwen. Et il en fut ainsi pendant trois ans.

Mais pendant ce temps, Branwen élevait un étourneau sur le bord de son pétrin. Elle lui apprit un langage et lui indiqua quelle espèce d'homme était son frère Brân le Béni. Elle rédigea une lettre exposant les souffrances

antique rituel d'initiation et de régénération par le feu pratiqué vraisemblablement lors de la fête de *Samain,* le premier jour de l'année celtique, au premier novembre.

qu'elle endurait injustement, attacha cette lettre à la naissance des ailes de l'oiseau et fit partir celui-ci vers l'île de Bretagne. L'oiseau traversa la mer et retrouva Brân à la forteresse de Kaer Seint, près de Carnarvon, où il tenait sa cour de justice. Il descendit sur son épaule et hérissa ses plumes jusqu'à ce qu'on aperçût la lettre et qu'on reconnût qu'on avait affaire à un oiseau élevé dans une maison. Brân prit la lettre et la lut. Sa douleur fut grande en apprenant les souffrances de sa sœur, et il envoya immédiatement des messagers pour rassembler les meilleurs guerriers de l'île. Quand ils furent tous rassemblés, on embarqua sur de bons navires et on mit à la voile en direction de l'Irlande.

Quand les navires furent en vue des côtes, les hommes de Matholwch allèrent avertir le roi de ce qui se passait. Matholwch réunit en hâte ses conseillers et leur demanda ce qu'il convenait de faire. On décida qu'on rendrait immédiatement tous ses privilèges à Branwen et qu'on le ferait savoir à son frère. Mais, comme ce n'était pas suffisant pour compenser l'affront subi par Branwen pendant trois années pleines, on envoya vers Brân des messagers pour lui proposer un arrangement : Matholwch abandonnerait sa fonction royale au profit de son fils Gwern, qui était donc le neveu de Brân, et on établirait la paix entre les deux royaumes. Après en avoir longuement discuté avec les siens, Brân se décida à accepter ces propositions, car il tenait absolument à éviter un affrontement au milieu duquel se trouveraient impliqués sa propre sœur et son propre neveu. On s'entendit pour fixer une date et, le jour dit, les hommes de Brân s'en allèrent rencontrer les hommes de Matholwch. Branwen se trouvait là, ainsi que son fils, le jeune Gwern.

Ils s'assirent tous ensemble et se firent de grandes démonstrations d'amitié, scellant ainsi leur réconciliation. La royauté fut solennellement offerte à Gwern, fils de Branwen et de Matholwch. Une fois l'affaire conclue, l'enfant alla saluer chacun des assistants, et tous ceux qui le voyaient le prenaient en affection. Alors qu'il se trouvait auprès de Brân, l'enfant fut appelé par Nissyen. Il alla gentiment vers son oncle, mais à ce moment Evnissyen fut saisi d'une grande fureur : « Pourquoi cet enfant va-t-il vers mon frère et non pas vers moi ? N'est-il pas le fils de ma sœur ? Je serais heureux d'échanger des caresses avec lui ! » L'enfant alla vers Evnissyen, tout fier et joyeux, mais Evnissyen se leva, saisit brutalement son neveu par les pieds et, avant que personne ne pût l'arrêter, il le jeta dans le feu, la tête la première.

Le tumulte qui suivit fut énorme. Chacun saisissait ses armes et se précipitait sur celui qui passait auprès de lui. Branwen, en voyant son fils dans les flammes, voulut s'y précipiter à son tour, mais Brân la retint fermement par le bras, tout en la protégeant de son bouclier. Les hommes tombaient dans un grand désordre et personne ne savait comment allait se terminer ce massacre. Aussi les hommes de Matholwch allumèrent-ils du feu sous le chaudron de résurrection. Ils y jetèrent les cadavres des leurs jusqu'à ce que le chaudron fût plein. Et, le lendemain, ils se relevèrent, redevenus guerriers aussi redoutables qu'auparavant, sauf qu'ils n'avaient plus la parole. Evnissyen, voyant les hommes de Bretagne étendus morts sur le sol, et sans espoir de renaissance, se mit à pleurer : « Hélas ! dit-il, c'est à cause de moi que tout ceci est arrivé. Que Dieu me maudisse si je ne trouve pas le moyen de réparer la faute que j'ai commise par colère et jalousie ! » Il se mit à réfléchir, puis il se glissa entre les cadavres des hommes d'Irlande. Deux guerriers d'Irlande, le prenant pour un des leurs, le saisirent et le jetèrent dans le chaudron. Alors, il se distendit avec une telle force que le chaudron se brisa en quatre morceaux et que son cœur à lui éclata. Ainsi périt Evnissyen, celui par qui tout le mal était arrivé, mais ce fut grâce à son sacrifice que purent échapper au massacre quelques hommes de l'île de Bretagne. Brân avait été blessé au pied par une lance empoisonnée. Il fit rassembler les sept hommes qui étaient encore valides et, après leur avoir confié Branwen, il leur ordonna qu'on lui coupât la tête. « Prenez ma tête, dit-il, emportez-la avec vous jusqu'à la Colline Blanche, à Londres, où vous l'enterrerez, le visage tourné vers le pays des Francs. Vous serez longtemps en route. A Harllech, vous serez sept ans à table pendant que les oiseaux de Rhiannon chanteront pour vous. Ma tête sera pour vous une compagnie aussi agréable qu'aux meilleurs moments que nous avons vécus ensemble. Puis vous passerez quatre-vingts ans à Gwales, en Penvro. Jusqu'au moment où vous ouvrirez la porte qui donne sur le sud, vous pourrez y séjourner et conserver la tête intacte. Mais ce sera impossible dès que vous aurez ouvert la porte. Alors, vous irez droit devant vous. » Les sept survivants coupèrent la tête de Brân le Béni et, l'emportant avec eux, ils passèrent la mer en compagnie de Branwen.

Quand ils eurent débarqué, ils se reposèrent. Branwen porta ses regards sur cette île et aussi vers l'île d'Irlande. « Hélas ! dit-elle, maudit soit le jour de ma naissance, car c'est à cause de moi que ces deux îles ont été ravagées et que les meilleurs hommes du monde ont été massacrés ! » Elle poussa un soupir si profond que son cœur se brisa. On lui fit une tombe carrée et on l'enterra à cet endroit même. Quant aux sept survivants, ils se rendirent à Harllech et s'y installèrent. Ils commencèrent à se pourvoir en abondance de nourriture et de boisson, et ils se mirent à manger et à boire. Trois oiseaux vinrent leur chanter un certain chant auprès duquel étaient sans aucun charme tous ceux qu'ils avaient entendus autrefois. Ces oiseaux se tenaient loin au-dessus des flots, mais ils les voyaient cependant aussi distinctement que s'ils avaient été avec eux. Ils demeurèrent là sept années, puis ils partirent pour Gwales, en Penvro.

Ils y trouvèrent un endroit agréable, royal, au-dessus des

flots, et une grande salle. Deux des portes étaient ouvertes, mais la troisième était fermée, celle qui donnait sur le sud. Ils y passèrent la nuit au milieu de l'abondance et de la gaieté. Quoi qu'ils eussent vu de souffrances, quoi qu'ils eussent eux-mêmes éprouvé de chagrins, ils ne ressentirent aucune tristesse. Ils n'étaient pas plus fatigués ; aucun d'eux ne s'apercevait que l'autre fût plus vieux et la compagnie de la tête ne leur était pas plus pénible que lorsque Brân était en vie. C'est à cause de ces quatre-vingts ans passés ainsi qu'on désigne ce temps sous le nom d'Hospitalité de la Tête Sacrée. Mais quand l'un d'eux ouvrit la porte qui donnait sur le sud, le chagrin et la souffrance s'abattirent sur eux. Tout leur revenait en mémoire, y compris la perte de leur seigneur. Aussi n'eurent-ils de cesse de partir. Ils allèrent sur la Colline Blanche, à Londres, et y enterrèrent la tête de Brân, le visage tourné vers le pays des Francs. Et tant qu'elle y fut ainsi conservée, aucun fléau ne vint jamais dans cette île. Et les sept se dispersèrent aux quatre coins du pays sans que personne ne les revît jamais [1].

Quand Taliesin eut terminé son récit et que Blaise l'eut soigneusement consigné par écrit, Merlin leur dit : « Voyez comment la mort triomphe toujours de ceux qui cherchent à l'éviter. Sachez bien que s'il existe un chaudron grâce auquel on peut ressusciter les morts, il existe également quelqu'un qui détruira ce chaudron. J'ai voulu que tu racontes cette histoire, Taliesin, parce qu'elle donne la réponse à la question que tu posais à propos des guerres qu'on pourrait éviter. Il suffit, hélas, d'un seul individu pour remettre en cause les plus nobles intentions pacifiques. Il suffit même d'un seul geste, un geste de colère aveugle et stupide, et que personne ne peut empêcher. » Merlin se mit à marcher en rond en regardant le ciel. « De grandes choses se préparent, dit-il,

1. D'après la seconde branche du *Mabinogi* gallois.

et voici venir le temps où elles devront s'accomplir. Mais si je prétends qu'on ne peut échapper au destin, j'affirme également que c'est aux hommes de prendre en compte ce destin et de l'assumer. Or, certains n'osent pas le faire, et c'est pourquoi des êtres comme toi et moi sommes dans l'obligation d'intervenir. »

Merlin s'arrêta devant Taliesin et lui dit : « Le roi Uther est presque parvenu à pacifier ce royaume. Il a conclu des alliances avec de nombreux rois qui lui seront fidèles en toutes circonstances. Mais il en existe encore un qui ne veut rien entendre et se refuse à tout compromis. Il s'agit d'Uryen, le roi de Reghed, un terrible combattant que redoutent autant les Bretons que les Pictes et les Saxons. Pourtant, il faut qu'Uryen fasse alliance avec Uther, car le royaume a besoin de son courage et de sa vaillance. Et voici ce que tu vas faire, Taliesin : Va-t'en à la cour du roi Uryen et deviens son barde. Par tes chants et par tes charmes, tu feras en sorte de l'amener à conclure alliance avec Uther. Quant à moi, je dois retourner auprès d'Uther, car c'est le moment de l'emmener là où Dieu a décidé de le faire aller, même si la route qu'il suivra peut paraître étrange et hors de propos. Pars tout de suite, Taliesin, et n'oublie pas que je suis ton ami. »

C'est ainsi que Taliesin s'en alla dans le pays de Reghed et devint le barde favori du roi Uryen. Quant à Merlin, il se rendit auprès d'Uther Pendragon. Lorsque le roi le vit arriver, il manifesta sa joie de le retrouver. « Roi Uther, dit Merlin, il faut que tu envoies des messagers au roi Uryen afin de lui proposer une entrevue. »

« Que me demandes-tu là ? s'écria Uther. Tu sais bien que le roi Uryen est trop fier et trop arrogant pour accepter la moindre proposition de ma part ! » Merlin se mit à rire et dit : « Je n'en suis pas si sûr que toi. Encore une fois, je te demande de me faire confiance · envoie des messagers au roi Uryen pour lui proposer une entrevue.

Cette entrevue devra avoir lieu dans quinze jours dans un endroit qu'il choisira lui-même et où tu te rendras avec tes conseillers. Mais sache bien que si tu ne veux pas de mes conseils, je peux toujours m'en aller. » Uther protesta vigoureusement et promit de faire ce que lui demandait Merlin. Il envoya immédiatement des messagers à la cour du roi Uryen, et quand ils revinrent de leur mission, il fut très étonné de la réponse : le roi Uryen fixait en effet une date et un lieu de rencontre afin d'y discuter d'une possible alliance entre eux. Uther fut tout joyeux et fit préparer tout ce qui était nécessaire au voyage, n'oubliant pas les riches pavillons, ni la vaisselle d'or, ni les plus beaux étendards, autant pour faire honneur à Uryen que pour mieux l'impressionner par sa propre richesse.

L'entrevue se déroula au jour dit sur les bords de la Severn. Le roi Uryen y vint avec une belle escorte de guerriers parmi lesquels se trouvait Taliesin. Et Taliesin chantait un chant à la gloire d'Uryen : « Uryen de la Plaine Cultivée, le plus généreux des hommes du baptême, tu as donné abondance aux hommes de ce monde. Tu as amassé des richesses, mais tu les as distribuées... Depuis qu'il est le chef, le maître souverain, c'est une forteresse contre l'étranger, un combattant intrépide. Mon cœur est avec toi parmi tous les hommes glorieux. Intense est ton coup d'épée quand on entend le bruit du combat. A la bataille, quand tu y es, tu répands la vengeance, et les maisons sont en flammes avant l'aube, ô seigneur de la Plaine Cultivée ! De la meilleure lignée, des magnanimes fils de Kynvarch, tu es le meilleur qui soit, tu n'as jamais eu, tu n'auras jamais, tu n'as pas d'égal en vaillance et en prouesses ! Ah ! jusqu'à ce que je défaille de vieillesse, jusqu'à la rude angoisse du trépas, jamais je n'aurais de joie si je ne célébrais Uryen ! »

Et pendant que chantait Taliesin, Uryen prit place auprès d'Uther Pendragon, et ils commencèrent à parler.

On apporta des mets et des boissons, et les deux rois prolongèrent leur conversation très tard dans la nuit. Ils allèrent se coucher sous des tentes confortables, et le lendemain matin ils se retrouvèrent pour reprendre leur entretien. Et quand ils se furent mis d'accord en vue d'une alliance contre tous les ennemis du royaume, Uther proposa à Uryen de faire une partie d'échecs. Uryen accepta bien volontiers. Alors, on étendit sur le sol une grande pièce d'étoffe de lin brodé d'or fin et on y installa le magnifique échiquier qu'Uther avait amené avec lui. Les deux hommes s'assirent sur le manteau, dans une attitude de délassement, et quand un valet vêtu de rouge eut apporté les pièces, toutes en or, ils commencèrent à jouer.

Au moment où ils s'intéressaient le plus à la partie, penchés sur l'échiquier, on vit sortir d'un pavillon blanc, au sommet rouge, surmonté d'une image de serpent tout noir, aux yeux rouges, à la langue rouge flamme, un jeune écuyer aux cheveux blonds frisés, aux yeux bleus, à la barbe naissante, vêtu d'une tunique de couleur jaune, chaussé de brodequins de cuir bien travaillé, et qui portait une épée à poignée d'or. Il se rendit à l'endroit où se trouvaient Uther et Uryen, et salua celui-ci. Uryen s'étonna que l'écuyer n'eût point salué Uther, mais celui-ci, devinant sa pensée, lui dit : « Ce jeune homme ne m'a pas salué parce qu'il m'avait déjà vu aujourd'hui. D'ailleurs, c'est à toi qu'il a affaire. » Effectivement, l'écuyer dit à Uryen : « Seigneur, est-ce avec ta permission que les petits serviteurs du roi Uther s'amusent à agacer, harceler et harasser tes corbeaux ? » Car le roi Uryen ne se déplaçait jamais sans une troupe de corbeaux dont il prenait grand soin.

« As-tu entendu ce que disait cet écuyer ? dit Uryen à Uther. S'il te plaît, empêche tes serviteurs de toucher à mes corbeaux. » — « Joue ton jeu ! » répondit simplement Uther. Ils en étaient à peu près à la moitié de la partie quand un jeune homme rouge aux cheveux bruns frisant légèrement, aux grands yeux, à la taille élancée, à la barbe rasée, sortit d'une tente de couleur jaune surmontée d'une image de lion tout rouge. Il tenait à la main une grande et lourde épée à la lame triangulaire dont la gaine était de peau de daim rouge. Il se rendit à l'endroit où Uther et Uryen étaient en train de jouer aux échecs, et il salua Uryen. Uryen fut fâché que le salut ne s'adressât qu'à lui seul. Mais Uther ne s'en montra pas plus contrarié que la première fois. Le jeune homme dit à Uryen : « Seigneur, est-ce malgré toi que les serviteurs du roi Uther sont en train de piquer tes corbeaux et même d'en tuer ? Si c'est malgré toi, prie le roi de les arrêter. » Uryen dit à Uther : « Seigneur, as-tu entendu ce que vient de dire cet écuyer ? Je t'en prie, arrête tes gens ! » — « Joue ton jeu », se contenta de répondre Uther. L'écuyer s'en retourna au pavillon. Ils finirent la partie et en commencèrent une autre.

Comme ils commençaient à mettre les pièces en mouvement, on aperçut à quelque distance d'eux, sortant d'un pavillon jaune tacheté surmonté d'une image d'aigle en or, un écuyer à la forte chevelure blonde et frisée, belle et bien ordonnée. Il avait le visage blanc, les joues rouges, de grands yeux de faucon, une allure très noble. Il tenait à la main une lance à la forte hampe jaune, au fer nouvellement aiguisé, surmontée d'un étendard bien en vue. Il se dirigea d'un air irrité, furieux, d'un pas précipité, vers l'endroit où Uther et Uryen jouaient, le visage penché sur les échecs. On voyait bien qu'il était irrité. Il salua cependant Uryen et lui dit que bon nombre de ses corbeaux avaient été tués, et que les autres avaient été si maltraités et blessés que pas un ne pouvait soulever ses ailes de terre de plus d'une brasse. « Seigneur, dit Uryen à Uther, je t'en prie, arrête tes gens ! » — « Joue ton jeu », répondit Uther. Alors Uryen dit à l'écuyer : « Va vite, élève l'étendard au plus fort de la mêlée, et advienne ce que Dieu voudra ! »

Le jeune homme se rendit aussitôt à l'endroit où les corbeaux subissaient l'attaque la plus rude et dressa en l'air l'étendard. Dès que l'étendard fut ainsi dressé, les corbeaux se ressaisirent et s'élevèrent en l'air, irrités, pleins d'ardeur et d'enthousiasme, pour laisser le vent déployer leurs ailes et se remettre de leurs fatigues. Quand ils eurent retrouvé leur vigueur naturelle et leur impétuosité, ils s'abattirent d'un élan furieux sur les hommes qui venaient de leur causer colère, souffrance et pertes. Aux uns ils arrachaient la tête, aux autres les yeux, à d'autres les oreilles, à certains le bras, et ils les enlevaient avec eux dans les airs. Il y eut un grand tumulte et tout fut bouleversé par le battement des ailes, les croassements des corbeaux et les cris de douleur des hommes qu'ils blessaient, estropiaient ou tuaient. Le bruit était si effrayant qu'Uther et Uryen, penchés sur l'échiquier, l'entendirent. En levant les yeux, ils virent venir un cavalier monté sur son cheval gris sombre, avec un harnachement extraordinaire de couleur jaune. Le cavalier avait à la hanche une épée à poignée d'or et portait à la main le fût d'une longue et lourde lance à la hampe verte mais, à partir de la poignée jusqu'à la pointe, rouge du sang des corbeaux avec leur plumage. Le cavalier se rendit à l'endroit où Uther et Uryen étaient en train de jouer aux échecs. Ils s'aperçurent qu'il arrivait épuisé, hors de lui et rempli de colère. Il salua Uther et lui dit que les corbeaux d'Uryen étaient en train de tuer ses serviteurs. Uther se tourna vers Uryen et lui dit : « Seigneur, arrête tes corbeaux ! ». — « Joue ton jeu ! » répondit Uryen. Et ils jouèrent, tandis que le cavalier s'en retournait vers le lieu du combat.

Uther et Uryen jouaient déjà depuis bien longtemps quand ils entendirent un grand tumulte. C'étaient les cris de détresse des hommes et les croassements des corbeaux qui enlevaient sans peine les hommes en l'air, les écrasant et les déchirant à coups de bec, et les laissant retomber en morceaux sur le sol. En même temps, ils virent arriver un cavalier monté sur un cheval blanc, pâle, qui tenait à la main une grosse lance de frêne, au fer tout fraîchement ensanglanté. Il salua Uther et lui dit : « Seigneur, c'en est fait : tes serviteurs et tes pages, des enfants des meilleures familles du royaume, sont tués, et si cela continue ainsi, il sera désormais bien difficile de défendre cette île contre les ennemis qui l'attaqueraient. » Uther se tourna vers Uryen : « Seigneur, dit-il, arrête tes corbeaux. » — « Joue ton jeu ! » répondit Uryen. Ils terminèrent la partie et en commencèrent une autre.

Vers la fin de la partie, tout à coup, ils entendirent un grand tumulte, les cris de détresse des gens armés, les croassements et les battements d'ailes des corbeaux et le bruit qu'ils faisaient en laissant retomber sur le sol des armures entières ainsi que les hommes et les chevaux. Aussitôt, ils virent accourir un cavalier monté sur un cheval pie noir, à la tête haute, et donc le harnachement était de couleur jaune. Il tenait à la main une lance de frêne ronde, teinte en azur, au fer fraîchement ensanglanté, fixé par des goupilles d'argent. Il s'approcha d'Uther, tout irrité, et lui dit que les corbeaux avaient massacré les gens de sa maison et les fils des nobles de cette île. Il lui demanda de faire cesser ce massacre. Uther pria Uryen d'arrêter ses corbeaux et pressa dans sa main les cavaliers d'or de l'échiquier avec une telle force qu'il les réduisit presque en poudre. Alors, Uryen ordonna au cavalier de faire abaisser la bannière. Dès que la bannière fut abaissée, le tumulte cessa et les corbeaux se retirèrent.

« Je n'aime pas qu'on maltraite mes corbeaux, dit Uryen à Uther, car ils sont parmi ce que je possède de plus cher et de plus précieux. » Uther lui répondit : « Nous voici bien avancés maintenant, et à cause de cela j'ai perdu des jeunes gens courageux auxquels je tenais beaucoup. » — « J'en suis désolé, dit Uryen, mais tu ne m'as pas laissé d'autre choix que de faire attaquer tes serviteurs par mes corbeaux. Il te suffisait d'arrêter tes gens avant qu'il ne fût trop tard. » Uther allait répliquer vertement quand il vit arriver Merlin. Celui-ci salua les deux rois et leur dit : « Voilà où vous a conduits votre orgueil à tous les deux. N'allez pas maintenant vous plaindre de ce qui est arrivé, car vous avez mieux à faire que de vous disputer à propos de tout et de rien. » Uryen demanda à Uther : « Qui est donc cet impudent personnage que je ne connais pas ? » — « C'est l'homme le plus sage du monde, répondit Uther, et il se nomme Merlin. » Pendant ce temps, on avait mis de l'ordre dans le camp et toute trace de violence avait disparu. Merlin dit à Uther : « Tu as perdu tes hommes par ta faute, roi Uther, et sache bien que ce n'est pas grâce à ton orgueil que tu te feras un ami du roi Uryen. » Puis Merlin se tourna vers Uryen : « Roi Uryen, tu te montres trop fier de ta troupe de corbeaux, mais sache bien que ce n'est pas avec eux que tu iras à la conquête du monde. Contente-toi de défendre cette île contre tous les ennemis qui pourraient l'attaquer. Et pour cela, je ne vois pas d'autre solution que de conclure cette alliance avec Uther : car l'un et l'autre, vous êtes faibles et démunis lorsque vous vous retranchez derrière votre soi-disant puissance. Cette puissance, vous ne la conserverez que si vous êtes unis. Mais si ce que je dis vous agace, je peux toujours m'en aller. »

Uryen dit à Merlin : « Tes paroles sont pleines de sagesse, Merlin, et je regrette de m'être ainsi laissé emporter par ma colère et mon orgueil. » Quant à Uther, il ne disait mot, mais son regard faisait comprendre à Merlin qu'il était tout honteux de ce qu'il avait fait en n'empêchant pas ses gens de maltraiter les corbeaux d'Uryen. Les deux rois se donnèrent publiquement l'accolade, et depuis ce jour-là Uryen, roi de Reghed, devint le fidèle vassal d'Uther Pendragon, roi suprême de Bretagne. Alors, Merlin s'en alla trouver Taliesin et lui demanda de poursuivre sa mission auprès d'Uryen. « Plus les hommes sont courageux, dit-il, plus ils ont de faiblesses. Ne te laisse pas impressionner par ce qui s'est passé. Je t'avais bien averti qu'il suffisait d'un geste pour tout remettre en cause. » Et, après avoir pris congé de Taliesin, Merlin s'en retourna auprès d'Uther Pendragon et l'accompagna pendant tout le chemin du retour [1].

1. D'après le récit gallois du *Songe de Rhonabwy* (J. Loth, *les Mabinogion*, I, pp. 347-377) et des poèmes attribués — vraisemblablement avec raison — au Taliesin historique.

CHAPITRE X

Les Enchantements de Tintagel

Quand Uther Pendragon fut de retour dans la forteresse où il résidait le plus souvent, Merlin le prit à part et lui dit : « Roi Uther, j'ai beaucoup de choses à te dire, car les temps sont venus de les dévoiler. » Uther fit asseoir Merlin en face de lui et dit : « Parle, Merlin, je t'écouterai attentivement. » Alors Merlin lui rappela comment, le soir du jeudi saint, Notre Seigneur avait partagé le pain et le vin autour de la table de la maison de Simon le Lépreux, avec tous ses disciples, y compris Judas le traître. Il lui raconta ensuite ce qui était arrivé à Joseph d'Arimathie lorsqu'il avait recueilli le sang du Sauveur dans une coupe d'émeraude qu'on appelait le Graal. Il lui décrivit le périple de Joseph, de son fils Joséphé et de tous leurs compagnons à travers l'océan puis dans l'île de Bretagne. Il lui révéla aussi comment avait été instituée la Table du Graal, où n'étaient admis que ceux qui avaient le cœur pur et sans tache. Il lui raconta comment le fourbe Moyse, qui s'était assis sur le Siège Périlleux, avait été frappé par la foudre et englouti dans les profondeurs de la terre. Et il lui révéla enfin qu'Alain le Gros, le plus jeune fils de Joseph d'Arimathie, celui qu'on appelait le Riche Roi Pêcheur, avait fait construire le château de Corbénic en un lieu nommé les vaux d'Avalon, afin d'y déposer le précieux Graal, et que bientôt quelqu'un de la lignée de Salomon viendrait terminer leurs aventures. Uther Pendragon fut très impressionné par tout ce que lui racontait Merlin. A la fin, il lui demanda ce qu'il attendait de lui.

« Je vais te le dire, roi Uther. Jusqu'à présent, il y a eu deux tables autour desquelles se perpétue la tradition, celle de Jésus-Christ et celle du Saint-Graal. Ces deux tables sont en parfaite concordance, et chacune a un siège inoccupé. Et si tu veux bien suivre mes conseils, tu institueras toi-même une troisième table sous le signe de la Trinité dont les trois personnes seront signifiées par ces trois tables. Cette institution sera aussi bénéfique pour ton corps que pour ton âme, roi Uther, et elle sera, de ton vivant même, une telle source de prodiges que tu t'en trouveras extrêmement surpris. Si tu y consens, je t'aiderai à l'établir, et je peux t'assurer que c'est l'une des choses au monde dont on parlera le plus. Donc, si tu me fais confiance, roi Uther, tu établiras cette Table et tu la nommeras Table Ronde, parce que chacun de ceux que tu jugeras dignes d'y prendre place sera en égalité absolue avec tous ses compagnons. Et ce seront ces compagnons qui se répandront à travers le monde pour y apporter la justice et la paix, pour la plus grande gloire de Dieu et du royaume de Bretagne. »

« J'agirai selon ton conseil, dit le roi. Mais où dois-je établir cette Table Ronde ? » Merlin répondit : « C'est à toi de choisir le lieu qui conviendra le mieux, et où pourront se réunir, à certaines dates, les compagnons que tu jugeras les plus fidèles et les plus valeureux, capables d'accomplir les plus belles prouesses pour le service de Dieu et du royaume de Bretagne. » Uther Pendragon se mit à réfléchir, puis il dit à Merlin : « Très bien. Je pense que l'endroit le plus convenable serait Carduel. Qu'en penses-tu ? » — « C'est ton choix, dit Merlin. Réunis donc à Carduel les gens de ton royaume à la prochaine fête de la Pentecôte. Prépare-toi également à distribuer largement tes richesses, car il n'y a pas de bon roi sans largesses... Fais bon accueil à tous ceux qui viendront, même à ceux dont tu ne voudras pas autour de cette table. Un jour, peut-être, mériteront-ils d'y être admis. Car souvent la jeunesse et l'inexpérience sont considérées comme des défauts alors qu'il s'agit tout simplement d'un manque de maturité. Quand tout sera prêt, je viendrai t'assister, car je désire que tu me demandes mon avis sur ceux que tu convieras à cette table. »

Le roi fit savoir par tout le royaume qu'il se trouverait à Carduel le jour de la Pentecôte et que tous les nobles du pays étaient invités à venir l'y rejoindre. Puis il envoya Merlin à Carduel avec mission de faire préparer cette table. Quand tout fut prêt, le roi vint lui-même à Carduel et s'enquit auprès de Merlin de la façon dont il conviendrait d'user pour choisir les compagnons qui devaient s'assembler autour de la table. « Ce n'est pas difficile : tu vas prendre cinquante de tes hommes, parmi ceux que tu juges les meilleurs. Tu m'en diras les noms et je te dirai si tu as fait le bon choix, mais je te prie dès maintenant d'y admettre le roi Uryen car, malgré son entêtement et sa violence, il est certainement l'un des guerriers les plus utiles à ce royaume. Et tu verras alors cette merveille : quand chacun de ceux qui auront été choisis prendra place avec toi autour de cette table, il n'en est pas un qui le regrettera et qui voudra s'abstenir d'y revenir. Ainsi auras-tu autour de toi les meilleurs compagnons, qui seront aussi les plus unis entre eux : chacun d'eux saura que son propre comportement rejaillit sur l'ensemble de ses compagnons. »

Au jour fixé, Uther Pendragon réunit tous ceux qu'il avait invités à Carduel et, en compagnie de Merlin, il choisit secrètement ceux qui devaient s'asseoir à la table. Puis il les emmena un par un et leur assigna leur place.

Quand les compagnons furent tous assis, on remarqua qu'il restait une place inoccupée. Alors Merlin prit la parole et dit : « Cette place sera vide jusqu'au jour ou viendra le Bon Chevalier, celui qui mettra fin aux temps aventureux du Graal. D'ici là, personne ne doit s'y asseoir à moins qu'il ne veuille être châtié de sa témérité. » Puis Merlin se tourna vers le roi : « Uther, dit-il, je peux t'apprendre que ce ne sera pas de ton vivant que ce siège pourra être occupé. Celui qui doit engendrer le Bon Chevalier qui y prendra place n'est pas encore né. Et sache encore que celui qui doit s'asseoir sur ce siège à cette Table Ronde devra également s'asseoir au Siège Périlleux de la Table du Graal. Je te le répète, ce ne sera pas de ton vivant, mais du temps de ton successeur immédiat. Voilà, j'en ai assez dit pour l'instant, roi Uther, permets-moi de me retirer. » Le roi lui accorda volontiers son congé et Merlin partit vers la forêt de Kelyddon où il apprit à Blaise ce qu'il avait fait et comment avait été instituée la Table Ronde dont les générations futures conserveraient toujours la mémoire.

Ainsi Uther Pendragon eut-il désormais, autour de lui, une troupe de chevaliers bien décidés à tout mettre en œuvre pour assurer la sauvegarde et l'épanouissement du royaume de Bretagne. Cependant, le roi n'oubliait pas que les cinquante compagnons n'étaient pas les seuls sur lesquels il pouvait compter parmi tous ceux qui peuplaient le royaume. Il désira s'attacher les services du plus grand nombre et, dans ce but, il décida de convoquer, en dehors de la Table Ronde, et pour la fête de Noël, tous les nobles et les chevaliers de sa terre, en leur recommandant de venir avec leurs épouses. Il pensait ainsi qu'en prodiguant le plus d'honneurs possible aux femmes, il s'attacherait plus facilement les hommes.

Tous les barons répondirent à l'invitation du roi et, le jour de Noël, il y eut à la cour un grand nombre de femmes et de jeunes filles des meilleures familles, toutes fières d'avoir été admises auprès du roi. Et Merlin observait ce spectacle quelque peu inhabituel dans une forteresse comme Carduel. Il était arrivé sans se faire reconnaître de quiconque, sous l'aspect d'un jeune page, et il n'avait pas cherché à se faire reconnaître d'Uther. Il savait qu'il allait se passer quelque chose d'important et préférait demeurer dans l'ombre pour observer plus attentivement le comportement des gens.

Or, à cette assemblée de Carduel vinrent également le duc de Tintagel, qui avait nom Gorlais, et sa femme, qui se nommait Ygerne. C'était l'une des plus belles femmes qui fussent au monde à cette époque, et dès qu'il la vit, Uther Pendragon en tomba éperdument amoureux. Il chercha à la rencontrer en privé, mais comme elle était toujours aux côtés de son mari, il dut se borner à manifester sa chaleureuse sympathie pour le duc. La vue d'Ygerne troublait tellement le roi qu'il en oubliait tout le reste, et il ne savait que faire pour attirer l'attention de la jeune femme. Au moment où chacun regagnait son logis, il tint à accompagner lui-même le duc de Tintagel et lui prodigua beaucoup d'égards. Puis, avant de prendre congé, Uther réussit à dire tout bas à la belle Ygerne qu'elle emportait son cœur avec elle. Ygerne fit semblant de ne pas avoir entendu et s'éloigna avec son mari comme si de rien n'était.

Cependant, Uther ne parvenait pas à trouver le sommeil, hanté qu'il était par l'image d'Ygerne et le violent désir qui le tourmentait. Il fit appeler l'un de ses conseillers qu'il avait en particulière estime et qui avait nom Urfin. Lorsque celui-ci vint le retrouver, le roi lui révéla qu'il se mourait d'amour pour la femme du duc de Tintagel. Il ne pouvait plus vivre en son absence et il avait l'air si malheureux qu'Urfin interrompit son discours sans ménagement. « Quoi ? s'écria-t-il, Que me racontes-tu là, roi Uther ? Il faut être vraiment lâche pour penser mourir à cause d'une femme ! Je n'ai jamais entendu dire qu'une femme se soit refusée à quiconque a su lui faire une cour pressante et la couvrir de cadeaux délicats ! Tu te tourmentes pour bien peu de choses, roi Uther ! » Au lieu de prendre ombrage de la véhémence d'Urfin, Uther en fut au contraire tout réconforté. « Voilà de sages paroles, dit-il. Tu sais ce qu'il convient de faire en pareilles circonstances. Je te prie donc de m'aider de toutes les manières que tu pourras. Prends ce qu'il faudra dans mon trésor, fais porter des bijoux à Ygerne et n'oublie pas d'offrir des présents à son entourage pour le rendre favorable, le cas échéant, à quelque entretien secret. » — « Je ferai tout mon possible, répondit Urfin. Fais en sorte d'être au mieux avec le duc, moi, je me charge de défendre tes intérêts auprès de la belle. »

Ils se séparèrent ainsi, et le roi s'endormit, plein de confiance. Le lendemain, il témoigna de ses bonnes grâces auprès de Gorlais et lui fit donner, ainsi qu'à sa suite, de somptueux cadeaux. Quant à Urfin, il réussit à parler en privé à Ygerne. Il lui apporta de magnifiques bijoux d'or fin. Mais elle refusa obstinément d'accepter quoi que ce fût. Urfin commençait à s'impatienter quand elle lui dit : « Pourquoi veux-tu me donner ces splendides cadeaux ? » Urfin répondit : « C'est en l'honneur de ta sagesse et de ta beauté. Au reste, ce n'est pas moi qui t'offre ces cadeaux, car je ne possède rien. Il s'agit du roi, et c'est de sa part que je te les présente en t'assurant que toute sa personne est à ton entière disposition. » — « Que veux-tu dire par là ? » demanda Ygerne, qui savait pourtant bien de quoi il était question. Urfin lui répondit : « Cela signifie que tu es maîtresse du cœur du roi et qu'il t'est entièrement dévoué. » Ygerne fit le signe de la croix et s'écria : « Dieu me pardonne ! Quelle perfidie ! Le roi fait semblant d'avoir en haute estime le duc et il veut en même temps me déshonorer ? Prends garde, Urfin, de ne plus jamais me parler de lui. Si par hasard tu revenais me raconter l'absurde amour du roi Uther, je te préviens que je dirais tout à mon mari ! Sache aussi que s'il apprenait cette perfidie, il n'aurait de cesse de poursuivre le roi et de le tuer ! » Et Ygerne fit comprendre à Urfin que l'entretien était terminé.

Urfin se hâta d'aller rapporter au roi les paroles d'Ygerne. Uther dit qu'elle avait eu raison de prononcer de telles paroles et qu'elle était vraiment une femme vertueuse. Urfin se mit à ricaner. « On se console comme on peut ! » dit-il avec insolence. Néanmoins il pria le roi de continuer à traiter le duc Gorlais avec beaucoup d'égards, et dit qu'il s'arrangerait quand même pour avoir une autre conversation avec Ygerne. Uther en fut tout réjoui et attendit avec impatience le banquet qui avait été préparé pour le soir.

Le roi prit place à la table, et le duc se trouvait à sa droite. Or, il y avait devant Uther une très belle coupe en or. Urfin, qui rôdait autour de la table, s'approcha du roi et lui dit tout bas d'envoyer publiquement la coupe à Ygerne. Uther comprit tout de suite le plan de son conseiller. Il releva la tête et s'adressa au duc en ces termes : « Seigneur, demande donc à ta femme d'accepter cette coupe et d'y boire pour l'amour de moi. Je vais la lui faire porter, remplie de bon vin, par un de tes chevaliers. » Le duc, qui était un peu étourdi par les prévenances d'Uther, lui répondit aussitôt : « Seigneur, grand merci pour cet honneur ! Elle acceptera bien volontiers cet hommage. » Il s'adressa alors à l'un de ses chevaliers nommé Bretel et lui dit : « Porte cette coupe à ta maîtresse de la part du roi et demande-lui d'y boire pour l'amour de lui. » Bretel prit la coupe et la posa devant Ygerne : « Dame, dit-il, le roi t'envoie cette coupe et ton seigneur te demande de l'accepter et d'y boire pour l'amour de celui qui te l'a envoyée. »

Quand elle entendit ces paroles, Ygerne devint rouge de confusion. Elle comprenait bien que son mari s'était laissé prendre au piège tendu par le roi. Mais que pouvait-elle faire d'autre que d'obéir ? Quand elle eut bu le bon vin, elle fit un geste pour rendre la coupe à Bretel. Mais celui-ci dit : « Dame, mon seigneur te demande de la garder. » Et elle la garda donc, tandis que Bretel allait remercier le roi de sa part, bien qu'elle n'eût rien dit de tel. Quant à Urfin, qui se trouvait derrière, il observait attentivement les réactions d'Ygerne. Il la trouva toute pensive et se dit qu'elle commençait à être émue par l'insistance du roi.

Mais à la fin du repas, elle appela Urfin et lui dit : « Urfin, ton maître m'a très perfidement envoyé une coupe et m'a forcée, à cause de l'aveuglement de mon mari, à l'accepter devant tout le monde. Sache bien que je vais révéler à mon mari ce que vous tramez, le roi et toi, contre mon honneur. » Urfin lui répondit avec beaucoup d'ironie que lorsqu'une femme fait ce genre de révélation à son époux, elle peut être assurée de ne plus jamais avoir la confiance de celui-ci. « Au diable toutes ces précautions ! dit Ygerne. Je te jure que je ferai comme je t'ai dit. Tu peux prévenir ton maître et comploter de nouveaux pièges avec lui, je ne m'y laisserai pas prendre ! » Et sur ce, elle quitta Urfin et rejoignit la compagnie des femmes qui prenaient l'air sur la prairie devant la forteresse.

Le roi avait fini de dîner. Tout joyeux, il prit le duc par la main et lui dit : « Allons voir ces dames ! » — « Bien volontiers », répondit le duc Gorlais. Ils sortirent de la grande salle mais, passant par la porte, ils ne remarquèrent pas un jeune page qui se tenait contre une tenture et qui ne pouvait s'empêcher de ricaner. Ils allèrent donc rejoindre la compagnie des femmes. Ygerne savait très bien que le roi n'était là que pour avoir l'occasion de la voir et de lui parler. Elle supporta néanmoins sa présence jusqu'à la nuit tombée, quand les convives se séparèrent pour aller dormir. Quand le duc Gorlais la rejoignit dans sa chambre, il trouva Ygerne tout en larmes.

Très surpris, il la prit dans ses bras, car il l'aimait tendrement, et lui demanda ce qui lui causait un tel chagrin. « Je ne peux rien te cacher, dit-elle, car je t'aime plus que tout être au monde. » Elle lui raconta alors les manœuvres du roi Uther et lui expliqua qu'il ne témoignait son estime et son affection au duc que pour mieux s'approcher d'elle et la séduire. « De plus, ajouta Ygerne, tu m'as obligée d'accepter sa coupe et d'y boire pour l'amour de lui, et cela publiquement, quand on avait les yeux fixés sur moi ! Je t'assure, je ne peux me défendre plus longtemps contre le roi et contre son conseiller, le perfide Urfin. Pourtant, je sais que ce que je viens de te révéler ne peut nous attirer que des malheurs, mais je n'en peux plus et je te demande de m'emmener immédiatement loin d'ici ! »

Le duc Gorlais fut fort irrité en apprenant la façon dont il avait été joué par le roi Uther. Il remercia sa femme en lui témoignant les marques du profond amour qu'il lui portait et de l'estime dans laquelle il la tenait. Puis, au cours de la nuit, il réunit tous ses hommes en secret. Ils s'aperçurent bien vite de la colère de leur maître. « Seigneurs, leur dit Gorlais, préparez-vous à partir immédiatement et sans que personne ne puisse s'en apercevoir. Ne me posez pas de questions pour le moment, mais faites vite. Prenez seulement vos armes et vos chevaux. Laissez tous vos bagages, car je veux que le roi et le plus grand nombre de personnes possible ignorent tout de notre départ ! »

Les ordres du duc furent suivis à la lettre et, le matin suivant, les hommes de Gorlais, qu'il n'avait pas pu prévenir, ameutèrent toute la ville en constatant que leur seigneur n'était plus là. C'est ainsi que le roi Uther apprit le départ du duc de Tintagel. A vrai dire, il s'en moquait éperdument, mais ce qui le chagrinait, c'était qu'il avait emmené avec lui la belle Ygerne. Il passa par une période d'abattement, car l'image d'Ygerne le poursuivait sans cesse, puis par une période de violence extrême où il menaçait tous ceux qui se trouvaient près de lui. Maîtrisant enfin sa colère, il réunit ses conseillers et ses barons et leur révéla que le duc Gorlais de Tintagel lui avait causé une très grave offense en quittant la cour sans en avoir obtenu le congé, de nuit et en cachette, comme un vulgaire malfaiteur qui fuit le lieu de son crime. La plupart des barons lui dirent qu'ils étaient fortement surpris de l'attitude du duc Gorlais, celui-ci étant, de l'avis général, d'une extrême courtoisie et d'une grande fidélité à ses devoirs de vassal. « Il en est pourtant ainsi ! s'écria Uther. Le duc Gorlais de Tintagel m'a gravement offensé et je vous demande de quelle façon je puis obtenir réparation. » Aucune des personnes présentes n'osait tenir tête au roi tant il paraissait irrité. « Fais selon ta volonté », lui dirent-ils. — « Dans ce cas, dit Uther, je vais lui ordonner de revenir à la cour et de faire amende honorable pour ce manquement, et aussi de se justifier s'il le peut. » — « Qu'il en soit ainsi ! » dirent les autres.

Uther envoya deux messagers à Tintagel. Ils allèrent trouver le duc et lui signifièrent les ordres du roi. Quand il eut entendu le message, Gorlais fut pris d'un accès de fureur. Puis, s'étant un peu calmé, il répondit aux messagers : « Seigneurs, vous pouvez dire au roi que je refuse de retourner à sa cour. Il s'est conduit envers moi et envers les miens d'une manière telle que je ne peux plus avoir confiance en lui ni me rendre librement à sa cour. Je n'en dirai pas plus, mais je prends Dieu à témoin de mon refus et je déclare publiquement que je tiens pour nuls les liens qui m'unissaient à lui ! »

Ainsi parla Gorlais, duc de Tintagel, et les messagers se hâtèrent de reprendre le chemin qui menait à Carduel. Aussitôt qu'ils furent partis, Gorlais réunit ses conseillers et leur expliqua les raisons pour lesquelles il avait dû quitter la cour pendant la nuit, comme un voleur, et pour lesquelles il refusait d'y retourner. Les conseillers furent tous unanimes pour dénoncer la perfidie du roi : « Les choses en resteront là s'il plaît à Dieu, dirent-ils, mais celui qui trame une telle trahison envers son vassal ne peut plus jamais prétendre au rôle de seigneur protecteur. Sois rassuré, duc Gorlais, nous te soutiendrons quoi qu'il advienne et nous défendrons ta femme, ton honneur et tes terres contre quiconque voudrait les attaquer. »

Cependant, les messagers étaient revenus auprès du roi Uther et lui avaient rapporté la réponse du duc ainsi que son refus de revenir à la cour. Le roi s'écria qu'il était très surpris de l'attitude insensée de son vassal, car jusqu'à présent il avait toujours pris celui-ci pour un homme sage et loyal. Il pria donc ses barons de l'aider à réparer l'offense que le duc lui avait infligée. Les barons répondirent qu'ils ne sauraient s'y opposer, car la faute avait été publique, mais qu'il convenait d'accorder au duc, pour se justifier, s'il le désirait, un délai de quarante jours avant d'engager un quelconque recours contre lui.

Le roi ne put que consentir à la prière de ses barons, bien qu'en lui-même il sût fort bien que le délai n'y ferait rien et que le duc refuserait tout accommodement. Il envoya toutefois des messagers à Tintagel afin de défier le duc. Le duc Gorlais répondit qu'il se défendrait contre toute attaque de la part du roi, car il avait le droit pour lui. C'est ce qu'attendait Uther. Se prétendant menacé par la révolte d'un de ses vassaux, il fit convoquer des troupes et les massa à la frontière du domaine du duc Gorlais, attendant le moment d'attaquer et de détruire une à une les forteresses dans lesquelles il tenait garnison.

C'est alors que Merlin vint trouver Taliesin, qui se trouvait auprès du roi Uther. Il lui apparut sous la forme d'un vieillard tout courbé et marchant péniblement à l'aide d'un bâton. Personne ne pouvait le reconnaître, mais Taliesin, qui avait la vision des choses secrètes, le salua aimablement et lui demanda ce qu'il venait faire dans les troupes du roi Uther qu'on allait faire combattre pour une cause qu'il jugeait mauvaise. Merlin se mit à rire et dit : « Je crois t'avoir prévenu que le bien était quelquefois un mal et le mal un bien, Taliesin. Sache que, dans cette histoire, rien n'est bien clair, et qu'un désir adultère comme celui du roi Uther Pendragon peut cacher quelque chose de bien plus important. En tout cas, tu peux constater encore une fois qu'il suffit d'un individu, ou même d'un simple geste, pour bouleverser l'ordre du monde. » Taliesin lui répondit : « Je comprends ce que tu dis, Merlin ; je sais que tout cela correspond à un plan tracé par le doigt de Dieu, mais je ne peux pas admettre que ce soit au prix de la souffrance et de la mort de gens innocents ! » — « Personne n'est innocent ! » dit Merlin. Et sur ce, il quitta Taliesin et disparut dans la nuit.

A l'expiration du délai, le roi Uther lança ses troupes sur les terres du duc Gorlais. Il pillait les villages, brûlait les moissons et assiégeait les châteaux dans l'espoir fou de voir un jour la belle Ygerne se livrer à lui en échange de la paix. Par ses espions, il apprenait tout ce qui se passait chez le duc, mais il ne parvenait pas à se rendre maître de la forteresse de Tintagel, si bien protégée sur son promontoire qui dominait la mer, et que de solides remparts isolaient de la terre. Et plus les jours passaient, plus le roi Uther sentait grandir son amour pour Ygerne. Il en perdait presque la raison. Un jour qu'il se trouvait seul sous sa tente, il se mit à pleurer. Mais Urfin, qui était à côté, l'entendit et vint le trouver. « Pourquoi pleures-tu ainsi, roi Uther ? » lui demanda-t-il. L'autre s'écria : « Comme si tu ne savais pas les raisons de mes larmes ! Je meurs d'amour pour Ygerne, et je ne vois pas d'autre issue que la mort, car j'ai perdu le repos et je ne connais aucun remède à mon mal ! »

« Honte sur toi ! répondit Urfin. C'est le propre du lâche que de mourir pour une femme ! Au lieu de te lamenter, tu ferais bien de faire chercher Merlin. Il t'a promis aide et assistance chaque fois que tu serais en danger ou qu'une difficulté majeure se présenterait à toi. Envoie donc des messagers à la recherche de Merlin, et quand ils te l'auront amené, suis ses conseils, fais tout ce qu'il te demandera, à condition bien entendu que tu lui donnes tout ce qu'il désirera ! »

« Mais on ne peut pas amener Merlin ! s'écria le roi en proie au plus profond désespoir. En ce moment même, il sait très bien quel est mon état, et je suis sûr qu'il en rit. Il ne peut admettre que j'aime ainsi la femme de mon vassal et que je sois prêt à accomplir n'importe quel acte, le plus malhonnête possible, pour tenir la belle Ygerne entre mes bras ! » — « Si Merlin t'a promis aide et assistance en toute occasion, il n'est pas possible qu'il te laisse dans cet état, dit Urfin. Je suis persuadé qu'il n'est pas loin et qu'il voudra bientôt te rencontrer. » Ayant ainsi tenté de rassurer le roi Uther, Urfin sortit de la tente. Soudain, il avisa un homme qu'il n'avait jamais vu dans le camp. « Qui es-tu ? » demanda-t-il. L'autre lui fit signe d'aller à l'écart et il le rejoignit. L'homme paraissait vieux et voûté, mais ses yeux étaient brillants comme des étoiles. « Seigneur Urfin, dit-il, tu m'as demandé qui j'étais. Je te répondrai : un vieillard. Lorsque j'étais jeune, on me considérait comme un ange, mais à présent on dit que je radote. Je t'apprendrai cependant, sous le sceau du secret, que je me trouvais il y a peu de temps à Tintagel. Là, j'ai fait la connaissance d'un homme qui m'a appris que ton roi aimait la femme du duc Gorlais, et que c'est parce que le duc avait emmené sa femme de Carduel que le roi avait entrepris de ravager ses terres. Or, si tu me fais confiance et si tu me donnes une bonne récompense, je t'indiquerai quelqu'un qui pourrait procurer à ton roi un entretien avec la belle Ygerne et, qui sait ? peut-être encore mieux, du moins pour lui. »

Urfin ne fut pas peu surpris du discours du vieillard. Il se demandait bien d'où il tirait ses renseignements et quel était le sens exact de la proposition qu'il venait de faire. Il le pria cependant de le mettre en rapport le plus rapidement possible avec l'homme dont il parlait. « Je veux d'abord savoir, répliqua le vieillard, en quoi consistera ma récompense. » — « Je ne peux pas te le dire tant que je n'en ai pas parlé au roi », dit Urfin. — « Alors, dit l'autre, qu'attends-tu pour aller le voir et le lui demander ? » — « Mais qui me dit que tu seras encore là lorsque je reviendrai avec sa réponse ? » — « Je peux t'assurer que tu me trouveras ici, au même endroit, ou bien alors celui que j'enverrai à ma place. » Satisfait de cette réponse, Urfin courut jusqu'à la tente du roi et lui raconta sa rencontre avec le vieillard. « Connais-tu cet homme ? » lui demanda le roi. — « C'est un vieillard, c'est tout ce que je peux t'en dire ! » Le roi se mit à réfléchir. « Je vais venir avec toi », dit-il brusquement.

Ils sortirent de la tente et se dirigèrent vers l'endroit où Urfin avait rencontré le vieillard. Mais il n'y avait plus personne, et Urfin en fut grandement courroucé. « Tu as dû rêver », dit Uther. Ils reprirent le chemin de la tente, mais comme ils marchaient, ils croisèrent un infirme qui se tenait sur deux cannes. « Roi, lui dit l'infirme, donne-moi quelque chose et, en échange, Dieu exaucera ton plus cher désir ! » Mais Uther était tellement plongé dans sa tristesse qu'il ne fit pas attention aux paroles de l'infirme avant d'être rentré sous sa tente. Alors, il se rappela la voix de l'infirme et ce qu'il disait, et il éclata de rire, tandis qu'Urfin se demandait si le roi n'était pas devenu fou. « Sais-tu qui est l'homme qui t'a parlé sous l'apparence d'un vieillard chenu ? C'est celui-là même que tu viens de voir sous l'aspect d'un infirme. » Urfin ne cherchait même pas à comprendre. Il demanda simplement : « Mais qui est-il donc ? » Le roi lui dit : « Apprends qu'il s'agit de Merlin qui se moque ainsi de nous, comme il en a l'habitude. Je sais maintenant qu'il viendra me parler incessamment, mais au moment où il le jugera nécessaire. »

Effectivement, quelques instants plus tard, Merlin, sous la forme qu'on lui connaissait, se présenta au camp et demanda à être reçu par le roi Uther. Le roi ordonna qu'on le fît venir immédiatement. C'est ainsi que Merlin pénétra dans la tente du roi. Il salua celui-ci et lui demanda s'il avait vraiment besoin de lui. « Seigneur, lui dit alors Urfin, si tu es ce qu'on prétend que tu es, fais quelque chose pour le roi, car il est malade de l'amour d'Ygerne. » Merlin s'approcha d'Urfin : « Urfin, si le roi accepte de jurer sur les saintes reliques qu'il me donnera ce que je lui demanderai en temps opportun, sans qu'il n'en nuise aucunement à son honneur, je l'aiderai à obtenir l'amour d'Ygerne. Mais il te faut, toi aussi, me prêter ce serment. » — « Tout ce que tu voudras, pourvu que tu viennes en aide au roi », répondit Urfin. Merlin répéta ses conditions à Uther, et celui-ci les accepta sans restriction. « Eh bien ! dit Urfin, maintenant, Merlin, indique-nous le moyen d'alléger les souffrances du roi ! » Merlin se mit à rire et dit : « Ce ne sera pas avant que les serments ne soient prononcés. »

Le roi fit apporter les reliquaires et Urfin et lui-même jurèrent, en répétant les paroles de Merlin, que le roi donnerait au devin ce qu'il lui demanderait au moment opportun. « Maintenant, dit Uther, je t'en prie, Merlin, occupe-toi de ce qui me tourmente, car jamais homme au monde n'a eu un tel besoin de secours ! » Merlin haussa les épaules et regarda le roi droit dans les yeux. « Tu es adultère et déloyal, Uther. Je ne devrais pas venir à ton aide, car ce que tu veux accomplir est injuste et malhonnête. Mais pour des raisons que tu n'as pas à connaître, cette action mauvaise en soi est nécessaire. Alors, écoutez-moi bien, tous les deux. Roi Uther, pour te rendre auprès d'Ygerne et satisfaire ta honteuse passion, je ne vois qu'un moyen : changer ton apparence. Ygerne est en effet la plus vertueuse et la plus fidèle de toutes les femmes, et il ne servirait à rien d'attenter à sa vertu, même par la force. C'est à la ruse et à mes pouvoirs magiques qu'il faut avoir recours. Je vais te donner l'apparence du duc Gorlais : ainsi, personne ne pourra te reconnaître. Je sais que deux chevaliers sont très intimes avec le duc et sa femme. L'un se nomme Bretel et l'autre Jourdain. Je donnerai à Urfin l'apparence de Jourdain, et moi, je prendrai celle de Bretel. Ce soir, le duc Gorlais quittera la forteresse de Tintagel pour tenter une action contre tes troupes. Pendant le temps qu'il sera absent, nous approcherons de Tintagel et je me ferai ouvrir la porte. Tu pourras alors pénétrer dans la demeure et y coucher avec Ygerne. Mais, au matin, il nous faudra partir très tôt, car nous apprendrons des nouvelles qui vous surprendront. Roi Uther, donne maintenant des ordres à tes troupes et à tes barons afin d'interdire à quiconque d'approcher de Tintagel tant que nous ne serons pas revenus. Et surtout, ne dites à personne d'autre où nous allons et ce que nous avons l'intention de faire. Enfin, préparez-vous, car c'est en cours de route que je changerai votre aspect. »

Le roi donna les ordres nécessaires et, la nuit venue, ils se mirent en marche, le long de la côte, en direction de Tintagel. Ils parvinrent bientôt aux abords de la forteresse. Là, Merlin dit au roi de rester en arrière et s'avança seul en compagnie d'Urfin. En cours de chemin, Merlin changea d'aspect, et il en fit de même pour Urfin. Alors ils revinrent vers Uther qui les attendait avec anxiété. Merlin lui tendit une herbe et lui dit de s'en frotter le visage. Ainsi fit Uther, et aussitôt il fut tout à fait semblable au duc Gorlais. « Roi Uther, reprit Merlin, te souviens-tu d'avoir déjà vu Jourdain ? » — « Certainement », répondit le roi. — « Alors, qu'en penses-tu ? » reprit Merlin en lui désignant Urfin. — « C'est incroyable ! » s'écria le roi. Quant à Urfin, il regardait le roi et n'en revenait pas de cette transformation soudaine. Enfin tous deux examinèrent Merlin qui ressemblait parfaitement à Bretel.

Quand le moment fut jugé favorable, ils allèrent tous les trois vers la porte de Tintagel et Merlin appela le portier. Celui-ci reconnut aussitôt Bretel, Jourdain et le duc Gorlais et se hâta de leur ouvrir la porte. Une fois à l'intérieur des murs, le soi-disant Bretel défendit aux hommes de garde de dire que le duc était là. Ils se dirigèrent alors vers le logis du duc et Merlin prit à part Uther, lui recommandant de se montrer avec Ygerne aussi gai et enjoué que le duc. Puis Uther se dirigea seul vers la chambre d'Ygerne. Ainsi couchèrent ensemble cette nuit-là le roi Uther Pendragon et la duchesse Ygerne de Tintagel, et c'est cette nuit-là que fut engendré le roi qu'on appela plus tard Arthur. La dame accueillit Uther avec toute l'ardeur dont elle aurait comblé le duc son époux qu'elle aimait tendrement. Et ils restèrent ainsi jusqu'à l'aube. Puis, au lever du jour, le bruit courut parmi les gardes que le duc avait été tué au cours d'une tentative nocturne contre le gros des troupes d'Uther. Ce ne fut d'abord qu'une rumeur, mais dès que Merlin et Urfin l'eurent entendue, ils coururent réveiller Uther, faisant semblant d'être Bretel et Jourdain et parlant au roi comme s'il était le duc : « Seigneur ! dirent-ils, levez-vous vite et regagnez votre camp, car vos gens vous croient mort ! » Uther comprit quel jeu il devait jouer. « Ce n'est pas étonnant, s'écria-t-il bien haut pour que tout le monde pût l'entendre, puisque j'ai quitté le camp sans prévenir personne et dans le plus grand secret. J'avais tant hâte de revoir ma chère Ygerne ! »

Il fit alors de tendres adieux à Ygerne devant tous ceux qui se trouvaient présents. Puis, redescendant par la porte, les trois hommes quittèrent la forteresse au plus vite sans avoir été reconnus par quiconque, et pour la plus grande joie du roi Uther. Quand ils furent dans un endroit sûr, Merlin leur rendit leur aspect naturel, puis il dit au roi : « Uther, je pense que j'ai tenu ma promesse. A toi maintenant de tenir la tienne. » — « Merlin, répondit le roi, j'avoue que tu m'as rendu le plus grand service dont j'aie jamais eu besoin. Je tiendrai ma promesse envers et contre tous, si Dieu le veut. » Merlin se mit à rire et dit : « A la bonne heure ! Je vois que tu n'es pas un ingrat qui, une fois son plaisir assouvi, ne cherche qu'à fuir toutes les promesses faites auparavant. Apprends donc que cette nuit même tu as engendré un enfant mâle et que tu m'en as fait don. De toute façon, tu ne pourrais pas le garder, car alors ta mauvaise action serait connue de tous et tu serais déshonoré à jamais. Tu me le donneras donc avec tous les droits que tu as sur lui. Tu feras également noter l'heure et la nuit où tu l'as engendré, et tu sauras ainsi que je t'ai dit la vérité. » Le roi dit : « C'est entendu, Merlin, tu as ma parole. Je ferai ce que tu me demandes et je te donnerai l'enfant. »

Quand ils arrivèrent au camp, on vint leur annoncer que le duc Gorlais avait été tué au cours d'une attaque qu'il avait menée par surprise, au milieu de la nuit. Le roi déclara qu'il était très affligé de la mort de son vassal, même si celui-ci s'était mal conduit envers lui. Et puisque le duc était mort, la guerre entreprise contre lui devenait sans objet. On renvoya les hommes chez eux, et Uther Pendragon réunit ses barons afin de discuter de la réparation qu'il pourrait proposer pour ce qui était arrivé au duc de Tintagel. Il leur dit qu'il était très peiné par cette affaire et qu'il n'avait jamais haï le duc au point de chercher à le tuer. Et il ajouta que, ne voulant pas qu'on lui reprochât sa mort, il ferait tout son possible pour réparer cette perte.

Après cet habile discours, ce fut Urfin qui prit la parole : « Puisque le mal est fait, il faut le réparer de notre mieux. Aussi, seigneurs, je vous demande votre avis sur cette question : quelle réparation le roi peut-il offrir à la duchesse et à ses parents pour la mort de son mari ? C'est le roi qui vous demande votre avis sur ce point, et je vous prie de bien vouloir le conseiller, puisqu'il est votre seigneur. »

Les barons se concertèrent mais ne trouvaient aucune solution qui ne fût acceptable par tous. A la fin, Urfin intervint et leur dit : « Seigneurs, voici ce que, personnellement, je conseillerai au roi. Si vous trouvez mieux, je vous prie de le faire savoir. Je proposerai au roi de convoquer à Tintagel la veuve du duc Gorlais ainsi que tous ses parents et ceux de sa femme. Ils devront comparaître devant lui et se verront offrir, en compensation de la mort du duc Gorlais, une réparation telle que s'ils la rejettent le blâme en retombera sur eux. » Les barons trouvèrent la proposition excellente et vinrent la présenter au roi, mais sans préciser qu'il s'agissait d'une proposition d'Urfin, car il leur avait défendu de ne rien en dire. Le roi les approuva entièrement et fit convoquer à Tintagel la veuve du duc et ses parents.

Cependant Merlin prit le roi à part : « Sais-tu, lui dit-il, qui est l'auteur de cette proposition ? » — « Elle m'a été faite par tous mes barons », répondit Uther. Merlin se mit à rire et dit : « A eux tous, ils n'auraient pas été capables de l'imaginer. Non, c'est Urfin, qui est plein de sagesse et qui est envers toi d'une fidélité à toute épreuve, qui a trouvé la solution. Et encore, il ne l'a pas exprimée entièrement. Il n'en a parlé à personne et il ignore que je la connais. » — « Quelle est donc cette solution entière ? » demanda le roi. Merlin lui expliqua exactement ce qu'avait imaginé Urfin, et le roi fut tout joyeux de l'apprendre. Puis il ajouta : « Je ne saurais te donner meilleur conseil que de suivre l'avis d'Urfin. Ainsi obtiendras-tu ce dont tu as tellement envie. Maintenant, je vais m'en aller, roi Uther, mais quand je ne serai plus là, Urfin saura sagement te conseiller. Et je voudrais, avant de prendre congé, te parler en sa présence. »

Uther fit venir Urfin. Alors Merlin dit au roi : « Rappelle-toi que tu m'as promis de me donner l'enfant mâle que tu as engendré, car il n'est pas possible que tu le reconnaisses comme ton fils. Tu as noté l'heure et la nuit où il a été engendré, grâce à moi, comme tu le sais. Mais si je ne venais pas à ton aide, le péché retomberait publiquement sur toi. Quant à sa mère, elle risque fort d'être embarrassée par cette naissance, et elle se posera toujours des questions à ce sujet. Je veux également qu'Urfin mette bien par écrit la date exacte où l'enfant a été engendré. Je ne reviendrai plus avant que cet enfant ne soit né, mais je te prie, roi Uther, d'avoir confiance en Urfin qui t'est entièrement dévoué et qui saura te conseiller pour ton honneur et ton profit. Mais si, tous les deux, vous voulez conserver mon amitié, n'agissez jamais de façon déloyale avec moi car, dans ce cas, je serais obligé de prendre des dispositions qui ne vous seraient pas agréables. »

Urfin mit par écrit l'heure et la nuit où l'enfant avait été engendré. Puis, prenant encore le roi à part, Merlin lui dit à voix basse : « Uther, prends bien soin qu'Ygerne ignore toujours que tu as couché avec elle la nuit où est mort son époux. Elle en sera d'autant plus à ta merci, car si tu la questionnes sur sa grossesse et si tu lui demandes quel est le père de cet enfant, elle ne pourra pas te le dire et elle sera pleine de confusion à ton égard. Ainsi tu m'aideras grandement à obtenir l'enfant quand le temps sera venu. »

Ayant ainsi parlé, Merlin quitta la cour d'Uther. Mais il ne se rendit pas auprès de l'ermite Blaise dans la forêt de Kelyddon. Il alla plus au nord, à la cour du roi Rydderch, car celui-ci venait d'épouser sa sœur Gwendydd, et Merlin avait hâte de la retrouver et de faire connaissance avec son mari. Mais l'histoire ajoute que le roi Rydderch avait une sœur du nom de Gwendolyn, et qu'elle plaisait beaucoup à Merlin.

Cependant, Uther avait convoqué tous ses vassaux à Tintagel. Et quand ils furent tous rassemblés, il fit venir la duchesse, ses parents et ceux de son défunt mari. Et devant tous, il déclara qu'il s'en remettait entièrement à ses barons pour trouver le moyen de conclure la paix et d'offrir une réparation suffisante à la famille du duc Gorlais. Les barons délibérèrent entre eux et dirent qu'ils acceptaient de trancher la question à condition qu'Urfin fût leur porte-parole, car ils savaient bien qu'il était le plus habile d'entre eux. Quant aux parents de la duchesse et à Ygerne elle-même, après avoir pris avis de leurs conseillers, ils déclarèrent s'en remettre en tous points à ce que déciderait l'assemblée.

C'est alors qu'Urfin prit la parole : « Seigneurs, voici ce que nous proposons. Vous savez que le duc est mort par la faute du roi, mais qu'en réalité il n'avait pas mérité cette mort, car c'était un homme bon et loyal qui s'est laissé emporter par une colère irréfléchie. Vous savez également que sa femme, qui est la meilleure dame du royaume, la plus belle et la plus vertueuse qu'on puisse trouver sur cette terre, se trouve présentement sans protection, avec deux enfants à charge et une terre que le roi a dévastée. D'autre part, les parents du duc ont beaucoup perdu avec la mort de leur seigneur. Il est donc juste que le roi, afin de gagner leur pardon et leur amitié, répare en partie les torts qu'ils ont subis. Enfin, comme vous le savez, le roi n'a pas de femme, et il serait grand temps que le royaume ait un héritier légitime. Je déclare donc, au nom de tous les barons réunis ici aujourd'hui, que le roi ne peut réparer le préjudice causé qu'en épousant la duchesse Ygerne, cela pour le bien de tous et en vertu du droit qu'a la duchesse d'obtenir des compensations. Ensuite, je propose qu'il marie la fille aînée du duc, celle qui a pour nom Anna, au roi Loth d'Orcanie, ici présent, et qu'il fasse en sorte que les autres parents du duc le considèrent désormais comme leur ami, leur seigneur et leur roi légitime. Telle est la proposition que nous vous soumettons à tous. »

A l'unanimité, l'assemblée des barons accepta la proposition présentée par Urfin, et la duchesse et ses parents firent de même. « Ce n'est pas suffisant, dit encore Urfin.

Il faut que le roi Loth d'Orcanie donne son avis. » Loth se leva et dit qu'il acceptait avec joie d'épouser la jeune Anna, fille aînée du duc Gorlais et d'Ygerne de Tintagel. Alors, Urfin se tourna vers Uther et lui demanda s'il confirmait le jugement rendu par l'assemblée. « Oui, répondit le roi, à condition que la duchesse Ygerne veuille bien elle-même, en personne, accepter cette juste réparation des torts qu'elle a subis. » On attendit qu'Ygerne voulût bien parler. Elle s'entretint quelques instants avec ses parents et ses conseillers, puis elle se leva et dit d'une voix qui ne tremblait pas : « J'accepte la proposition qui m'est faite et je m'en remets entièrement à la loyauté du roi sous la caution de tous les barons aujourd'hui rassemblés à Tintagel. »

C'est ainsi que la paix fut rétablie entre le roi et la famille de Tintagel. Quelques jours plus tard, Uther Pendragon épousa la belle Ygerne, pour laquelle il avait tant soupiré en secret. Treize jours seulement s'étaient écoulés entre le jour des noces d'Uther et d'Ygerne et la nuit où il avait couché avec elle dans la forteresse de Tintagel. Et, le lendemain, Uther donna en mariage la fille d'Ygerne au roi Loth d'Orcanie. C'est de cette union que naquirent plus tard Gauvain, Agravain et Gahériet qui s'illustrèrent parmi les compagnons de la Table Ronde, et aussi, par suite d'une méprise fatale, et du seul fait d'Anna, celui qui apporta la honte sur le royaume de Bretagne et le rendit orphelin. Mais ceci est une autre histoire.

Ygerne de Tintagel avait eu une seconde fille de son union avec le duc Gorlais, et cette fille se nommait Morgane. Elle était très belle et de visage avenant, et surtout très douée pour les études : elle apprit ainsi les sept arts et acquit de surprenantes connaissances dans les sciences de la nature, ainsi qu'en astrologie et en magie, car elle connaissait les charmes et les enchantements des anciens temps et s'en servait lorsqu'elle le voulait. Elle avait aussi une grande expérience de la médecine et savait composer des onguents et des breuvages qui guérissaient ou qui emportaient l'esprit dans les espaces invisibles. Et c'est pourquoi on l'appela plus tard Morgane la Fée. Et l'on raconta sur elle de bien étranges histoires.

Uther Pendragon était tout heureux de cette situation. Il avait enfin obtenu celle qu'il désirait si ardemment, et cette fois c'était sans sortilège et en toute lumière. Mais au bout de trois mois, la grossesse d'Ygerne devint évidente. Une nuit où Uther était auprès de sa femme, posant la main sur le ventre de celle-ci, il lui demanda doucement de qui elle était enceinte. Ce ne pouvait en effet être de lui puisque, depuis son mariage, il avait noté régulièrement les nuits où il avait couché avec elle. Ce ne pouvait pas non plus être l'enfant du duc Gorlais, puisque celui-ci n'avait pas couché avec sa femme déjà longtemps avant sa mort. Uther disait cela de façon délibérée pour savoir comment réagirait Ygerne. A la fin, celle-ci se mit à pleurer.

« Seigneur roi, dit-elle tout en larmes, je ne peux pas te mentir puisque tu sais bien ce qu'il en est. Je te demande seulement d'avoir pitié de moi et de ne pas me tenir responsable de ce qui est arrivé. Si tu m'assures que tu ne m'abandonneras pas, quoi que je dise, je veux bien te révéler une aventure surprenante. » Le roi l'assura qu'il ne l'abandonnerait jamais. Alors Ygerne lui raconta comment un homme qui ressemblait étonnamment à son mari avait pénétré dans sa chambre et avait couché avec elle, la nuit même où le duc Gorlais avait été tué dans l'assaut qu'il menait contre le camp du roi. Et Ygerne ajouta : « Cet homme était accompagné des deux meilleurs chevaliers que mon mari ait jamais eus et en qui il avait toute confiance. C'est ainsi qu'il vint me rejoindre dans ma chambre, au vu et au su de tous mes gens, et qu'il coucha avec moi. J'étais bien persuadée que c'était le duc, mon mari, et c'est lui qui a engendré cet enfant que je porte. Je t'ai dit toute la vérité à ce sujet. »

Uther fut ravi de constater qu'Ygerne n'oserait jamais avouer publiquement la naissance de cet enfant dont elle ignorait tout du père. « Mon amie, lui dit-il, je te prie de tout faire pour dissimuler ta grossesse, car si on le savait, tu en serais déshonorée. Quant à cet enfant que tu vas mettre au monde, il faut que tu comprennes que ni toi ni moi ne pouvons le garder avec nous, car il serait déraisonnable de le faire considérer comme le nôtre. Au moment de sa naissance, je te prierai de le remettre à une personne que je t'indiquerai. Ainsi, nous n'entendrons jamais plus parler de lui. » — « Je ferai pour le mieux, selon tes conseils », répondit Ygerne.

Les mois passèrent et le temps de la délivrance approchait. C'est alors que Merlin revint du Nord. Il commença par s'entretenir secrètement avec Urfin, lui demandant de lui faire un rapport complet sur ce qui s'était passé durant son absence. Urfin lui fit le récit fidèle des événements dont il avait été le témoin. Merlin fut grandement satisfait de la confiance qu'il avait mise en Urfin, puis il alla trouver le roi Uther pour lui annoncer qu'Ygerne accoucherait le lendemain soir, après la tombée de la nuit.

« Écoute-moi bien, lui dit Merlin. Dès que l'enfant sera né, il faut que la reine le confie à une servante en laquelle elle se fie entièrement. Cette servante devra aller à la porte de la forteresse et remettre l'enfant à l'homme qui s'y tiendra. Si tu n'agis pas de cette façon, il ne te sera pas possible d'échapper au déshonneur, car non seulement tu trahirais la parole que tu m'as donnée, mais tu répandrais la honte sur le front d'Ygerne. » — « Sois tranquille, Merlin, dit le roi, je ferai tout ce que tu m'as dit. »

Uther Pendragon se rendit près de la reine. « Douce amie, lui dit-il, je te prie de faire ce que je vais te demander. » — « Seigneur roi, je te fais confiance et je t'obéirai en tous points », répondit Ygerne.

Le roi Uther était un peu embarrassé. Il savait bien

qu'il n'avait pas la conscience tranquille et redoutait qu'Ygerne refusât au dernier moment d'abandonner l'enfant dont elle devait accoucher. « Dame, dit-il enfin, c'est demain que tu dois donner naissance à cet enfant, et ce sera après la tombée de la nuit. Je te demande instamment de confier l'enfant, dès qu'il sera né, à celle de tes suivantes que tu penses la plus discrète. Cette servante devra remettre l'enfant à un homme qui se tiendra à la porte de la forteresse. Ordonne également à toutes les femmes qui t'assisteront de ne jamais parler à quiconque de cette naissance car, si on l'apprenait, ce serait le déshonneur autant pour toi que pour moi. Il y a beaucoup de gens, en effet, qui ne se priveraient pas de prétendre qu'il n'est pas de moi. Et il ne saurait l'être, à ce qu'il me semble. »

« Seigneur, dit la reine, je maintiens tout ce que je t'ai raconté, il y a déjà quelque temps, mais j'agirai comme tu me l'ordonnes. Je suis cependant très surprise que tu saches exactement quand l'enfant doit naître. » — « Peu importe, dit le roi. Je te demande seulement d'agir de cette façon sans te poser de questions. » Et le roi quitta Ygerne pour aller à la recherche de Merlin. Mais il ne le vit pas, et passa sa journée à rôder dans les corridors sans pouvoir trouver le calme. Il savait bien qu'il était responsable de tout et il en ressentait quelques remords. Cependant, sa confiance en Merlin était telle qu'il ne doutait pas, au fond de lui-même, que celui-ci ne lui vînt en aide.

C'est en fin d'après-midi que la reine Ygerne ressentit les premières douleurs. Le travail dura jusqu'à l'heure annoncée par le roi et l'enfant naquit peu après minuit. Aussitôt, Ygerne appela une de ses suivantes, celle qu'elle pensait être la plus discrète. Et elle lui dit : « Mon amie, prends cet enfant et va à la porte de la forteresse. Si tu trouves là un homme qui le réclame, tu le lui donneras. Mais je t'en prie, essaie de voir quelle espèce d'homme ce sera. »

La suivante obéit. Elle enveloppa l'enfant dans les plus beaux langes qu'elle put trouver et l'emporta jusqu'à la porte de la forteresse. Là, elle aperçut un homme qui lui parut dans un état d'extrême faiblesse. « Qu'attends-tu là ? » lui demanda-t-elle. L'homme lui répondit d'une voix rauque : « J'attends ce que tu m'apportes ! »

« Mais dis-moi au moins qui tu es, afin que ma maîtresse puisse connaître celui à qui elle confie son enfant ! » — « Tu n'as pas à le savoir, répondit l'homme, et ta maîtresse non plus. Contente-toi de faire ce qui t'a été ordonné. » Effrayée, la suivante lui donna l'enfant. L'homme disparut dans la nuit, emportant son léger fardeau, mais d'une démarche si maladroite qu'on eût dit qu'il allait tomber.

La suivante revint auprès de la reine. « Dame, lui dit-elle, j'ai donné l'enfant comme tu me l'avais ordonné. Cet homme qui m'attendait était un vieillard qui me semblait très faible, mais je ne sais rien de plus sur lui. » Et la reine Ygerne se mit à pleurer, en proie à un atroce chagrin.

Cependant, le vieillard à qui la suivante avait confié l'enfant s'éloignait sur le chemin. Et plus il s'éloignait de la forteresse, plus sa démarche devenait normale et forte. Il sauta sur un cheval, portant toujours l'enfant contre lui. Et après avoir chevauché pendant une partie de la nuit, il arriva dans une maison où brillait encore de la lumière. Il entra dans la maison et vit un homme qui veillait au coin du feu. L'homme se leva à son entrée et lui dit : « Je t'attendais. M'apportes-tu l'enfant dont tu m'as parlé ? » — « Oui, Antor, répondit l'autre, qui avait repris les traits habituels de Merlin. Je te confie cet enfant, car je sais que tu l'élèveras comme s'il était ton propre fils. » — « Je t'ai donné ma parole, dit l'homme que Merlin avait appelé Antor, et je n'y reviendrai pas. Je t'ai promis d'élever cet enfant en compagnie de mon fils Kaï sans jamais chercher à savoir de quels parents il est né. » — « C'est bien ainsi que je l'entendais, dit Merlin.

Demain, tu l'emmèneras jusqu'à l'église et tu le feras baptiser. » — « Oui, dit Antor, mais sous quel nom dois-je le faire baptiser ? » Merlin se mit à rire et dit : « Bonne question ! Tu lui donneras le nom d'Arthur. » Et ayant ainsi parlé, Merlin quitta la maison d'Antor, sauta sur son cheval et disparut comme l'ombre d'un nuage dans le ciel lorsque le vent souffle sur le monde [1].

1. D'après le *Merlin* de la tradition de Robert de Boron.

CHAPITRE XI

Merlin le Fou

Le roi Rydderch tenait fermement sa terre de Cambrie, s'efforçant d'être juste avec ses serviteurs et les habitants du pays, les protégeant contre toute tentative de pillage, d'où qu'elle vînt, et se montrant très généreux envers ceux qui lui manifestaient leur attachement et leur dévouement. C'est pourquoi on l'avait surnommé Rydderch Hael, c'est-à-dire le Généreux. Mais certains prétendent que c'est à cause de son épée qu'on l'appelait ainsi : il possédait en effet une épée merveilleuse qui était l'un des treize joyaux de l'île de Bretagne. Si un autre que lui la tirait du fourreau, elle s'embrasait depuis la poignée jusqu'à la pointe. Pourtant, si on lui demandait la permission de tenir l'épée, Rydderch acceptait volontiers. Mais, connaissant la particularité de l'épée, peu de personnes se risquaient à la lui demander. De toute façon, cette épée était redoutable et Rydderch l'avait souvent brandie au combat pour tuer ou mettre en fuite ses ennemis.

Rydderch avait épousé Gwendydd, la sœur de Merlin, et il l'aimait tendrement. Gwendydd était fort belle et d'un grand savoir, bien qu'elle fût encore très jeune. Mais elle était fort sensible à la beauté des jeunes gens et elle n'était pas toujours fidèle au roi Rydderch. Or, elle s'était mis en tête de faire venir son frère Merlin auprès d'elle, car elle avait beaucoup d'affection pour lui et un grand respect pour sa science et sa sagesse. Merlin alla donc plusieurs fois à la cour du roi Rydderch, tout heureux de retrouver sa sœur, et donnant de bons conseils à son beau-frère. Le frère et la sœur avaient ainsi de longs et fréquents entretiens au cours desquels Merlin enseignait à Gwendydd les connaissances qu'il pouvait lui révéler, et la jeune femme, en élève appliquée, devenait de jour en jour plus experte et plus savante. Mais le roi avait une sœur, Gwendolyn, une jeune fille dont la beauté et la prestance émouvaient Merlin. Chaque fois qu'il l'apercevait, il tombait dans une sorte de langueur, comme si cette vision le projetait hors du temps. Gwendolyn, de son côté, n'était pas insensible au charme de Merlin, car il était beau garçon et savait se montrer aimable et empressé auprès des femmes.

Un jour que Gwendolyn passait près de Merlin pour se rendre dans la prairie, devant la forteresse d'Alcluyd, qui était la résidence du roi Rydderch, elle s'arrêta, se retourna et dit à Merlin : « Pourquoi ne m'épouses-tu pas ? » Merlin, qui était en pleine rêverie, sursauta et la regarda d'un air étrange. « Je ne suis pas un homme pour toi, dit-il alors. Sais-tu que je suis le fils d'un diable ? » La jeune fille eut un sourire non moins étrange et lui répondit : « On m'a toujours parlé de la beauté du diable et je ne demande qu'à en faire l'expérience ! » — « Voilà qui est bien répondu, dit Merlin. Mais il te faut savoir autre chose : si je t'épouse, je ne serai pas souvent avec toi, car je dois aller vers ceux qui ont besoin de moi, et tu risques de ne pas avoir de mes nouvelles pendant de longs mois. Est-ce que tu supporteras une telle situation ? » La jeune fille se serra contre Merlin et lui dit : « Oui, fils du diable, j'accepterai tout de toi. » Et c'est ainsi que le devin Merlin épousa Gwendolyn, sœur du roi Rydderch le Généreux.

Cependant, des dissensions s'étaient élevées entre les Bretons qui habitaient les régions de la Clyde. Certains peuples, qui vivaient plus au nord, devaient fuir la menace que faisaient peser sur eux les Pictes, toujours prêts à fondre sur leurs voisins pour leur piller bétail et récoltes. Et les nouveaux arrivants prétendaient s'installer sur des territoires qui ne leur appartenaient pas. Rydderch se trouva donc engagé dans une lutte sans merci, aux côtés du roi Uryen et du roi Gwenddoleu, contre des chefs ambitieux et sans scrupules qui faisaient régner la terreur partout où ils passaient. Et il y eut une grande bataille, sur un gué, en Arderyd [1].

La fureur guerrière se déchaîna. Les combattants se jetaient les uns sur les autres avec une énergie farouche. Le sang coulait et les eaux de la rivière en étaient toutes rouges. Beaucoup d'hommes tombèrent dans cette bataille sans pitié. Merlin, qui se trouvait là, vit mourir le roi Gwenddoleu et bien d'autres de ses compagnons. Et tout à coup, il entendit un grand bruit qui submergea le tumulte de la bataille. Ce fut comme un coup de tonnerre qui déchira les airs, de telle sorte que Merlin vit le ciel s'entrouvrir tandis que les nuages se dispersaient sur la terre en un tourbillon prodigieux. Et une voix puissante, assourdissante, qui semblait surgir de la déchirure du ciel, tomba jusqu'à Merlin. Et cette voix criait : « Merlin ! Merlin ! tu n'avais pas le droit de participer à cette bataille qui ne te concerne pas ! Merlin ! tu as enfreint l'interdit suprême qui est, pour toi, de ne jamais répandre le sang des hommes ! Merlin ! dorénavant, tu ne pourras plus te trouver en compagnie de tes semblables, et il te faudra vivre dans les bois au milieu des bêtes sauvages ! » Ayant entendu ces paroles, Merlin

1. D'après les *Annales de Cambrie*, cette bataille aurait réellement eut lieu en 573. Arderyd est généralement identifié à Arthuret, au nord de Carlisle.

se mit à errer, tout triste et pensif. Et s'écartant du lieu de la bataille, il s'enfonça dans une forêt profonde [1].

La bataille tourna cependant à l'avantage de Rydderch et d'Uryen. Les ennemis s'enfuirent, du moins ceux qui avaient échappé au massacre. Les deux rois firent enterrer les morts et élever une stèle en leur mémoire. Puis ils retournèrent dans leurs forteresses respectives. Quand Rydderch revint chez lui, Gwendydd et Gwendolyn, qui ignoraient ce qu'était devenu Merlin, lui firent de violents reproches, l'accusant d'avoir abandonné son beau-frère aux pires dangers sans l'avoir vraiment protégé. Rydderch était fort ennuyé. Il avait fait soigneusement rechercher, parmi les morts, si Merlin ne s'y trouvait pas : personne ne l'y avait reconnu. Mais Rydderch était incapable d'expliquer l'absence de Merlin. Il finit par dire aux deux femmes : « Merlin a coutume d'aller où bon lui semble sans nous en avertir. Il reviendra quand il jugera bon de le faire ! » Mais Gwendydd était agitée de sombres pressentiments et ne pouvait dissimuler son chagrin.

Un jour, un des serviteurs de Rydderch se présenta devant le roi. « Seigneur, lui dit-il, je crois que j'ai vu Merlin. Il se trouve dans une forêt, non loin d'ici. Je l'ai à peine reconnu tant il paraît vieilli et malade. Il est vêtu de haillons, sa barbe est hirsute et il semble vivre en compagnie de bêtes sauvages. Lorsque je lui ai parlé, il ne m'a pas répondu, et comme je tentais de m'approcher de lui, il s'est enfui en poussant des cris lamentables. » Rydderch fut bien étonné de ce qu'il entendait. Mais il ordonna à un groupe d'hommes en armes d'accompagner son serviteur à l'endroit où il avait découvert Merlin et de ramener celui-ci de gré ou de force. Les hommes allèrent donc dans la forêt, mais, à leur approche, Merlin s'enfuit en poussant d'horribles cla-

1. Le texte des *Annales de Cambrie* ajoute, à propos de cette bataille d'Arderyd : *et Merlinus insanus est.*

meurs et, bien qu'ils eussent entrepris de patientes recherches à travers la forêt, ils ne purent découvrir où il s'était caché. Ils revinrent donc rendre compte de leur mission au roi Rydderch.

« Tout cela n'est pas normal », dit le roi. Et il s'en alla auprès de Gwendydd, à qui il raconta ce qu'il savait, lui demandant conseil sur le moyen le plus approprié pour obliger Merlin à revenir. « Je sais ce qu'il faut faire, dit Gwendydd. Mon frère a subi un choc très violent qui lui a égaré la raison. Et il paraît dans un état d'agitation extrême, d'après ce qu'on t'a dit. Alors, je pense que tu devrais envoyer un de tes musiciens, avec sa harpe, afin de le calmer au son de la musique. Une fois qu'il sera calmé, il sera facile de le prendre par la douceur et de lui faire accepter de revenir parmi nous. » — « C'est une bonne solution ! » s'écria Rydderch. Et immédiatement, le roi ordonna à son meilleur musicien d'aller dans la forêt, avec un guide, et d'agir auprès de Merlin comme l'avait suggéré Gwendydd.

Le musicien, dès qu'il vit Merlin, au pied d'un arbre, se garda bien d'approcher. Il commença à jouer de sa harpe en faisant semblant de s'écarter le plus loin possible. Puis, il fit en sorte de marcher en cercles de plus en plus réduits afin de calmer son ardeur et de le plonger dans une sorte d'extase, ce qui lui permettrait ensuite d'engager la conversation sans que l'autre eût l'idée de s'enfuir encore une fois. Et le musicien sut si bien s'y prendre que, durant tout le temps qu'il joua de la musique, Merlin se tint tranquille au pied de son arbre. Et lorsqu'il se présenta devant lui, il ne manifesta aucune crainte, mais se mit à prononcer calmement des paroles obscures qu'il était difficile de comprendre : « Sept vingtaines de généreux guerriers sont partis vers les ombres. Sur le gué d'Arderyd ils ont trouvé la mort. Des milliers de lances se sont choquées, une vapeur mortelle s'est étendue sur la plaine sanglante, des milliers de guerriers ont été taillés en pièces, des milliers de guerriers, rouges et puissants, ont traîné leurs blessures par des chemins, des milliers de guerriers se sont enfuis, des milliers de guerriers se sont retournés et sont partis de nouveau pour combattre ! Affreux fut le carnage et terrible le tumulte ! Je sais qu'un sceptre d'or récompensera les plus braves, ceux qui ont tenu tête aux hommes du Nord ! J'ai bu du vin dans une coupe ruisselante de lumière, du vin qui était peut-être du sang, j'ai bu du vin avec les chefs de la guerre cruelle ! Merlin est mon nom, mais je ne peux plus le prononcer devant les hommes ! »

Le musicien s'assit devant Merlin. — « Que veux-tu dire, homme de sagesse ? » demanda le harpiste. — « J'ai bu du vin dans une coupe brillante, avec les chefs de la guerre cruelle. Merlin est le nom qu'on m'a donné et que l'on connaîtra à travers les siècles. » Merlin paraissait si las que le musicien ne lui posa aucune autre question. Il se contenta de jouer, sur sa harpe, l'air bien connu du réveil, celui que l'on joue après un festin, lorsque les convives sont plongés dans le sommeil de l'ivresse. Merlin écoutait la mélodie, les yeux fermés. Et, brutalement, Merlin se leva et cria : « Bientôt, le monde sera tel que, par suite des guerres insensées que les hommes se livreront entre eux, les coucous mourront de froid au mois de mai ! » Et Merlin se rassit au pied de son arbre.

« Merlin, dit enfin le musicien, c'est ta sœur Gwendydd et son époux, le roi Rydderch, qui m'envoient vers toi pour te saluer et te dire qu'ils sont très malheureux de te savoir ainsi dans les bois, privé de tout, dans le vent, dans le froid, sous la pluie de l'automne. Je t'en prie, Merlin, sage devin, ne laisse pas ta sœur dans l'angoisse et viens avec moi pour la rassurer ! » Merlin répondit : « Depuis que Gwenddoleu est mort, aucun roi, aucun prince, aucun guerrier ne vient me rendre hommage, et je n'ai plus aucune visite de celle qui est blanche comme un cygne... » Le musicien comprit qu'il pouvait engager le dialogue avec Merlin. Il répondit aussitôt : « Celle qui est blanche comme un cygne te réclame, devin Merlin. Ne la laisse pas dans l'angoisse de te savoir ainsi dans le dénuement, en proie aux rigueurs du soleil et de la pluie. »

Merlin se releva et entoura de ses bras le tronc de l'arbre. Et il dit : « Doux pommier qui surgit dans la clairière, toi dont le feuillage se répand sur la terre, je prenais d'habitude mon repas à ton ombre, à l'heure de midi, pour plaire à une fille que j'aimais. Oui, avant d'être privé de ma raison, je venais souvent près de toi avec une fille charmante, joyeuse, gracieuse. Mais, pendant dix et quarante ans, j'ai erré parmi les fous et les insensés. Après avoir eu de grandes richesses, après avoir entretenu des musiciens comme toi, voici que maintenant je n'ai plus que malheur et folie ! » Merlin s'assit de nouveau au pied de l'arbre. « Viens avec moi jusqu'à la cour du roi Rydderch, dit encore le musicien. Ta sœur Gwendydd t'y attend et souhaite que tu viennes lui raconter tes aventures ! » Merlin se mit à rire et dit : « Je suis sous un pommier que les hommes de Rydderch ne voient même plus, bien qu'ils foulent le sol autour de lui. Ils ne savent même pas que je suis là. Oui, je suis Merlin le Sage, mais légère est ma raison couverte de nuages. Est-ce donc irrémédiable d'avoir offensé le Seigneur, maître de toutes choses ? Si j'avais su ce que je sais maintenant, comment le vent souffle librement sur la cime ondoyante des arbres, jamais je n'eusse commis cette faute, car ma pénitence est bien lourde. » — « Quelle pénitence ? » demanda le musicien.

« Écoute, petit pourceau qui joue de la musique pour me faire croire que le monde a changé : la montagne n'est-elle pas verte ? Mon manteau est très mince et je n'ai plus de repos. Mon visage est pâle comme le versant de la montagne pendant l'hiver, mes cheveux se font rares, mon vêtement est troué, ma peau frissonne lorsque le vent s'abat sur moi. Le vallon que tu vois est mon grenier, mais je n'ai pas de blé à y engranger. Que t'importe d'ailleurs, qu'importe à Gwendydd et à Rydderch que j'aie passé la nuit dernière sans dormir, la neige au-dessus du genou et des aiguilles de glace dans les cheveux. J'ai peine à dormir tant les chagrins m'agitent. Pendant dix et quarante ans j'ai tant souffert que maintenant la joie me fait mal. Et depuis la bataille d'Arderyd, plus rien ne me touche, même si le ciel tombait ou si la mer débordait... » Et Merlin se mit à pleurer silencieusement, abondamment.

« Viens avec moi jusqu'à la cour du roi Rydderch, dit le musicien. Ta sœur Gwendydd se réjouit déjà de ton retour, ainsi que ton épouse Gwendolyn. Toutes les deux se rongent l'esprit à t'attendre ! » — « Joue-moi encore de ta harpe », dit Merlin. Et le musicien se mit à jouer très longtemps des airs tristes qui firent encore pleurer Merlin. A la fin, celui-ci se leva et dit : « Emmène-moi chez le roi Rydderch afin que je puisse revoir ma sœur Gwendydd et mon épouse Gwendolyn. »

C'est ainsi que Merlin retourna à la forteresse de Rydderch. Tous lui firent bon accueil, et le roi vint en personne le saluer à son arrivée. Mais quand il vit tant de gens assemblés autour du roi et qui criaient leur joie de l'avoir retrouvé, Merlin tomba dans le plus noir désespoir. « Malheur ! s'écria-t-il, malheur à ce peuple qui ne sait pas discerner l'ombre de la lumière et qui est incapable de comprendre le message que je lui transmets ! Je veux retourner auprès des bêtes sauvages qui sont mes amies ! Laissez-moi partir ! » Et il bouscula les hommes qui l'escortaient, se précipitant vers le chemin qui menait vers la forêt. Rydderch cria un ordre et ses serviteurs vinrent maîtriser Merlin. Rydderch le fit mettre dans une pièce d'où il ne pouvait plus sortir. Mais, chaque jour, il venait le voir et lui demandait de ses nouvelles. Et, chaque fois, Merlin répondait : « L'ombre est de même nature que la lumière, et bien fou est celui qui croit que c'est Dieu qui a séparé les éléments en bien et en mal. Regarde-moi, roi Rydderch, et dis-moi qui je suis. Suis-je blanc ou suis-je noir ? Quand tu le sauras, tu viendras me donner la réponse, et je te récompenserai pour ton honnêteté. » Rydderch se demandait comment il ferait recouvrer la raison à Merlin, car il avait nettement conscience que celui-ci n'était plus capable de se diriger lui-même à cause de sa folie persistante. Le roi demanda à Merlin de jouer de la harpe, et il en joua, faisant d'ailleurs sourire tous les assistants. Mais, à d'autres moments, il les faisait pleurer et paraissait se réjouir quand il les voyait se cacher pour verser d'abondantes larmes. Et, chaque fois qu'un de ses gardes s'assoupissait, Merlin se mettait à hurler comme un loup égaré dans une ville dont les habitants ne supportent pas d'être envahis par ce qu'ils ne peuvent pas comprendre. Enfin, quand la nuit venait, Merlin semblait n'avoir qu'une idée en tête : s'enfuir au plus vite et regagner sa tanière dans la forêt. C'est pourquoi le roi Rydderch donna des ordres pour qu'il fût enchaîné. Cela n'était pas du goût de Gwendydd, mais elle voyait bien que c'était la seule façon de garder son frère près d'elle dans l'espoir qu'un jour très proche il retrouverait toute sa raison.

Dans la journée, deux gardes promenaient Merlin à travers la ville. Il venait partager le repas du roi, assister à ses conseils. Il était présent quand Rydderch donnait audience à des solliciteurs. Toujours encadré par ses gardes, il s'asseyait dans le coin le plus obscur de la salle et ne disait mot, se contentant de regarder ce qui se passait avec des yeux grands ouverts, laissant passer d'inquiétantes flammes. Il se trouvait également là lorsque le roi prenait un moment de détente au milieu de ses familiers, et, de toute façon, Rydderch lui manifestait toujours un grand respect et une grande affection.

Or, un jour, Merlin vit le roi enlever, avec un geste tendre, une feuille accrochée dans les cheveux de Gwendydd, au moment où elle était venue s'asseoir près de lui. Il se mit à rire aux éclats. « Qu'est-ce qu'il y a de si drôle ? » demanda le roi. Merlin ne répondit rien et regarda ailleurs. Rydderch insista : « Pourquoi as-tu ri si bruyamment ? » — « Je ne dirai rien », répondit Merlin. Le roi était furieux, mais il fit taire sa colère et tenta d'amadouer Merlin en le flattant : ce qu'il voulait absolument savoir, c'était pourquoi Merlin avait ri. Ce petit jeu dura toute la soirée. A la fin, Rydderch n'y tint plus : « Écoute, Merlin, dit-il, si tu me dis pourquoi tu as ri, je te fais enlever ces chaînes qui t'entravent et tu pourras aller où bon te semble ! » Le visage de Merlin s'éclaira : « Je veux ta parole, dit-il, qu'il ne m'arrivera rien de fâcheux si je te dis la vérité, et que tu me laisseras libre d'aller où je veux. » — « Je t'en donne ma parole », répondit le roi. Alors Merlin lui dit : « Roi Rydderch, quand tu as enlevé la feuille des cheveux de ma sœur, tu as commis une bonne action, certes, mais aussi une mauvaise, car, ce faisant, tu effaçais une faute que tu n'avais pas à pardonner. Voilà pourquoi je riais. Il me semble que j'ai toujours prétendu ne pas savoir distinguer entre le bien et le mal. » Le roi demeura pensif un bon moment. « Ce n'est pas une explication, dit-il enfin, et je ne me sens pas tenu par la parole que je t'ai donnée. Si tu veux être libre, tu dois me donner satisfaction. » — « Tu l'auras voulu, dit Merlin. Eh bien, sache que je riais parce que cette feuille dans les cheveux de ta femme révélait qu'elle revenait d'un bosquet où elle avait rencontré son amant. »

« Comment ? s'écria Rydderch. Qu'est-ce que cela veut dire ? » Et il se tourna vers Gwendydd. « C'est à toi de parler, maintenant », lui dit-il. Gwendydd s'efforçait de sourire, mais on voyait bien qu'elle était fort embarrassée. « Roi, répondit-elle, comment peux-tu prendre au sérieux ce que raconte mon pauvre frère ? Tu sais bien qu'il n'a pas toute sa raison. D'ailleurs, si ce qu'il a dit était la vérité, étant donné qu'il est mon frère, il se serait tu pour ne pas me causer d'ennuis. » Et Gwendydd alla embrasser affectueusement Merlin. « Très bien, reprit le roi. Mais avant de libérer ton frère, je consens à ce que tu puisses te justifier. » Gwendydd dit : « Ce n'est pas difficile. Je vais te prouver que mon frère a perdu tous ses dons de voyance. Je te demande seulement de rester ici pendant que je préparerai les éléments de l'épreuve. » Et Gwendydd sortit, emmenant avec elle une de ses suivantes.

Elle revint bientôt et présenta à Merlin un enfant qu'elle tenait par la main. « Peux-tu me dire comment ce garçon mourra ? » demanda-t-elle. Merlin répondit : « Il mourra en tombant du haut d'un rocher. » Gwendydd emmena le garçon, mais une fois dehors, avec la complicité de sa suivante, elle lui mit d'autres habits et, grâce à des fards, elle modifia l'aspect de son visage. Alors elle revint auprès de Rydderch et de Merlin. « Peux-tu maintenant me dire, demanda-t-elle à son frère, comment cet enfant mourra ? » — « Oui, dit Merlin, il mourra dans un arbre. » Gwendydd emmena le garçon et, une nouvelle fois, lui modifia son aspect. Revenant vers son frère, elle lui demanda encore de quelle façon mourrait l'enfant. Merlin répondit : « Il mourra dans un fleuve ! » Gwendydd se mit à rire et, avec l'aide de sa suivante, dégrima le garçon et prouva ainsi au roi qu'il s'agissait du même enfant. Et Gwendydd dit : « Tu vois bien que mon frère délire ! Comment un enfant pourrait-il mourir de trois manières différentes ? » — « C'est juste, dit le roi. Je me repens d'avoir douté de toi, Gwendydd, et je te prie de me pardonner. Cependant, je dois considérer que Merlin a répondu à ma question et j'ai donné ma parole qu'il serait délivré de ses chaînes. Mais si tu m'en croyais, Merlin, tu resterais avec nous. Je t'assure que c'est en toute estime et affection que je te le conseille. » Merlin répondit : « Je t'en remercie, roi Rydderch, mais je préfère m'en aller. »

« Mais, dit encore le roi, il n'y a pas que nous, Merlin, il y a aussi ta femme, Gwendolyn : tu n'as pas le droit de l'abandonner ainsi ! » Merlin lui répondit : « Je ne suis pas un homme pour Gwendolyn. Qu'elle se trouve un autre mari, et elle sera beaucoup plus heureuse avec lui qu'elle ne pourrait l'être avec moi. J'y mets cependant une condition, et je veux la lui expliquer moi-même. » On fit alors venir Gwendolyn.

Quand il aperçut sa femme, Merlin ne put s'empêcher d'être ému, et quelques larmes coulèrent sur son visage. Il se ressaisit pourtant et lui dit : « Gwendolyn, je te dégage de tous les liens qui t'unissaient à moi. Ce n'est pas parce que je ne t'aime plus, mais parce que je suis persuadé que ton bonheur ne dépend pas de moi. Tu peux donc te trouver un époux selon ton cœur, selon ton choix, selon ton goût. Je n'ai rien à dire là-dessus. Cependant, écoute bien mes recommandations : que celui qui te prendra pour femme prenne garde de ne jamais me rencontrer, ni de me voir, quelle que soit la distance qui nous séparera. Quand je serai quelque part, qu'il s'écarte et me fuie, de peur de recevoir un trait mortel dans son corps. Souviens-toi bien de ces paroles. Mais sois sans crainte pour toi : le jour de ton mariage, je viendrai moi-même t'apporter de somptueux cadeaux. » Tous les assistants se mirent à rire en entendant les propos de celui qu'ils tenaient pour un pauvre fou. Merlin ne dit plus un mot ; mais dès qu'on lui enleva ses chaînes, il sortit et s'en alla dans la direction de la forêt.

Il s'installa de nouveau sous un arbre. Il mangeait des racines et buvait de l'eau d'une source qui coulait non loin de là. Il parlait aux animaux, il chantait pour les oiseaux. Parfois des hommes et des femmes venaient le voir et lui demandaient de prédire leur avenir. Alors Merlin se lançait dans de longs discours, mais aucun de ceux à qui il s'adressait ne les comprenait. Certains jours, il errait dans la forêt, et ceux qui le rencontraient le voyaient souvent en train de mener des troupeaux de bêtes sauvages qui semblaient lui obéir. Et, presque toujours, auprès de lui se trouvait un loup gris qui se comportait avec douceur, qui dormait près de lui et lui léchait les mains [1].

Il arriva que Gwendydd, un matin, se réveilla toute chargée de rêves étranges qu'elle avait faits dans la nuit. Plus elle y réfléchissait, plus elle se demandait ce qu'ils pouvaient bien signifier. Elle décida d'aller interroger son frère. Elle savait où il se trouvait, mais elle craignait qu'il ne voulût point lui parler. Alors elle fit préparer de la nourriture et des boissons qu'elle emmena avec elle et qu'elle disposa non loin du lieu où résidait Merlin. Il y avait là du vin dans une coupe d'argent, de l'hydromel dans une corne, de la bière dans une coupe de sycomore, du lait dans une cruche blanche et de l'eau dans un vase de terre cuite. Gwendydd répartit également la nourriture qu'elle avait fait préparer de façon à tenter un homme qui ne mangeait que des racines et des fruits lorsqu'il y en avait. Et, ayant ordonné à sa suite de repartir, elle se dissimula dans un fourré, et attendit patiemment que Merlin apparût dans la clairière.

Il arriva bientôt, sans aucun doute attiré par toutes les bonnes odeurs des mets et des boissons apportés par Gwendydd. Il regarda les différents plats et il se décida pour un gâteau de beurre [2] dont l'arôme était particulièrement délicat et il se mit à le dévorer avec avidité.

---

1. D'après le texte latin de la *Vita Merlini* de Geoffroy de Monmouth (1135 environ), éditée par Edmond Faral, *la Légende arthurienne,* tome III, et certains poèmes gallois attribués au barde Myrddin-Merlin.

2. C'est l'équivalent du gâteau breton appelé *kouign-amann.*

Quand elle le vit en train de manger de si bon appétit, sa sœur sortit du fourré et vint vers lui. Il ne la repoussa pas, mais la regarda à peine tant il était occupé à manger. Gwendydd ne put s'empêcher de rire. « Il serait plus profitable pour toi de revenir avec moi à la cour du roi Rydderch ! » dit-elle. Merlin avait fini de dévorer le gâteau. Il regarda sa sœur avec colère : « Pourquoi es-tu venue, Gwendydd, toi qui es si indigne de la confiance de ton mari ? » Gwendydd lui répondit : « Ne te fâche pas, mon frère bien-aimé. Tes paroles ne sont que le produit de ton imagination, et je ne suis pas ici pour te ramener à la cour du roi Rydderch ! » — « Alors, pourquoi es-tu venue ? » s'écria Merlin avec violence. — « J'ai eu des rêves, cette nuit, et je sais que toi seul peux m'en expliquer le sens. » Merlin éclata de rire : « Je ne suis qu'un pauvre fou, dit-il, et je ne sais que parler aux animaux qui vivent près de moi dans ces bois. Quand ils donnent leur amitié, c'est de façon sincère et définitive. Ils n'ont pas double langage, eux, tandis que les humains ne cherchent qu'à tromper leurs semblables. »

Gwendydd s'était assise devant son frère. « Tu es bien sévère pour moi. Mais je ne t'en veux pas. Goûte plutôt ces breuvages que je t'ai apportés. » Merlin prit la coupe d'argent et la renifla. « Qu'est-ce que c'est ? » — « C'est du vin, mon frère chéri. Bois-le et tu sentiras l'ivresse se glisser dans ton cœur. » Merlin renversa la coupe sur le sol et dit : « Du vin ? Sa nature est mauvaise, et dans tout ce pays, parce qu'ils veulent absolument en boire, les riches deviennent pauvres. » Il prit la coupe de sycomore. « Qu'est-ce que c'est ? » — « C'est de la bière, mon frère chéri. » Merlin renversa la coupe sur le sol et dit : « La bière prive le sage de sa raison. » Il prit ensuite la corne. « Qu'est-ce que c'est ? » — « De l'hydromel, mon frère chéri. » Merlin eut un geste de colère, jeta à terre la corne et la piétina. « C'est à cause de l'hydromel que tant de chefs, ivres de vaine gloire, conduisent les hommes au combat et font couler le sang ! » Alors il secoua la cruche blanche. « Qu'y a-t-il là-dedans ? » — « C'est du lait, mon frère chéri. » Merlin demeura pensif. « Oui, dit-il, le lait nourrit le jeune enfant, il guérit le malade, fortifie le faible et secourt le malheureux. Mais je ne suis ni un enfant, ni un malade, ni un faible, ni un malheureux. Tu peux le donner à quelqu'un d'autre ! » Il prit alors le vase de terre cuite. « Que contient-il ? » — « De l'eau, mon frère bien-aimé. » Merlin brisa le vase contre le tronc de l'arbre et s'écria d'un ton méprisant : « De l'eau ! J'en ai tant que j'en veux, et elle est bien meilleure que celle que tu m'apportes ! »

Gwendydd ne savait plus quoi dire. En elle-même, elle ne pouvait décider si Merlin était réellement fou ou s'il la soumettait à une épreuve. « Au fait, dit Merlin brusquement, pourquoi es-tu venue me voir, femme trompeuse, fausse et adultère ? » — « Tais-toi, mon frère ! Je suis seulement venue te confier mes rêves pour que tu m'en donnes le sens. » Elle raconta alors son premier rêve : elle s'était vue dans un immense champ recouvert de nombreux tertres de pierres de petite taille, parmi lesquels se trouvaient seulement des buttes plus importantes. Elle avait vu une foule de gens prendre les pierres des petits tertres pour les placer sur les gros. Ayant entendu ce récit, Merlin éclata de rire et dit : « C'est facile : les petits tertres, ce sont les paysans et tous ceux qui travaillent, et les gros tertres, ce sont ceux qui vivent du travail des autres. Quant aux gens qui déplacent les pierres, ce sont des imbéciles ou des lâches : ce sont les serviteurs des nobles qui profitent de leur situation pour appauvrir encore davantage les petites gens et commettre beaucoup d'injustices dans le monde, tout cela sous le couvert des coutumes et des lois, quelquefois par la force, quelquefois par la ruse et le vol. Es-tu satisfaite, ma sœur ? »

« Oui », dit Gwendydd. Et elle raconta son deuxième rêve : elle avait vu un bosquet d'aulnes magnifiques. Des hommes venaient avec de grandes haches et abattaient les arbres. Mais des souches des aulnes surgissaient des ifs splendides qui répandaient leurs pointes très haut dans le ciel. « C'est facile, dit Merlin. Le bosquet, c'est l'île de Bretagne et son vieux peuple, ceux qu'on appelle les Bretons. Les hommes qui portent des haches, ce sont les envahisseurs qui se sont jetés et qui se jetteront encore sur nous, et qui feront un massacre des hommes de valeur qui sont sur cette terre. Mais il y en aura d'autres qui surgiront, comme les ifs, héritiers de toutes nos traditions, et qui redonneront à la Bretagne sa splendeur et sa puissance d'autrefois [1]. Es-tu satisfaite ? »

« Oui », dit Gwendydd. Et elle raconta son troisième rêve. Elle s'était vue sur un rivage très bas et très plat au-dessus duquel se dressait un grand nombre de buttes recouvertes de gazon bien vert. Alors la terre s'était mise à trembler et les buttes s'étaient effondrées. A leur place, elle avait vu des tas de fumier, mais sur ce fumier s'étaient mises à grandir toutes sortes d'herbes et de fleurs. « C'est facile, dit Merlin. Le rivage représente l'île de Bretagne et les buttes sont nos anciens chefs, ceux qui ont donné à ce royaume sa puissance et sa gloire. Mais le tremblement de terre, c'est l'invasion de nos ennemis et la destruction des royaumes d'autrefois. Quant aux tas de fumier, ils sont l'image du pouvoir tombé aux mains de gens lâches et ignobles. Heureusement, les herbes et les fleurs qui grandissent sont le témoignage que surgira une nouvelle génération qui redonnera à ce royaume sa dignité et sa grandeur. Es-tu satisfaite ? »

« Oui », dit Gwendydd. Et elle raconta son quatrième rêve. Elle se trouvait dans un champ de blé magnifique, et elle avait vu un troupeau de porcs y faire irruption, briser toutes les tiges et saccager les épis. Mais alors apparaissait une troupe de chiens qui se précipitaient sur

1. Dans le symbolisme celtique, l'aulne représente la royauté traditionnelle et l'if est un arbre druidique aux pouvoirs magiques. Dans cet épisode, Merlin est considéré comme l'image la plus parlante du renouveau celtique très teinté de néodruidisme.

les porcs et les tuaient tous les uns après les autres. « C'est facile, dit Merlin. Le champ de blé que tu as vu, c'est le royaume de Bretagne, et le blé représente les habitants de cette île. Quant aux porcs, ce sont les étrangers, les Pictes, les Saxons et les Gaëls qui nous ont tant fait de mal et qui ont ravagé ce pays. Mais, encore une fois, une nouvelle génération se lèvera, ce sont les chiens, qui rétablira la plénitude du royaume et chassera les envahisseurs d'où qu'ils viennent. Es-tu satisfaite ? »

« Oui », dit Gwendydd. Et elle raconta son cinquième rêve. Elle se trouvait au milieu d'un immense cimetière en compagnie de jeunes filles très jeunes. Toutes ces jeunes filles étaient enceintes et sur le point d'accoucher. Et elle entendait les enfants converser entre eux bien qu'ils fussent dans le ventre de leur mère. « C'est facile, dit Merlin. Le cimetière, c'est l'île de Bretagne, et les jeunes filles sont le témoignage qu'une nouvelle génération, plus jeune d'esprit que la précédente, surgira du désastre et de la mort pour redonner vie à ce royaume. D'ailleurs, si les enfants conversent entre eux dans le ventre de leur mère, c'est qu'ils sont déjà préparés à cette grande œuvre. Et il viendra un temps où les jeunes de quinze ans seront plus sages que les hommes de soixante ans. Es-tu satisfaite ? » [1]

« Oui, répondit Gwendydd. Et je te remercie, mon frère bien-aimé, de m'avoir dit ces choses qui me réconfortent. Je sais maintenant que tu n'as rien perdu de ta sagesse. Mon frère unique, ne prends point ombrage de mon attitude : depuis la bataille d'Arderyd, je suis malade d'angoisse. Je ne cherche qu'à savoir, et je te recommande à Dieu. Puisse-t-il te recevoir dans la blancheur du temps ! » — « Moi aussi, je te recommande au roi

1. D'après un récit gallois, *Merlin le Sauvage,* contenu dans un manuscrit de 1674 et datant des environs de 1530, édité par Thomas Jones, *Études celtiques,* VIII, pp. 328 et suivantes. Ce récit qui a subi les influences de la Réforme semble cependant puisé à une source très ancienne.

de toutes créatures, blanche Gwendydd, asile de poésie. Puisse Dieu te pardonner et t'élever jusqu'au sanctuaire des hauteurs, là où brille la plus belle lumière qu'on puisse contempler ! »[1]

Et après avoir conjuré vainement son frère de revenir avec elle à la cour du roi Rydderch, Gwendydd prit le chemin du retour, toute pensive, car elle comprenait bien que Merlin n'avait rien perdu de ses pouvoirs. Et ce qui l'inquiétait le plus, c'était la prédiction qu'il avait faite à propos du jeune garçon qui devait mourir de trois morts différentes. Après tout, Merlin n'était-il pas le fils du diable ? Il connaissait des secrets qui pouvaient la perdre. Mais, d'un autre côté, Gwendydd éprouvait une tendresse particulière pour son frère, surtout depuis qu'il avait été frappé par cette malédiction lors de la sinistre bataille d'Arderyd où avaient péri tant d'amis fidèles. Sa seule consolation, c'était de repenser à ce qu'avait dit Merlin : une nouvelle génération se lèverait sur les ruines du passé, et les jeunes gens de quinze ans seraient plus sages que les vieillards de soixante ans.

A quelque temps de là, Merlin, qui errait dans la forêt en compagnie des sangliers, eut une vision. Il s'arrêta soudain au milieu d'une clairière et se mit à observer le ciel. Et, immédiatement, il sut que Gwendolyn allait se marier le lendemain. Il se mit à ricaner et poursuivit son errance, faisant retentir la forêt de ses chants que personne n'aurait pu comprendre.

Mais, le lendemain, on le vit arriver devant la forteresse du roi Rydderch. Il était monté sur un cerf, et il poussait devant lui un imposant troupeau de biches et de daims qui brâmaient et provoquaient un tumulte pour le moins insolite. Les gens sortaient de leurs maisons pour contempler ce spectacle et ne pouvaient cacher leur

1. D'après un poème attribué à Myrddin-Merlin.

admiration. Mais Merlin ne paraissait pas d'humeur à apprécier les compliments. Il s'en alla tout droit vers la demeure où devaient se dérouler les noces, et il appela Gwendolyn. Celle-ci se mit à la fenêtre, aperçut Merlin et prit grand plaisir à le voir en cet étrange équipage. Cependant, attiré par le bruit, le fiancé vint lui aussi à la fenêtre et se pencha au-dehors pour voir ce qui se passait. Alors, d'un geste très violent, Merlin arracha l'une des cornes du cerf qui lui servait de monture et la lança sur la tête du fiancé qu'elle traversa de part en part. Il s'écroula mort, devant la demeure, tandis que Gwendolyn poussait des hurlements de frayeur. Et, après avoir lancé un cri strident, terrible, qu'on entendit très loin, Merlin fit rebrousser chemin à tout son équipage et se dirigea de nouveau vers la forêt.

Le roi Rydderch avait été témoin de cette scène. Il dépêcha immédiatement ses hommes à la poursuite de Merlin. Mais ils n'auraient pu le rattraper, tant le cerf allait vite, si, au passage d'un torrent, Merlin n'avait pas perdu l'équilibre et n'était tombé dans l'eau. Ce fut un jeu d'enfant pour les hommes du roi de se saisir de lui, de le ligoter et de le ramener. Rydderch dit à Merlin : « Tu en as fait de belles, aujourd'hui. Je croyais cependant que tu avais laissé toute liberté à Gwendolyn de se marier avec qui elle voudrait ! » — « C'est vrai, lui dit Merlin, mais n'oublie pas que cette permission ne tenait que sous condition que le fiancé n'apparaîtrait jamais en ma présence. » Le roi se mit à rire : « Merlin ! Merlin ! soupira-t-il, il ne fallait quand même pas venir le provoquer ! » — « Je ne l'ai pas provoqué, répliqua Merlin. Je venais seulement remettre à Gwendolyn les cadeaux que je lui avais promis. Ce n'est pas de ma faute si son fiancé est apparu à la fenêtre ! » Rydderch n'insista pas. Il confia Merlin aux soins de Gwendydd.

Mais il se montra désagréable avec tout le monde. Il disait des injures aux serviteurs qui lui apportaient de la nourriture. Il restait muet quand Gwendydd ou Rydderch venaient le voir. Il passait son temps à regarder au loin, dans la direction de la forêt, avec une idée fixe, c'était évident, s'enfuir au plus vite pour rejoindre les bêtes sauvages qui étaient peut-être les seules à pouvoir comprendre son langage. Il dépérissait à vue d'œil, et Rydderch commençait à s'inquiéter du sort de son malheureux beau-frère.

Il ordonna qu'on le promenât dans la ville, sérieusement gardé par plusieurs hommes en armes qui étaient tout prêts à l'enchaîner au cas où il aurait manifesté la moindre velléité de fuite. Il marchait sans rien regarder, la tête perdue dans ses songes, et les gens qui le connaissaient ressentaient beaucoup de pitié à le voir si triste et abattu. Mais, non loin de l'église, les yeux de Merlin se fixèrent sur un mendiant allongé sur le sol, la tête appuyée sur une pierre. Alors, il se mit à rire. Puis il continua son chemin, entre les hommes qui le gardaient.

On rapporta l'événement à Rydderch. Celui-ci dit à Merlin : « Pourquoi as-tu ri lorsque tu as vu le mendiant près de l'église ? » Merlin ne répondit rien et fit comme si le roi n'était pas là. Rydderch répéta sa question. Merlin ne réagissait même pas. A la fin, excédé par le mutisme de son beau-frère, il s'écria : « Merlin ! si tu me dis pourquoi tu as ri, je te rends immédiatement ta liberté et tu pourras aller où tu voudras ! » Merlin le regarda et dit : « Jure-le moi. » — « Je le jure solennellement », dit Rydderch. — « Alors, voici, dit Merlin. J'ai ri parce que ce mendiant qui tendait sa misérable main aux passants était couché sur un endroit où se trouve un trésor. Maintenant, tiens ta promesse, roi Rydderch. »

« Tu ne seras pas libéré avant qu'on ait vérifié si ce que tu dis est exact ! » s'écria le roi. — « Ce n'est pas juste, dit Merlin, tu m'avais juré que je serais libéré si je te révélais la cause de mon rire. Je l'ai fait, il me semble... » Mais Rydderch était furieux et ne voulait rien entendre. Il fit creuser le sol à l'endroit où le mendiant avait été vu. Et quand on eut creusé assez longtemps, on trouva un coffre qui contenait de riches bijoux et des monnaies en or. Merlin se mit à rire et dit au roi : « Alors ? Tu étais incrédule ? Tu n'as pas confiance dans ce que je te révèle ? » — « Non, répondit le roi. Tu m'as prédit qu'un enfant mourrait de trois morts différentes. J'attends toujours confirmation de ta prédiction qui me semble d'une parfaite absurdité. » Merlin se mit à marmonner entre ses dents : « Patience, patience, et tu seras bien ébahi... »

Néanmoins, comme il en avait fait le serment, Rydderch ordonna qu'on laissât partir Merlin. Il se précipita en courant hors de la ville en direction de la forêt, au grand désespoir de Gwendydd. Mais, le lendemain, on vint annoncer au roi une étrange aventure au sujet de l'enfant dont Merlin avait prédit la mort de trois façons différentes. En effet, en poursuivant un cerf, il était tombé sur une grosse roche au fond d'un ravin, puis avait rebondi et s'était noyé dans le torrent tout en restant accroché par un pied à la branche d'un arbre. Et cela prouvait que Merlin n'avait en rien perdu ses dons.

Le roi Rydderch en fut bien chagriné, car, dans ce cas, il fallait croire ce qu'avait dit Merlin à propos de la feuille restée accrochée aux cheveux de sa femme. Il était donc vraisemblable que Gwendydd le trompait. Toute la journée, il évita de se trouver en présence de Gwendydd, et, de son côté, celle-ci n'avait aucune envie de s'expliquer sur ce sujet. Elle rassembla ses serviteurs les plus proches, engagea quelques charpentiers habiles et déclara publiquement qu'elle désirait se retirer un certain temps dans la forêt pour aider son malheureux frère et le soigner, dans l'espoir de guérir sa folie et lui faire réintégrer la société des hommes. Rydderch ne fut pas dupe de l'attitude de Gwendydd, mais il la laissa partir, bien qu'il en ressentît beaucoup de peine.

Gwendydd fit construire un groupe de maisons pour elle et ses serviteurs et, plus à l'écart, une demeure pour Merlin. Celui-ci, en effet, avait fini par accepter de renoncer en partie à sa vie d'homme sauvage : il trouverait dans cette maison un abri pour les jours de pluie ou de froid, et, le reste du temps, il s'en irait errer où bon lui semblerait, avec le loup gris dont il avait fait son compagnon [1]. Ainsi vécurent, pendant de très longs mois, Merlin, le devin fou, et sa sœur Gwendydd qui, chaque fois que cela était possible, recueillait soigneusement les paroles insensées que prononçait son frère.

Un jour, Merlin vint la trouver et lui dit : « Gwendydd, ton époux vient de mourir. La peine et l'affliction tombent sur le pays, car c'était un roi bon et généreux. C'est dans une embuscade qu'il a péri, de la main d'un traître qui sera châtié durement pour le crime qu'il a commis. Hélas ! les rois ne sont guère plus que les autres humains, mais on leur doit hommage quand ils jettent un regard bienveillant sur ceux que Dieu leur a confiés. Va maintenant, Gwendydd, retourne à la forteresse de ton époux, car c'est à toi qu'incombe désormais le sort de ce pays. Fais en sorte que ses funérailles soient dignes de sa gloire, et chante sur sa tombe la déploration qui convient. » Gwendydd fit comme Merlin le disait. Elle partit immédiatement pour la forteresse d'Arcluyd, et c'est elle qui chanta la déploration pour Rydderch le Généreux :

« Le hall de Rydderch Hael est sombre, cette nuit, sans feu, sans lumière, et quel silence autour de lui !... Le hall de Rydderch Hael a de sombres lambris, il n'abrite plus de riantes compagnies. Malheur à qui n'a pas de fin heureuse !... Le hall de Rydderch Hael est sombre, cette

1. Toutes les versions de la légende insistent sur l'ambiguïté qui existe entre Blaise et le nom celtique du loup.

nuit, sans feu et sans chansons. Les larmes me creusent les joues... Le hall de Rydderch Hael me fait mal à voir, sans feu, sans assemblée. Mon maître est mort et moi, je vis... Le hall de Rydderch Hael est triste, cette nuit, après les honneurs que j'y reçus parmi les guerriers et les femmes !...

Le corps délicat de Rydderch sera recouvert aujourd'hui de terre et de fleurs. Douleur sur moi, car mon époux est mort ! Son corps délicat et blanc sera recouvert aujourd'hui de terre et de gazon. Douleur sur moi, car mon époux est mort ! Son corps délicat et blanc sera recouvert aujourd'hui de terre et de sable. Douleur sur moi et triste destinée ! Son corps délicat et blanc sera recouvert aujourd'hui de terre et de pierres bleues. Douleur sur moi et triste déchéance !... » [1]

Et Gwendydd fit graver sur la tombe du roi cette épitaphe en lettres d'or : « Rydderch le Généreux, qui n'eut pas dans le monde son égal en largesses et en prouesses, repose ici en cette terre qui fut la sienne. » Puis elle prit conseil auprès de ses vassaux sur ce qu'il convenait de faire pour assurer la succession du roi Rydderch. Celui-ci n'avait pas d'héritier légitime, en effet, et seules Gwendydd et Gwendolyn, sa veuve et sa sœur, pouvaient prétendre à gouverner le royaume. Mais Gwendydd avait décidé de renoncer au monde et de retourner dans la forêt, auprès de son frère. Les vassaux délibérèrent et l'on tomba d'accord pour confier les destinées du pays à Gwendolyn. Alors Gwendydd prit congé de tous et revint à sa demeure en forêt.

Elle y trouva Merlin plus affaibli que jamais. Sa tristesse faisait peine à voir et Gwendydd se demandait avec angoisse par quel miracle elle pourrait le sauver. Il restait immobile sous son arbre favori, son loup à ses côtés, les yeux hagards et vides, et il ne prononçait pas une

1. D'après deux poèmes gallois attribués au barde Llymarch Hen.

seule parole. On avait beau lui présenter de la nourriture, il refusait tout et n'absorbait que de l'eau. Merlin le devin se mourait de langueur, sous le coup de la terrible malédiction qui s'était abattue sur lui lors de la bataille d'Arderyd. Et Gwendydd ne pouvait que pleurer.

C'est alors que survint Taliesin. Le barde avait quitté le service du roi Uryen et s'en était allé de l'autre côté de la mer, en Armorique, où il avait passé de longs mois en compagnie du sage Gildas, en son ermitage. Et quand Taliesin vit l'état dans lequel se trouvait Merlin, il fut profondément affligé. Mais il dit : « Je sais que, non loin d'ici, une source nouvelle vient de jaillir et que les eaux de cette source ont de grandes vertus curatives. » Gwendydd envoya ses serviteurs à la recherche de cette source et on la trouva bientôt, sous un grand rocher qui surplombait un ravin. On y mena Merlin et on le fit boire.

Dès que ses lèvres eurent touché de cette eau, Merlin poussa un grand cri et se redressa. Il reconnut Taliesin et manifesta une grande joie. Puis il dit : « J'étais aux portes de l'Enfer et l'Ennemi m'attirait à lui de toutes ses forces. Mais Dieu n'a pas voulu que je franchisse ces portes, car je dois accomplir mon destin auprès des hommes. » Merlin était encore très faible. On l'aida à marcher et on le ramena dans sa demeure. Il mangea de bon appétit et dormit pendant deux jours et deux nuits. Quand il se réveilla, il était joyeux et, peu à peu, reprenant des forces, il se montra tel qu'il était auparavant. Il passait de longues heures à converser avec Taliesin. Le barde chantait le vent, les étoiles, les nuages, les sources qui sont dans le monde et la lumière du soleil. Merlin l'écoutait attentivement, puis il lui posait des questions qui ne demandaient même pas de réponse. Souvent Gwendydd participait à ces entretiens et elle se réjouissait que son frère eût retrouvé toutes ses facultés.

Au bout d'un mois, Merlin fut tout à fait rétabli. « Il me faut maintenant partir, dit-il un jour, car les temps sont venus. Je ne peux rien changer au destin, mais je dois être présent pour que tout s'accomplisse. » A ce moment, Gwendydd entra dans un état de fureur prophétique. Les yeux levés vers le ciel, elle s'écria : « Tout s'accomplira, car tout est maintenant prêt pour que surgisse le roi qu'on attendait ! Tout s'accomplira, le meilleur et le pire, parce qu'il en est ainsi de toute éternité ! L'ours va se réveiller au fond de sa caverne et, sentant la chaleur du soleil, il va se montrer à la face du monde ! Mais je vois un serpent qui se glisse sous les pierres, un serpent qui va rester longtemps dans l'ombre ! Hélas ! il arrivera que le serpent mordra l'ours et que l'ours écrasera le serpent ! Et rien ne pourra empêcher ce combat meurtrier ! » Et Gwendydd se mit à sangloter.

« Calme-toi, ma sœur, dit Merlin. Ta vision est juste, et tu as comme moi le don de lire les choses de l'avenir. Oui, l'ours va maintenant sortir de sa caverne et entraîner le monde dans d'étranges aventures. Mais s'il est vrai que le serpent rôde dans l'ombre, il ne peut rien encore contre l'ours. » Alors Merlin prit congé de Gwendydd et de Taliesin, les recommandant à Dieu et leur annonçant que l'ermite Blaise viendrait bientôt les rejoindre. Puis il partit seul sur le chemin qui menait vers le pays de Cornouailles [1].

1. D'après la *Vita Merlini* de Geoffroy de Monmouth.

CHAPITRE XII

Excalibur

Il y avait, à cette époque, à Kelliwic en Cornouailles, un modeste vavasseur qui portait le nom d'Antor. C'était un homme bon et brave, sage et raisonnable, qui menait une vie exemplaire aux côtés de son épouse et de ses deux fils, Kaï et Arthur. Kaï était l'aîné. C'était un jeune homme de haute taille, avec des traits saillants, et d'une telle impétuosité qu'il fallait toujours prendre soin de le calmer, de peur qu'il ne provoquât quelque désagrément à ceux qui l'entouraient. Le plus jeune, Arthur, était de taille moyenne, avait le visage avenant, les traits fins et réguliers, les cheveux bouclés, la stature large, et un tempérament prudent et réservé. C'était lui qui réussissait le mieux à freiner les trop vives impulsions de son aîné. Mais, cela dit, les deux frères manifestaient une grande affection l'un envers l'autre et ne se perdaient jamais en vaines disputes si fréquentes parmi les jeunes gens qui sont élevés ensemble. Quant à Antor, il partageait son amour entre les deux sans faire aucune différence ou préférence. Pourtant, il savait bien qu'Arthur n'était pas son propre fils, ni celui de sa femme, et n'oubliait jamais comment, une nuit, un homme inconnu était venu lui confier un enfant nouveau-né en le priant de l'élever avec tendresse sans chercher à savoir qui il était en réalité. Et Antor avait tenu sa promesse. Aussi faisait-il tout ce qui était en son pouvoir pour procurer à l'un et à l'autre la meilleure éducation qui fût. C'est pourquoi il décida un jour de partir avec eux et de leur montrer comment vivaient les autres jeunes gens de leur âge lorsqu'ils apprenaient l'art de chevalerie.

Au cours de leur périple, ils furent reçus à la cour du roi Loth d'Orcanie. On les accueillit fort courtoisement, et Kaï et Arthur purent ainsi lier amitié avec les jeunes gens qui s'y trouvaient. Le roi Loth avait eu trois fils de sa femme Anna. Ils s'appelaient Gauvain, Agravain et Gahériet, et c'étaient de beaux et nobles enfants que chacun prenait plaisir à fréquenter. Antor et ses deux fils furent logés dans la demeure même du roi, et la reine Anna leur témoigna les marques d'une amitié très sincère. A vrai dire, Anna ne pouvait s'empêcher d'admirer la prestance du jeune Arthur et, pour sa part, celui-ci trouvait particulièrement émouvante la beauté de la reine d'Orcanie.

Or, pendant leur séjour, il arriva une aventure merveilleuse. Un jour que le roi Loth était à la chasse, dans une forêt voisine, il aperçut une horde de loups et se mit à les poursuivre. Il tua deux louveteaux mais, alors qu'il reprenait sa chasse, il vit arriver un loup qui se coucha à ses pieds. Très étonné, le roi n'eut pas le cœur de frapper l'animal. Il appela ses compagnons et leur dit : « Voyez ce loup qui s'est couché devant moi ! Que signifie cette attitude ? » Les compagnons vinrent aussitôt et virent eux aussi l'animal immobile dans une attitude de supplication. « Voilà une chose merveilleuse, dirent-ils. Il faut que cet animal soit tout à fait exceptionnel pour manifester ainsi tant de courtoisie ! » Le roi se sentait pris de pitié. Il dit aux autres : « Éloignez tous les chiens, et que personne ne touche à cette bête, car je suis persuadé qu'elle a sens et raison. Je lui fais grâce de la vie comme je le ferais pour un homme qui me demanderait la paix ! »

Ainsi fut fait selon la volonté du roi Loth. Quittant la chasse, le roi revint dans sa forteresse, et le loup le suivit docilement, se tenant près de lui et semblant lui témoigner les marques les plus vives de son affection. Puis il fit savoir à tous les siens que ce loup devait être considéré comme un animal familier dont il fallait prendre soin. Les gens de la cour, émerveillés, le gardaient volontiers tout le jour au milieu d'eux mais, le soir, c'est dans la chambre du roi qu'il allait se coucher. Il était d'humeur égale, ne cherchait jamais à faire mal et s'attirait ainsi l'amitié de tous.

Mais un jour que Loth avait réuni un certain nombre de ses barons pour délibérer avec eux des affaires du pays, on ne fut pas peu surpris de constater le changement d'attitude du loup. En effet, dès qu'un des barons, nommé Ythier, pénétra dans la salle, le loup, qui reposait sur un coussin, près du siège du roi, se dressa brusquement sur ses pattes et se mit à grogner de façon inquiétante. Puis, comme Ythier approchait du roi pour le saluer, le loup se précipita sur lui et, attrapant et déchirant son vêtement avec les dents, il essaya de l'entraîner. Le roi eut beaucoup de mal à lui faire lâcher prise et dut recourir à un bâton pour y parvenir. Après quoi, on enferma le loup dans une chambre, mais pendant tout le temps que dura l'assemblée, on l'entendit hurler comme s'il était subitement devenu enragé. Et lorsque les barons se séparèrent et que celui qu'on nommait Ythier fut parti, le loup cessa ses hurlements et redevint aussi calme qu'il l'était d'habitude.

Cette attitude inexplicable ne manqua pas d'intriguer le roi et ses gens. Ils pensaient que le loup avait dû subir quelque outrage de la part d'Ythier, car on ne pouvait comprendre sa fureur qu'en supposant un violent désir de vengeance. Le soir venu, le loup vint se coucher près du roi comme si de rien n'était. Et l'incident fut bientôt oublié.

Un autre jour, Loth et quelques compagnons se retrouvèrent dans la forêt où le loup avait été découvert. Il suivait le roi et sa troupe bien tranquillement, courant de l'un à l'autre, et se montrait de la plus grande amabilité. Mais le soir, comme on était éloigné de la forteresse, on décida d'aller loger dans la contrée. Or, c'est dans les environs de cette forêt que résidait Ythier. Quand la femme d'Ythier apprit que le roi avait passé la nuit dans le pays, elle voulut aller le saluer. Elle revêtit ses plus riches vêtements, et, accompagnée de ses suivantes, elle vint présenter au roi un riche cadeau qu'elle lui destinait en son nom et en celui de son mari. Mais dès qu'elle fut entrée dans le logis où se tenait le roi, le loup sembla de nouveau pris de fureur : il se précipita sur elle, l'attaqua férocement à tel point qu'il lui enleva une partie du nez. Il y eut des cris et des hurlements. On saisit la bête, mais on eut bien de la peine à la maîtriser. On emmena la femme pour la soigner, et le roi se demandait s'il n'allait pas immédiatement tuer le loup qui venait de commettre une si mauvaise action.

C'est alors que se présenta au roi un homme qu'il ne connaissait pas, mais qui avait une attitude toute de sagesse et de sérénité. « Seigneur Loth, dit-il, il ne faut jamais agir sous le coup de la colère. Pourquoi veux-tu tuer cette bête ? Parce qu'elle a attaqué la femme qui est venue t'apporter un présent ? Mais tu pourrais te demander auparavant quelle pourrait être la raison de cette attaque. Or sache que le mari de cette femme est cet Ythier que le loup a déjà agressé quand tu tenais ta cour. Je crois que la coïncidence est trop grande pour la négliger. Je vais te dire autre chose : cette femme, que tu n'as pas reconnue, était autrefois l'épouse du bon chevalier Lionel, que tu aimais tant pour sa valeur et sa franchise, et qui a disparu depuis deux années déjà. » – « Comment sais-tu tout cela ? » demanda le roi. — « Je le sais, c'est tout », répondit l'homme. — « Mais qui es-tu donc ? » L'homme se mit à rire et dit : « Mon nom est Merlin. Je pense que tu as déjà entendu parler de moi ! »

Le roi et sa suite furent bien étonnés de voir ce Merlin au sujet duquel on avait raconté tant de choses merveilleuses et dont on était sans nouvelles depuis fort longtemps. Ils en furent très joyeux. « Explique-nous qui est ce loup, dit le roi, et pourquoi il en veut ainsi à cette femme et à Ythier au point de vouloir les tuer, je t'en prie, sage Merlin. » — « Ce n'est pas à moi d'expliquer, mais plutôt à cette femme. Si tu m'en crois, fais la mettre en prison : je suis persuadé qu'elle finira par dire la vérité sur cette affaire. »

Loth suivit le conseil de Merlin. Il ordonna qu'on se saisît de la femme et qu'on la jetât dans une prison sans fenêtre, où l'on se contenterait de lui donner du pain et de l'eau. Au bout de quelques jours, elle raconta toute l'histoire.

Lorsqu'elle avait rencontré le chevalier Lionel, celui-ci l'avait tout de suite aimée d'un grand amour et l'avait demandée en mariage. Comme il avait fort bonne réputation et qu'il était de haute naissance, elle avait accepté volontiers et s'en était félicitée. Mais le temps s'écoulant, elle n'avait plus guère trouvé de charme à cette union. De plus, quelque chose l'intriguait dans le comportement de son mari, car chaque semaine il disparaissait pendant deux jours et trois nuits sans jamais dire où il allait. La dame lui avait bien demandé des explications, mais il s'y était toujours refusé. A la fin, elle s'était faite plus pressante que jamais. « Je ne peux rien te révéler, dit-il, car si je le faisais, je serais en grand danger. » — « Mais c'est lorsque tu n'es pas là que tu es en grand danger, et je suis tout angoissée à ton sujet ! » Lionel avait alors consolé sa femme, prenant ses interrogations pour des marques d'amour sincère. La dame n'avait pas insisté, certaine qu'il demeurerait sur son refus. Mais un soir, elle avait versé une poudre dans le breuvage de son mari, une poudre qu'elle savait propice à faire parler pendant le sommeil. Et elle avait attendu patiemment qu'il se fut endormi.

Alors, très doucement, elle lui avait chuchoté à l'oreille : « Que fais-tu quand tu t'absentes deux jours et trois nuits ? » Elle l'avait entendu murmurer : « Femme, je deviens un loup. » Elle avait été quelque peu incrédule devant une telle réponse, et elle avait répété plusieurs fois sa question. « Mais alors, s'il est vrai que tu deviens loup, dis-moi comment tu t'y prends. » — « Femme, je me mets tout nu dans la forêt. » — « Et après, que fais-tu ? » — « Je cours pendant la nuit et je me cache pendant le jour. » — « Est-ce parce que tu quittes tes vêtements dans la forêt que tu deviens loup ? » — « Oui, femme, c'est à la suite d'une malédiction que je suis obligé de devenir loup pendant une partie de la semaine. » — « Mais où caches-tu tes vêtements ? » — « Femme, dans la forêt, sur le bord du chemin par lequel je vais, se dresse une vieille chapelle. C'est là, sous un buisson, que se trouve une pierre creuse et large. J'y cache mes vêtements et je les y reprends lorsque je rentre à la maison. Mais si, par malheur, je ne retrouvais pas mes vêtements, je resterais loup le reste de ma vie. »

Ainsi s'était exprimé le chevalier Lionel dans son sommeil par la vertu de la poudre que sa femme lui avait versée dans son breuvage. Et ayant surpris le secret de son mari, elle avait eu l'idée de se débarrasser de lui dans les meilleures conditions possibles. Elle savait que le baron Ythier l'aimait. Il l'avait souvent pressée de répondre à sa passion et elle savait qu'il serait prêt à agir comme elle le lui demanderait. Elle l'avait donc rencontré en secret et lui avait promis de l'épouser s'il lui obéissait. Puis elle lui avait expliqué ce qu'elle attendait de lui.

Quand le moment était venu, le chevalier Lionel était parti pour la forêt. Mais Ythier, qui se tenait aux aguets, l'avait suivi. Il avait vu l'endroit exact où Lionel cachait ses habits. Il avait laissé partir le loup, et, après avoir prudemment attendu, il s'était emparé des vêtements et les avait rapportés à la dame. Et depuis, le chevalier Lionel ne pouvait plus retrouver sa forme humaine et courait dans les bois tout au long de l'année.

On rapporta les aveux de la femme au roi Loth et à Merlin. « Je comprends tout, maintenant ! dit le roi. Mais que faire pour qu'il redevienne un homme ? » Merlin répondit : « Fais demander à la femme où se trouvent les habits du chevalier. » La femme indiqua la cachette où elle avait rangé les vêtements et on alla les chercher. Tout joyeux, le roi voulut immédiatement les apporter au loup. « Non, dit Merlin. Il ne faut pas agir ainsi, car sache que, pour rien au monde, ton ami ne voudrait revêtir ces habits ni muer son aspect de bête en présence de témoins. Où se trouve actuellement celui qui est encore sous sa forme de loup ? » — « Dans ma chambre », répondit le roi. — « Alors, dit Merlin, fais mettre les habits dans une chambre juste à côté de la tienne, et qui ait une communication avec celle-ci. Qu'on fasse cela discrètement, sans prononcer aucune parole, et qu'on entrouvre la porte le plus silencieusement possible. Il devra rester seul et découvrir lui-même les habits. » Le roi donna ses ordres : les habits furent donc placés dans une chambre attenante à celle où se trouvait le loup, et l'on ouvrit discrètement la porte qui communiquait avec elle. Puis l'on se retira en silence.

Deux heures plus tard, et toujours sur les conseils de Merlin, le roi Loth s'en alla dans sa chambre. Pour que l'affaire fût bien claire, il avait tenu à se faire accompagner par quelques personnes qui connaissaient le chevalier et qui pourraient donc l'identifier. Quand ils entrèrent dans la chambre, ils eurent la surprise d'apercevoir, couché sur le propre lit du roi, le chevalier Lionel profondément endormi. Et chacun s'extasia sur cette heureuse métamorphose.

Quand il se réveilla, il montra un visage rayonnant de joie et remercia le roi d'avoir eu la patience et la bonté de mettre fin à sa douloureuse épreuve. Et il ne redevint jamais loup, car Merlin avait fait en sorte que la malédiction qui le frappait fût définitivement effacée par la vertu de ses sortilèges. Quant à la femme et à son complice Ythier, ils furent à jamais bannis du royaume, tandis que Lionel recouvrait tous ses biens. Et le roi Loth demanda à ses clercs de consigner dans leurs écrits cette merveilleuse aventure.

Cependant, le temps passait et les deux fils d'Antor s'exerçaient chaque jour dans l'art de chevalerie. Le jour vint où Kaï, qui était plus âgé, put devenir chevalier, et il fut ainsi armé de la main même du roi Loth, en même temps qu'un de leurs meilleurs compagnons de joute, qui avait nom Bedwyr, fils de Bedrot. Il venait du Nord et était un familier de la cour d'Orcanie, car il y avait été élevé. Kaï et Bedwyr furent bientôt inséparables et une grande amitié les lia toute leur vie. Il faut dire que tous deux étaient de remarquables guerriers. Kaï avait une vigueur caractéristique qui lui permettait de rester neuf jours et neuf nuits sans dormir, lorsqu'il le fallait. De plus, il était très grand et pouvait se hausser jusqu'au plus haut des arbres, dans une forêt, pour examiner les alentours : c'est pourquoi on le surnommait Kaï Hir, c'est-à-dire le Long. Sa chaleur naturelle était telle que lorsqu'il pleuvait, les gouttes de pluie ne l'atteignaient pas, car elles s'évaporaient au-dessus de lui. Mais il avait les défauts de ses qualités, et son enthousiasme le conduisait toujours à une vaine témérité. Quant à Bedwyr, bien qu'il lui manquât une main, il pouvait faire jaillir le sang plus vite que trois combattants sur un champ de bataille, car il était extrêmement adroit. Sa lance avait une singulière vertu : elle produisait une blessure lorsqu'elle pénétrait dans la chair, mais elle en produisait neuf lorsqu'on essayait de la retirer. D'ailleurs, dans l'île de Bretagne, personne ne pouvait égaler Bedwyr lorsqu'il disputait une course avec ses compagnons [1].

De temps à autre, Kaï et Bedwyr quittaient la cour du roi Loth et s'en allaient à la recherche d'aventures qui eussent pu mesurer leur valeur réciproque. Arthur les accompagnait, car il servait d'écuyer à son frère Kaï, et lui aussi avait pris Bedwyr en sincère amitié. Il arriva, un jour, que les trois compagnons s'égarèrent sur les terres du roi Mark, fils de Merichiawn. Le roi Mark avait une très belle femme, qui était fille du roi d'Irlande, et que l'on nommait Yseult. Or, cette Yseult était follement amoureuse de Tristan, fils de Tallwch, qui était le neveu de Mark. Les deux amants avaient coutume de se rencontrer en cachette, chaque fois que Mark quittait la forteresse pour aller à la chasse ou pour se lancer dans une expédition guerrière. Tristan donnait rendez-vous à Yseult en jetant des copeaux dans le ruisseau qui passait au milieu de la chambre de la femme [2]. Celle-ci, qui

---

1. Les détails sur Kaï et Bedwyr sont empruntés au récit gallois *Kulhwch et Olwen,* qui est, au point de vue chronologique, la plus ancienne œuvre littéraire ayant Arthur pour héros. On remarquera que Bedwyr (que les romans en langue française appelleront Beduier) a toutes les caractéristiques du dieu manchot indo-européen représenté par Tyrr dans la tradition germano-scandinave, par Mucius Scaevola dans l'histoire mythologique romaine et par Nuada à la Main d'Argent dans l'épopée gaélique d'Irlande. Kaï (prononciation exacte du gallois *Keu*, graphie sous laquelle il apparaît souvent dans les romans français) a les caractéristiques du dieu germanique Thorr, mais il a évolué sensiblement dans les romans français et anglais en devenant le type du fanfaron et même du médisant. En fait, c'est un provocateur. De toute façon, les textes les plus primitifs, en particulier les documents monastiques qui font mention d'Arthur reconnaissent en Kaï et en Bedwyr ses compagnons les plus fidèles et les plus anciens.

2. Détail rigoureusement exact du point de vue archéologique. Les forteresses de type celtique étaient des enclos situés sur des hauteurs ou des promontoires où coulait l'eau d'une source qu'on canalisait et

voyait les copeaux, venait à un lieu qui n'était jamais le même, car il ne fallait pas qu'on pût les surprendre. Or, ce jour-là, Tristan avait demandé au porcher de Mark de porter un message à l'un de ses amis, et il s'était proposé pour prendre sa place, ce qui lui aurait permis de recevoir Yseult dans sa cabane.

Mais Kaï, Arthur et Bedwyr avaient été témoins de la scène et n'avaient pas été dupes du manège. Ils se dirent que c'était une bonne occasion de s'emparer du troupeau de cochons de Mark et de le ramener à titre de butin, car il était évident que Tristan serait distrait et aurait autre chose à faire que surveiller les bêtes. Alors, ils virent Yseult arriver et s'engouffrer dans la cabane du porcher en compagnie de Tristan. Ils attendirent quelques instants, puis Kaï et Bedwyr se mirent en devoir de rassembler le troupeau tandis qu'Arthur faisait le guet. Mais Tristan, qui était sur ses gardes, sortit de la cabane pour savoir d'où venaient les cris qu'il avait entendus. Arthur, pour donner le change, engagea la conversation avec lui. Tristan, qui avait la réputation de ne jamais refuser le dialogue avec quiconque, lui répondit aimablement. Et les choses en étaient là quand Tristan entendit les cochons qui criaient de façon anormale. Il comprit qu'on voulait les lui ravir et fit de violents reproches à Arthur, l'accusant d'être complice de ceux qui enlevaient les cochons de Mark. Arthur essaya de l'amadouer, lui demandant de bien vouloir leur donner quelques bêtes afin qu'ils pussent prouver leur habileté ; rien n'y fit et Tristan demeura intraitable. Arthur retourna auprès de Kaï et de Bedwyr et leur raconta ce qui se passait. « Eh bien ! dit Kaï, s'il ne veut pas nous les donner, prenons-

---

répartissait à travers les habitations, des huttes de pierres et de branchages surmontées d'un toit de chaume. Les fouilles du Mont-Beuvray (Bibracte), ancienne forteresse des Éduens, mettent en relief cette antique technique de l'eau courante à domicile.

les par la force. » Et, avec Bedwyr, il se précipita sur le troupeau. Tous deux écartèrent quelques truies, bien décidés à les emmener, mais à ce moment Tristan prit son épée et bondit sur eux [1]. Kaï et Bedwyr abandonnèrent le terrain, car Tristan avait une particularité remarquable : quiconque à qui il tirait du sang mourait, mais quiconque lui tirait du sang mourait également [2]. Et c'est depuis ce jour que Tristan fut appelé l'un des trois plus grands porchers de l'île de Bretagne [3].

Les trois compagnons s'en allèrent, fort dépités du peu de succès de leur entreprise. Et comme ils retournaient à la cour du roi Loth, ils passèrent près du monastère où s'était établi le saint homme Carannog, avec quelques-uns de ses disciples. Carannog possédait un objet merveilleux : c'était un autel qui pouvait flotter sur les eaux de la Severn et sur les flots de la mer. Or, ce jour-là, l'autel avait dérivé de telle sorte qu'il s'était échoué sur la côte, à un endroit où Kaï, Bedwyr et Arthur s'étaient arrêtés pour se reposer. Ils virent l'autel dont ils connaissaient les propriétés, le sortirent de l'eau et l'emportèrent avec eux, se promettant d'en tirer gloire auprès des gens du roi Loth. Mais le soir, alors qu'ils avaient établi leur campement sur une lande, Arthur voulut se servir de l'autel pour étaler la venaison dont il disposait. Il y eut un prodige étonnant : chaque fois qu'Arthur mettait quelque chose sur la pierre, celle-ci se secouait et rejetait ce qu'on y mettait [4]. Effrayés par cette manifestation qu'ils sentaient

1. *Triades de l'île de Bretagne,* n° 63, *Livre Rouge de Hergest,* dans J. Loth, *les Mabinogion,* tome II, pp. 270-271.

2. Détail emprunté au récit gallois épisodique l'*Histoire de Tristan,* édité et traduit par J. Loth, *Revue celtique,* XXXIV, pp. 358 et suiv.

3. *Triade* 63.

4. Vie latine de saint Carannog, XIIe siècle, attribuée au moine Lifris. Ce texte est caractéristique de la « mauvaise réputation » d'Ar-

fort hostile, les trois compagnons reprirent leur route en abandonnant sur place cet autel qu'ils jugeaient plein de maléfices.

Ils longeaient le rivage lorsqu'une brume épaisse se leva. Ils ne savaient plus dans quelle direction aller tant l'obscurité était forte. Ils décidèrent de s'arrêter, sautèrent à bas de leurs chevaux et s'assirent sur un rocher en attendant que le brouillard se dissipât. Mais quand celui-ci se fut levé et que le soleil se remit à briller, les trois compagnons ne virent plus leurs chevaux. Ils eurent beau regarder autour d'eux, explorer les vallons qui menaient vers la mer, ils ne trouvèrent aucune trace de leurs montures. « Nous sommes victimes d'un sortilège ! dit Kaï. Il nous faut quitter cet endroit au plus vite ! »

Ils se mirent à marcher. La lande était déserte, stérile. A peine y voyait-on quelques touffes d'ajoncs maigres et quelques bruyères au ras du sol. Cette lande se terminait par d'abruptes falaises au bas desquelles les vagues déferlaient avec un bruit d'orage terrifiant. Il faisait très frais, mais les trois compagnons commençaient à sentir la fatigue et la soif. « N'y a-t-il point d'eau par ici ? demanda Arthur. Il me semble que nous sommes égarés dans un pays inhabité, comme si nous approchions de l'enfer ! » Ils décidèrent de s'arrêter pour souffler. « Restez là, dit Kaï, et reposez-vous. Pendant ce temps, je vais explorer les alentours pour voir s'il n'y a pas une source. »

Kaï marcha pendant un assez long temps et, après avoir vainement parcouru plusieurs vallons, il aperçut un puits, mais alors une femme le saisit par le bras : « Cette eau m'appartient, dit une voix rauque derrière lui, et personne ne peut la puiser sans que je le permette ! » Kaï se retourna et vit la femme. Et voici comment était cette

---

thur et de ses compagnons primitifs dans la tradition monastique insulaire. Voir J. Markale, *le Roi Arthur et la société celtique*.

femme : chacune de ses jointures et chacun de ses membres, du sommet de son crâne à ses pieds, était aussi noir que du charbon. Comme la queue d'un cheval sauvage était la crinière grise et hérissée qui formait la partie haute de sa chevelure. Les branches vertes d'un chêne auraient pu être coupées par la faucille de dents vertes et sombres qui se trouvaient dans sa bouche dont les lèvres s'ouvraient jusqu'aux oreilles. Elle avait des yeux énormes et fumeux, un nez crochu et creux. Son corps était fibreux, recouvert de pustules, comme atteint d'une maladie incurable, et la puanteur qui s'en dégageait était insupportable. Ses tibias étaient tout crochus, tout de travers. Ses chevilles étaient épaisses, ses épaules larges, ses genoux très gros, ses ongles verts. Horrible et répugnant était l'aspect de cette femme.

Kaï lui demanda cependant : « Femme, pourrais-je puiser de l'eau dans ce puits pour moi et mes deux compagnons ? Nous avons perdu nos chevaux et nous souffrons de la soif dans cette lande déserte ! » La femme répondit : « Je te le permettrai bien volontiers si, auparavant, tu me donnes un baiser sur la joue. » Une telle réponse horrifia Kaï : « Non ! » s'écria-t-il. — « Alors, tu n'auras pas d'eau ! » dit la femme. Kaï tenta de prendre la cruche, mais d'un coup de genou la femme le fit tomber de tout son long sur le sol, où il se blessa durement contre des roches très coupantes. Kaï se releva et dit en maugréant : « Je préfère périr de soif plutôt que te donner un baiser, et sache que je ne le ferai pas même pour trouver le trésor le plus fabuleux du monde. » La femme se mit à ricaner : « Il n'y a pas de trésor plus précieux que l'eau », dit-elle. Mais Kaï retourna auprès de ses compagnons.

« As-tu trouvé de l'eau ? » demanda Bedwyr. « Non ! » répondit simplement Kaï. Et il s'assit. « Je vais donc y aller moi aussi ! » dit Bedwyr. Il marcha pendant un assez long temps et vit la femme qui était si laide. Mais, pas plus que Kaï, Bedwyr ne voulut consentir à donner un baiser à cet être monstrueux. Il revint donc auprès de ses compagnons. « Eh bien ! dit Arthur, je crois que c'est à moi de tenter ma chance ! »

Il prit le même chemin que Kaï et Bedwyr, puis il aperçut la femme laide. « Peux-tu me donner de l'eau ? » demanda poliment Arthur. — « Très volontiers, répondit-elle, mais à la condition qu'auparavant tu me donnes un baiser sur la joue ! » — « Qu'à cela ne tienne, dit Arthur. Je veux bien te donner un baiser, et coucher avec toi si tu le désires ! » Et il se jeta sur la vieille femme, la renversant sous lui.

Mais au moment où il lui donnait le baiser promis, il s'aperçut qu'il tenait dans ses bras la plus belle fille qui eût jamais été par le monde, la plus aimable et la plus souriante. Chaque partie de son corps, de la tête aux pieds, était semblable à de la neige sur le bord d'un fossé. Elle avait des avant-bras potelés comme ceux d'une reine, des doigts longs et fins, des mollets étroits et de belle couleur. Deux solides chaussures de bronze blanc maintenaient ses pieds blancs, doux et minces. Un somptueux manteau pourpre la recouvrait, fermé par une broche d'argent brillant. Elle avait des dents de perle rayonnantes de lumière, un œil large de reine, des lèvres rouges comme des framboises.

« Oh ! une fille aux multiples aspects ! » s'écria le jeune homme. — « C'est vrai », répondit-elle. — « Qui es-tu donc ? » demanda Arthur. — « Je suis Souveraineté, dit-elle, mais je n'apparais sous cet aspect qu'à ceux qui le méritent. » Puis elle ajouta : « Va maintenant vers tes compagnons, et prends au passage vos chevaux qui sont à l'abri sous un rocher, sur le rivage. Apporte-leur de l'eau dans cette cruche, mais ne leur en donne pas tant qu'ils ne t'auront point fait un don, celui d'obéissance et de respect. » Arthur quitta la femme, tout pensif, emportant la cruche d'eau. Il retrouva les chevaux et les ramena vers Kaï et Bedwyr. Mais il ne leur donna de l'eau que lorsqu'ils eurent fait le serment de lui obéir et de lui marquer leur respect. Après quoi, ils montèrent sur leurs chevaux et regagnèrent la cour du roi Loth [1].

Cependant l'automne s'avançait et l'on approchait de la Toussaint, ce qui était la fête de la fin de l'été et de l'entrée dans les mois d'hiver [2]. Antor voulait revenir dans sa forteresse de Kelliwic et y réunir ses gens pour y célébrer la fête avec eux. La veille du départ, il y eut un grand banquet pendant lequel le jeune Arthur n'eut d'yeux que pour la belle Anna. Et quand fut venue l'heure d'aller se coucher, Arthur laissa Kaï et Bedwyr regagner la chambre qu'il partageait avec eux et alla prendre l'air sur la prairie qui entourait les maisons. Il allait et venait, un peu nerveux et fort triste de quitter la cour du roi Loth, quand il aperçut Anna, toute seule, qui se préparait à pénétrer dans son logis. Arthur sentit son cœur et son corps s'embraser. Il se dirigea vers elle. Elle se retourna et le regarda avec une grande intensité. Arthur s'approcha d'elle, ne sachant même plus ce qu'il faisait, et lui saisit la main. Elle ne le repoussa pas, bien

1. D'après *les Aventures des fils d'Eochaid,* récit gaélique d'Irlande contenu dans le manuscrit « Livre Jaune de Lecan », publié par Withley Stokes, *Revue celtique,* XIV. Le thème revient dans un texte arthurien anglais, *le Mariage de Gauvain,* et dans de nombreux contes oraux traditionnels. Cela paraît une transcription d'un antique rituel d'intronisation royale telle qu'il y en avait en Irlande (comme ailleurs) sur la fameuse « Pierre de Tara », ou encore dans une étrange cérémonie hiérogamique racontée par le chroniqueur Giraud de Cambrie, dans sa *Description de l'Irlande* (début du XIIIe siècle), quand, au moment de son entrée en fonction, le roi doit copuler avec une jument.

2. La Toussaint correspond à la grande fête celtique de *Samain,* la plus importante du calendrier, et qui constitue le début d'une nouvelle année. Pendant la nuit de *Samain,* on dit que les tertres sont ouverts, c'est-à-dire que le monde des morts est en communication avec celui des vivants dans une abolition temporaire du temps et de l'espace, ce qui est parfaitement conforme à l'idée chrétienne de la Communion des Saints.

au contraire, car elle le serra si fort qu'il faillit crier, et elle l'entraîna à l'intérieur de ses appartements. Ce fut seulement au matin que le jeune Arthur alla s'étendre aux côtés de Kaï et de Bedwyr qui dormaient d'un profond sommeil.

Et quand Antor et ses fils, qui partaient en compagnie de Bedwyr, prirent congé de leurs hôtes, Merlin, qui se trouvait là, regarda bizarrement le jeune Arthur, étonné de voir un tel mélange de gaucherie et de détermination dans ses yeux qui étaient encore ceux d'un enfant. Mais il ne dit rien, sachant très bien que cette nuit-là s'était accompli l'irréparable. Et lui-même quitta la cour du roi Loth d'Orcanie quelques jours plus tard, assez triste et désemparé, comme si de nouveau le ciel venait de s'entrouvrir sur sa tête pour lui révéler le tragique destin du monde.

Il se rendit immédiatement à Carduel, mais le roi Uther Pendragon ne s'y trouvait pas. Il venait de partir en hâte, avec une forte troupe guerrière, pour s'opposer à un nouvel assaut des Saxons qui, cette fois, étaient bien décidés à prendre leur revanche sur un roi qui les avait tant de fois battus et rejetés à la mer. La rencontre fut rude et sanglante, et Uther, qui n'avait plus sa vigueur d'autrefois, ne put se dérober davantage aux coups mortels que tentaient de lui assener ses adversaires de toujours. Il fut gravement blessé en plusieurs endroits du corps et tomba de son cheval, demeurant immobile, dans l'herbe souillée de sang. Il savait qu'il était perdu et était plein d'angoisse à la pensée qu'il allait bientôt mourir et qu'il laissait le royaume sans héritier, sans défenseur, en proie à de nouveaux déferlements de violence. Toute sa vie, il s'était battu pour débarrasser le pays de tous les ennemis qui l'infestaient, et il sentait en lui-même une grande lassitude, un grand désespoir. On le transporta dans une chapelle et on l'étendit sur des couvertures, à même le sol. Il souffrait beaucoup de ses blessures et demandait pardon à Dieu des fautes qu'il avait commises.

Soudain, ses yeux s'ouvrirent tout grands et il se mit à sourire : Merlin était là, devant lui, comme autrefois. Il leva péniblement son bras et sa main alla étreindre celle de Merlin. « Merlin ! Merlin ! dit le roi, tu ne m'as donc pas abandonné ! » — « Je ne t'ai jamais abandonné, roi Uther, même lorsque je n'étais pas présent auprès de toi. Tu m'as donné ton amitié et ta confiance, et je ne saurais en aucun cas m'y soustraire. » Le roi se redressa quelque peu : « Mais alors, tout n'est pas perdu ! Que faut-il faire, Merlin ? » — « Je vais te le dire : ordonne qu'on te transporte sur une litière et fais-toi conduire près de tes troupes afin que chaque combattant sache que le roi se trouve parmi eux et qu'il les entraîne vers la victoire. Je te promets que tes ennemis seront tués ou mis en déroute. »

« Mais, dit encore Uther, vivrai-je assez pour connaître cette victoire ? » — « Oui, affirma Merlin, et tout l'honneur en sera pour toi. » On plaça donc le roi sur une litière que l'on porta à travers les prés non loin du lieu de la bataille, sur un tertre d'où l'on pouvait observer tout ce qui se passait. Uther avait repris un peu de force et il s'assit. Mais la vue de la bataille ne fit qu'accentuer son chagrin et des larmes coulèrent sur ses joues. « Merlin, dit-il, je n'ai pas été un bon roi. Je n'ai pas réussi à ramener la paix dans mon royaume. » — « Tu as fait ce que tu as pu, Uther, et tu as été un bon roi. Tu n'as rien à te reprocher. »

« Mais j'ai commis le mal, reprit Uther. J'ai commis des actions odieuses. J'ai désiré la femme d'un autre et j'ai fait en sorte qu'il fût tué. » — « Le grand roi Salomon, si célèbre par sa sagesse, en a fait autant, répondit Merlin. Sache qu'il fallait qu'il en fût ainsi. » — « Mais la souffrance d'Ygerne quand je l'ai obligée à abandonner son enfant ! J'entends encore le cri qu'elle a poussé ! J'ai peur, Merlin, j'ai peur du jugement de Dieu, car je suis un pécheur ! » — « Ce n'est pas à moi qu'il faut dire cela, mais au prêtre qui viendra t'assister tout à l'heure, Uther. Je n'ai aucune qualité pour te confesser et te donner l'absolution. Je ne suis que ton ami. » — « Je t'en remercie, Merlin, et tes paroles me réconfortent au moment suprême où je vais quitter cette terre. Mais je voudrais te demander encore autre chose. Éloigne tout le monde, je veux rester seul avec toi ! »

Merlin fit comprendre à tous ceux qui étaient là de s'écarter, puis il s'assit à côté d'Uther. « Que veux-tu savoir ? » dit-il. Uther hésitait, cherchait ses mots. A la fin, il se décida : « Cet enfant, Merlin, qu'est-il devenu ? » — « Il n'est pas devenu, répondit Merlin, il *deviendra.* » — « Que veux-tu dire ? » — « Je dis que ton fils, dont l'image te poursuit comme un mauvais rêve ou un remords cuisant, portera la couronne de ce royaume. Uther, je t'affirme que ton fils sera roi et qu'il accomplira les grandes prouesses qui en feront l'un des hommes les plus illustres de tous les temps. C'est dans ce but que je t'ai obligé à me remettre l'enfant de ta faute. En agissant ainsi, je n'ai fait qu'obéir au plan de Dieu, car ce n'est pas ton intérêt ni même ton honneur que j'ai défendu, mais la lignée royale à laquelle tu appartiens. Il fallait qu'il y eût dans ce royaume un homme à qui confier l'épée sacrée, cette épée de souveraineté dont le nom évoque la foudre : c'est ton fils qui la détiendra et qui la brandira pour achever les aventures du Saint-Graal et maintenir le plus longtemps possible cette Table Ronde que tu as instituée et dont la renommée atteindra les extrêmes limites du monde. Sois en paix avec toi-même, Uther Pendragon, avant de l'être avec Dieu ! » A ce moment, on entendit un grand tumulte. Ce furent des cris, des appels, des galopades de chevaux. Et l'on vit de grandes turbulences sur le champ de bataille. « Voilà qui est accompli, dit Merlin. Roi Uther, les ennemis s'enfuient dans le plus complet désordre, poursuivis par tes hommes qui les traquent sans merci. C'est ta victoire, et cette victoire n'a été acquise que parce que tu étais là. » Un sourire se dessina sur les lèvres du roi. « Maintenant, je peux mourir tranquille. » Et il ajouta dans un murmure : « Ygerne... Sais-tu que j'ai réellement aimé Ygerne ? » — « Je n'en doute pas, répondit Merlin, car seul un enfant de l'amour peut prétendre instaurer la paix entre les hommes. » Et, tandis qu'un prêtre s'approchait pour assister le roi, Merlin s'éloigna lentement.

Uther Pendragon mourut ce soir-là, peu avant la tombée de la nuit, quand montèrent les premières étoiles dans le ciel. « Merlin, veille sur mon fils », avait-il murmuré dans un souffle. Merlin était resté longtemps immobile devant le corps de celui qui avait été son ami, puis il était descendu du tertre et avait pris le chemin qui menait vers la nuit. Au moment où il parvenait près d'un bois touffu, une silhouette se dressa devant lui, celle d'une femme qui paraissait encore très jeune, aux cheveux noirs, aux yeux énigmatiques, au visage hésitant entre l'ombre et la lumière, vêtue d'une longue robe rouge sur laquelle s'accrochaient les derniers rayons du soleil. Merlin s'arrêta et lui dit : « Pourquoi viens-tu rôder autour d'un cadavre comme un vautour ? » La femme éclata d'un grand rire : « Tu voudrais peut-être que je pleure sur le roi Uther ? Tu me connais mal, Merlin ! » — « Je te connais trop bien, au contraire, répondit Merlin, et c'est pour cela, Morgane, que je me permets cette familiarité. Mais d'où tiens-tu que je suis Merlin ? »

« Je te connais depuis toujours, dit Morgane. J'étais là quand tu es né, invisible mais présente quand ta mère t'a rejeté de son ventre pour te livrer à la lumière. J'étais présente au fond de tes yeux quand tu les as ouverts sur le monde. Je sais beaucoup de choses, moi aussi, Merlin, parce que j'ai vécu longtemps dans les mondes intermédiaires, où seuls peuvent évoluer des êtres comme nous, avant de m'incarner dans cette forme où tu me vois. En fait, je suis plus vieille que toi, et je ne suis pas née du diable. Je supporte toute la mémoire de l'univers. Certains hommes m'ont appelée Ishtar ou Isis, ou encore Aphrodite. D'autres m'ont donné le nom de Dana, ou encore celui de Dôn. Peu importe. J'ai toujours été présente quand la terre tremblait et quand le ciel se déchirait sous la morsure de la foudre. Aujourd'hui, je suis Morgane, fille d'Ygerne et de Gorlais de Tintagel. Et j'étais là quand tu es venu semer la mort et la destruction dans la forteresse de mon père. Je t'ai reconnu quand tu as ouvert le chemin de la chambre où dormait ma mère. J'ai vu Uther Pendragon se glisser dans son lit et y commettre le pire des crimes. Et c'est toi qui as fait cela, Merlin, toi que je reconnaissais sous la misérable défroque que tu avais endossée pour mieux tromper ton monde. Je savais que c'était toi et que je te retrouverais un jour, en face de moi. » — « Je le savais aussi, dit Merlin. Il est de toute éternité établi que nos chemins doivent obligatoirement se croiser, ou même parfois devenir parallèles. Mais, toute savante et puissante que tu es, Morgane, il y a certaines choses que tu ignores et auxquelles tu ne peux accéder. C'est peut-être parce que je suis le fils du diable, mais je peux te dire que ton pouvoir est sans effet sur moi. » Morgane éclata de rire. « Je le sais, dit-elle. Je ne peux rien contre toi, mais toi, tu ne peux rien contre moi. » — « C'est vrai », dit Merlin. Et tout à coup, il parut très triste, comme s'il venait de voir dans les yeux de Morgane son propre destin.

« Que vas-tu faire, maintenant ? demanda Morgane. J'imagine que tu vas, une fois de plus, nous étonner avec tes tours de passe-passe. Cela te va bien de changer d'aspect pour mieux faire tomber les autres dans tes pièges ! » — « Si je fais des tours de passe-passe, comme tu dis, répondit Merlin, ce n'est pas à ton usage. Alors cesse ton persiflage, s'il te plaît. Nous valons peut-être mieux que cela, tous les deux, et nous n'avons pas à nous combattre. » — « Tu oublies que j'ai un cœur », dit Morgane. — « Moi aussi », dit Merlin d'un air lugubre. Et il la quitta et s'engagea au plus profond du bois tandis que Morgane demeurait silencieuse à contempler les étoiles.

Après la mort d'Uther Pendragon, le royaume resta donc sans héritier puisque personne, sauf Merlin, Morgane et Urfin, ne savait que le défunt roi avait un fils. Les grands du royaume se réunirent donc pour décider du gouvernement du pays, mais ils ne purent pas s'accorder sur un nom. Les différentes factions faisaient valoir ce qu'elles considéraient comme leurs droits, et on en venait à penser qu'aucune solution ne serait possible sans le recours aux armes. Heureusement, quelques sages proposèrent qu'on fît appel à Merlin pour lui demander son avis. On l'envoya donc chercher.

On mit du temps à le retrouver, car il se déplaçait constamment et se dérobait le plus qu'il pouvait. Il pensait en effet que plus les barons attendraient, plus ils deviendraient nerveux et plus ils seraient disposés à l'écouter. Enfin, un jour, il se présenta devant l'assemblée. « Merlin, dit alors le roi Uryen, nous connaissons tous ta sagesse et nous savons que tu as beaucoup aimé les rois de ce pays. Tu les as aidés dans leurs combats contre nos ennemis et tu as souvent contribué à ramener la paix entre nous. Nous te demandons instamment de nous venir en aide à présent, car ce royaume, tu le sais bien, est un royaume sans roi. Donne-nous ton avis sur ce qu'il convient de faire, pour le plus grand bien de notre peuple et dans le plus grand respect de Notre Seigneur. » Merlin répondit : « Ce ne sera qu'un simple avis, car je ne peux rien proposer d'autre. Je ne suis pas Dieu pour me permettre de décider du sort des hommes. J'ai effectivement beaucoup aimé ce royaume et je me suis efforcé d'aider ceux qui en avaient la charge. Si vous me demandiez de choisir l'un de vous comme roi, vous me feriez confiance, et vous auriez raison, car je ne saurais en aucun cas vous tromper. Mais je ne veux pas choisir, car ce n'est pas mon rôle. Je vous propose donc de vous en remettre à Dieu et à lui seul pour décider de ce choix. Et si vous m'en croyez, demandez donc à tous les barons, à tous les chevaliers, à tous les prêtres et clercs du royaume de se réunir à Noël devant la forteresse de Carduel. Je vous promets que c'est à cette date et à cet endroit que Dieu désignera celui qu'il veut voir à votre tête. »

Ceux qui se trouvaient dans l'assemblée se demandaient quel pouvait bien être le plan de Merlin. Mais comme ils avaient confiance en lui et que, de toute façon, il n'y avait guère d'autre solution que d'attendre, ils se résignèrent à accepter la proposition. On envoya donc partout dans le royaume des messagers et des hérauts pour convoquer les barons, les chevaliers, les prêtres et les clercs, de quelque rang qu'ils fussent, pour le jour de Noël, devant la forteresse de Carduel. Quant à Merlin, il avait déjà disparu et on le cherchait en vain. Il était reparti rejoindre sa sœur Gwendydd, le barde Taliesin et l'ermite Blaise à qui il fit rédiger le récit de la mort d'Uther Pendragon.

Et, la veille de Noël, les gens commencèrent à se rassembler autour de Carduel. Il y avait là tout le ban et l'arrière-ban du royaume, depuis le roi jusqu'au plus petit des chevaliers, depuis l'archevêque jusqu'au moindre diacre, depuis le plus grand savant jusqu'au plus ignorant. Les riches et les pauvres se confondaient dans la foule, et rien ne venait plus marquer les différences.

Merlin rôdait sous l'apparence d'un vieillard qui marchait avec un grand bâton. Il s'attardait volontiers devant des groupes, écoutant ce qui se disait, intervenant parfois lorsqu'il le jugeait utile par une plaisanterie destinée à détendre les esprits. Car, malgré tout, il ressentait la nervosité de cette foule disparate où les intérêts de chacun ne coïncidaient guère avec l'intérêt général. Il passa devant une tente et aperçut Antor avec Arthur et Kaï. Merlin savait que Kaï venait d'être armé chevalier, mais qu'Arthur ne l'était pas encore. Il sourit en regardant le jeune homme s'exercer au maniement de l'épée. Se pouvait-il que cet adolescent aux cheveux bouclés et à la mine si avenante eût été ce nouveau-né vagissant qu'il avait porté dans ses bras de Tintagel à Kelliwic ? Il y avait si longtemps, déjà... Et pourtant Merlin savait que le temps n'existait pas.

Il s'éloigna de la foule et s'en alla errer le long de la rivière. Il faisait froid et le vent qui soufflait dans les arbres dépouillés de leurs feuilles piquait la peau de son visage. Il s'enveloppa davantage dans son manteau de laine, rabattant le capuchon sur sa tête. Merlin se souvenait des longues nuits d'hiver qu'il avait passées dans la forêt, quand il vivait avec les bêtes sauvages. Il pensa brusquement à ce loup gris qui l'accompagnait si souvent et à qui il avait redonné sa liberté. Où pouvait-il être maintenant ? Peut-être dans une autre horde, prêt à se jeter sur des proies ? Merlin frissonna. Mais il avait conscience que ce n'était pas à cause du froid. Merlin avait peur.

Alors, il quitta le bord de la rivière et s'enfonça sous le couvert des arbres. La forêt avait quelque chose de rassurant, quelque chose d'infiniment doux et calme. Merlin aimait se coller le dos contre le tronc d'un arbre : il sentait alors monter en lui toutes les forces mystérieuses qui surgissaient du sein de la terre. Et brusquement, il eut l'image de Gwendolyn devant les yeux. Pourquoi ne pouvait-il pas être l'homme d'une femme ?

« Merlin ! » dit une voix derrière lui. Il se retourna. C'était Morgane, à peine reconnaissable tant elle était engoncée dans son grand manteau de laine de couleur rouge. « Toi aussi, dit-il, tu viens rôder parmi les humains ! » — « Je suis une femme, et j'ai le défaut de toutes les femmes : je suis curieuse ! » Merlin se mit à rire et dit : « Au moins, tu es franche. Mais, au fait, quel est l'objet de ta curiosité ? » — « Ce n'est pas ce que tu penses. Je suis curieuse de voir quel procédé tu as employé pour parvenir à tes fins, fils de diable ! » — « Parce que tu crois vraiment que c'est moi qui ai tout prévu et tout organisé ? » — « Qui d'autre que toi pourrait-ce bien être ! » s'écria Morgane.

« Tu me flattes, dit Merlin, je ne savais pas que j'avais de si grands pouvoirs. Quand donc comprendras-tu que je ne suis qu'un simple instrument entre les mains de Dieu ? » — « Je ne crois pas en ta modestie, Merlin, et je ne me laisserai pas prendre à tes paroles. Je veux simplement voir comment tu agis. Cela te gêne ? » — « Pas le moins du monde, Morgane, tu es libre. Mais si je peux t'aider à comprendre, demande et je te répondrai. » Morgane demeura un instant silencieuse. Ils marchaient à présent à travers les arbres. « Et si je te montrais quelque chose ? » reprit Merlin. — « Tu le ferais vraiment ? » Merlin se mit à rire.

Il lui fit signe de le suivre. Il se dirigea vers un tertre, à la limite de la forêt, et en face de la forteresse de Carduel. Il n'y avait personne, car l'endroit était exposé au vent froid qui soufflait du nord. Il gravit lentement la pente et, lorsqu'il fut arrivé au sommet, il s'arrêta. Morgane l'avait rejoint. Alors Merlin désigna de la main le centre du tertre. Il y avait là un gros bloc de pierre de forme à peu près carrée, surmonté d'un perron qui paraissait être de marbre, et par-dessus une enclume de fer qui pouvait avoir un demi-pied de haut, et dans lequel était enfoncée jusqu'à la garde une épée, dont le pommeau ciselé d'or fin étincelait de mille couleurs. Devant un si étrange spectacle, Morgane ne put retenir un cri d'admiration. « Qu'est-ce que c'est ? » demanda-t-elle. Merlin la regarda bien en face, mais elle fuyait ses yeux comme si elle craignait d'être transpercée. « C'est l'Épée de Souveraineté, dit-il enfin, l'épée qui vient des îles du nord du monde, et qui porte le nom de la foudre violente [1]. C'est elle que devra brandir le roi que Dieu a choisi pour ce royaume, et lui seul pourra la soulever et l'arracher de cette pierre, et lui seul pourra la tenir au-dessus de la mêlée sans que sa main soit brûlée par la chaleur qu'elle dégage. Que veux-tu savoir encore, Morgane ? » — « Quel est celui que Dieu a choisi ? » demanda-t-elle. Merlin se mit à rire et dit : « Tu le sauras peut-être demain... »

Et, silencieusement, comme s'il glissait sur le sol, Merlin se sépara de Morgane et s'engagea sous le couvert des arbres. Mal à l'aise, Morgane demeura encore quelques instants immobile à contempler cette étrange épée qui surgissait ainsi de la pierre. Mais le vent était froid. Toute frissonnante, elle descendit la pente et revint vers la forteresse tandis que les ombres de la nuit commençaient à dévorer son visage.

Peu avant minuit, les grands du royaume et les clercs qui avaient été convoqués se réunirent dans la grande église de Carduel, afin d'assister à la messe que devait célébrer l'archevêque de Caerlion sur Wysg, le plus vénérable et le plus écouté des prélats de ce pays. Et chacun, avec ferveur, pria Notre Seigneur de désigner un homme capable de protéger le peuple et d'établir la justice. Quand la messe fut terminée, certains partirent, mais d'autres attendirent dans l'église la messe de l'aube. Un grand nombre de gens traitaient de fous ceux qui pensaient que Dieu s'occuperait lui-même de l'élection d'un roi. N'était-ce pas le rôle des grands du royaume de choisir entre eux celui qu'ils jugeraient le plus apte à porter la couronne ? Et les discussions allaient bon train lorsqu'on sonna la messe. Tous retournèrent à l'église.

1. C'est la signification exacte du nom *Excalibur*, en breton *Kaledvoulc'h*, en gallois *Caledfwlch*, en gaélique *Caladbolg*, l'épée du roi Nuada, que, dans la tradition druidique, les Tuatha Dé Danann avaient ramenée des îles du nord du monde en même temps que la lance magique et le chaudron d'abondance.

Avant de commencer l'office, l'archevêque s'adressa à l'assemblée, lui demandant d'avoir confiance en Dieu qui ne pouvait pas la laisser dans un tel embarras. « Nous nous disputons, ajouta le prélat, pour élire l'un d'entre nous, mais nous devons reconnaître que nous n'avons pas assez de sagesse pour choisir le meilleur. C'est pourquoi il convient de nous en remettre à Dieu seul, car il n'est pas possible qu'en ce jour de Noël il n'accomplisse pas un miracle. »

Tous suivirent les recommandations de l'archevêque, qui célébra l'office jusqu'à l'évangile. Cependant, aussitôt après l'offertoire, un certain nombre de gens s'étaient réunis sur la vaste place qui s'étendait devant l'église. A ce moment-là, il commençait à faire jour, et quelqu'un vint leur apprendre une stupéfiante nouvelle : sur un tertre, non loin de là, une épée était fichée dans un perron. Tous s'y précipitèrent et furent témoins de cet étrange spectacle. Et quand la messe fut terminée, l'archevêque et ceux qui étaient restés dans l'église vinrent à leur tour. « Voilà une chose merveilleuse ! » s'écriaient les uns. « C'est encore une diablerie de Merlin ! » s'écriaient les autres. A la fin, l'archevêque s'impatienta. « Taisez-vous tous ! dit-il. Nous allons bien voir ce qu'il en est ! »

Il fit apporter de l'eau bénite et, en prononçant les paroles de l'exorcisme, il fit une aspersion sur la pierre et sur l'épée. A peine avait-il accompli ce rite qu'à la base du perron apparut une inscription en lettres d'or. Et chacun put lire cette phrase : « Celui qui retirera cette épée de la pierre sera le roi choisi par Dieu. » Et pour que la foule, qui commençait à s'amasser tout autour, pût en avoir connaissance, l'archevêque la lut à haute voix. La foule cria sa joie, mais l'archevêque comprit que, si l'on n'y prenait pas garde, certains allaient se précipiter vers le perron au risque d'écarter violemment les autres, quitte à les blesser ou à les tuer. Il fit reculer tout le monde et confia la surveillance du perron à dix nobles, à cinq clercs et à cinq hommes du peuple. Puis ils retournèrent à l'église où ils rendirent grâce à Dieu en chantant le *Te Deum.*

Après, l'archevêque s'adressa à l'assemblée en ces termes : « Seigneurs, je ne pense pas que vous soyez aussi sages et raisonnables que je l'espérais. J'aimerais cependant vous faire comprendre que Dieu, en qui est la toute-puissance, a déjà choisi celui qui doit être notre roi. Mais nous ne savons pas qui. Il est donc inutile de nous perdre en vaines querelles. Que les hauts seigneurs de ce royaume ne se précipitent donc pas comme des fous enragés pour tenter l'épreuve, car cette épée ne peut être dégagée sous le signe de la puissance et de l'orgueil. Seule prévaut ici la volonté de Dieu et ni la puissance, ni la noblesse, ni l'audace n'entrent en jeu, et je suis persuadé que même si celui qui doit ôter cette épée n'était pas encore né, personne ne pourrait réussir l'épreuve à sa place. » Tous les grands barons approuvèrent les paroles de l'archevêque et, après s'être consultés, ils vinrent lui dire qu'ils s'en remettaient à lui et qu'ils agiraient selon ses directives.

« Fort bien, dit l'archevêque. Voici donc ce que je vous propose : nous allons tous nous réunir autour du perron, et je désignerai moi-même les premiers qui devront tenter de retirer l'épée. Que les pauvres et les humbles ne s'irritent pas si les puissants s'essaient les premiers, car cet ordre est raisonnable et légitime. Ce sont les barons les plus hauts et les plus nobles qui subiront d'abord l'épreuve. » Tous acceptèrent et promirent solennellement de reconnaître comme roi celui à qui Dieu donnerait la grâce de réussir.

L'archevêque désigna donc cent cinquante des plus grands barons du royaume, du moins ceux qu'il considérait comme les meilleurs, et il les envoya tenter l'épreuve. Il y avait là le roi Uryen, le roi Loth d'Orcanie et tous ceux qui étaient en charge d'un petit royaume, fût-ce le plus petit. Puis il y eut les ducs et les comtes, tous ceux qui portaient une couronne. Mais aucun d'eux ne parvint à retirer l'épée du perron, quelques efforts qu'ils fissent, et certains d'entre eux en eurent grande honte, voire même du ressentiment. Mais ils respectèrent leur promesse et ne firent pas montre de leur humeur. Alors l'archevêque ordonna aux chevaliers d'essayer à leur tour. Mais, les uns après les autres, tous ceux qui saisissaient le pommeau de l'épée et voulaient la retirer du perron durent s'avouer vaincus : l'épée ne bougeait pas d'un pouce et semblait narguer ceux qui avaient tant le désir de s'en emparer. On décida alors de confier la garde du perron à neuf hommes d'une excellente réputation et d'attendre la fin de l'après-midi pour convoquer le peuple et demander à tous ceux qui le voudraient de tenter eux aussi l'épreuve. Et l'on se sépara. Certains allèrent assister à la grand-messe. D'autres s'éparpillèrent dans les environs, chacun commentant l'événement à sa façon et manifestant ses sentiments avec une certaine animosité qui n'était guère propice au recueillement.

Cependant, pour tromper l'attente, de nombreux chevaliers organisèrent des joutes. La plus grande partie de la population alla donc assister à ces spectacles improvisés, et même les neuf hommes qui avaient reçu mission de surveiller le perron quittèrent leur poste pour rejoindre les autres. Lorsque les chevaliers se furent suffisamment dépensés, ils donnèrent leurs écus à leurs valets qui prirent leur place. Mais les joutes dégénérèrent bientôt en bataille rangée et toute la ville accourut. Or, parmi les assistants se trouvaient Antor, ses deux fils et Bedwyr. Ce dernier se lança bientôt dans la mêlée pour faire entendre raison à ces stupides valets qui n'avaient rien de mieux à faire qu'à se quereller ainsi sans motif. Quant à Kaï, il s'y serait bien volontiers lancé, mais il n'avait pas emporté son épée avec lui. Il demanda à Arthur de bien vouloir aller la lui chercher. « Bien volontiers », répondit le jeune homme. Et il partit vers l'endroit où ils avaient dressé leur pavillon.

Mais, quand il fut sur place, Arthur eut beau chercher, il ne parvint pas à découvrir l'endroit où Kaï avait laissé son épée. Peut-être, après tout, avait-elle été dérobée par un manant ? Quelque peu désappointé, il retourna vers le lieu de la mêlée, se disant qu'il allait sûrement encourir les reproches de son frère aîné pour n'avoir pas su accomplir sa mission. Et, en cheminant, il passa près du tertre où l'épée merveilleuse était fichée dans le perron. « Au fond, se dit-il, peu importe l'épée que je rapporte à Kaï, pourvu qu'il en ait une ! » Et sans descendre de son cheval, il frôla le perron, enleva prestement l'épée et la dissimula sous un pan de sa tunique.

Son frère l'attendait, à l'écart de la foule. Il se précipita vers lui : « As-tu mon épée ? » demanda-t-il avec une impatience qui indiquait assez qu'il voulait en découdre avec le reste du monde. Arthur lui expliqua qu'il n'avait pas pu mettre la main sur son épée mais qu'il lui en apportait une autre qui ferait certainement aussi bon usage. Il sortit donc l'épée de dessous sa tunique et la tendit à Kaï, mais quand celui-ci eut vu de quoi il s'agissait, il pâlit, ne sachant trop ce qu'il fallait en penser. Enfin, il demanda : « Où as-tu trouvé cette épée, petit frère ? » Arthur lui expliqua naïvement qu'il l'avait prise sur le tertre, alors qu'elle était fichée dans un perron. Kaï ne dit rien de plus. Il prit l'épée, la dissimula sous son vêtement et partit à la recherche de son père. « Seigneur, lui dit-il, dès qu'il fut en face de lui, je serai roi, car voici l'épée du perron ! »

Antor n'en croyait pas ses yeux. Oui, c'était bien l'épée du perron, cette épée que Kaï lui-même n'avait pu soulever le matin, lorsqu'il avait tenté l'épreuve parmi les autres chevaliers qui s'étaient présentés. « D'où tiens-tu cette épée ? » lui demanda Antor. « Mon père, répondit Kaï, je viens de l'enlever à l'instant ! » Mais Antor ne croyait pas un mot de ce que lui disait son fils. Il emmena celui-ci en compagnie d'Arthur devant le perron. Effectivement, l'épée n'y était plus, et il était bien obligé de constater que l'épée que tenait encore Kaï dans sa main était bien celle qui se trouvait le matin enfoncée jusqu'à la garde dans le perron merveilleux. Antor dit à Kaï : « Mon fils, ne me mens pas, je t'en prie. Comment as-tu enlevé cette épée ? Si tu mens, je le saurai et tu perdras tout mon amour ! »

Kaï baissa les yeux et se mit à bafouiller. Puis il finit par dire clairement : « Mon père, pardonne-moi, je ne veux pas te mentir ni causer du tort à mon frère. C'est Arthur qui me l'a donnée, mais je ne sais vraiment pas comment il a pu l'avoir ! » — « C'est bien, je te pardonne, mais donne-moi l'épée. » Kaï tendit l'épée à Antor, et celui-ci se tourna vers Arthur : « Cher fils, dit-il, approche, prends cette épée et va la remettre où tu l'as prise. » Arthur obéit et remit l'épée à sa place dans le perron. Antor demanda alors à Kaï de la retirer. Il ne put y parvenir. Puis il ordonna à Arthur de la prendre. Celui-ci la souleva sans le moindre effort. « Cela suffit, dit Antor. Arthur, remets-la en place, et vous deux, suivez-moi ! »

Ils retournèrent vers la ville. Il n'était plus question d'aller se battre pour remettre de l'ordre dans la cohue des valets qui continuaient à se frapper mutuellement à la grande joie d'une foule qui applaudissait. Antor demanda à Arthur de le suivre, et, lorsqu'ils furent à l'écart, il s'agenouilla devant lui. « Qu'est-ce à dire ? s'écria Arthur. Pourquoi fléchis-tu le genou devant moi, mon père ? C'est moi qui te dois le respect et l'obéissance ! » — « Hélas ! répondit Antor, tu te trompes, Arthur ! C'est moi qui te dois obéissance, car tu es mon roi, je le sais. » — « Comment cela ? reprit Arthur. Est-ce parce que j'ai retiré l'épée du perron que cela change le fait que je sois ton fils ? »

« Cela ne change rien en apparence, dit Antor, mais il faut que je te dise quelque chose, Arthur : s'il est vrai que je t'ai élevé et que je t'ai aimé comme mon fils, au même titre que Kaï, il n'en est pas moins vrai que tu n'es pas mon fils par la chair, bien que cela ne change rien à mes sentiments envers toi ! » — « Comment cela, mon père, dit Arthur, je ne comprends rien à ce que tu me dis ! » Antor prit les mains d'Arthur et les pressa avec émotion. « Arthur, dit-il, une nuit, il y a déjà maintenant très longtemps, un homme dont je ne connais pas le nom m'a demandé si je voulais me charger d'un enfant abandonné et m'a fait jurer de l'élever et de l'aimer comme mon propre fils. Et il a fait jurer la même chose à ta mère, je puis ainsi la nommer, puisque c'est elle qui t'a nourri de son lait. Une nuit, cet homme t'a apporté, enveloppé de langes précieux. Tu venais de naître, et tu n'avais pas encore ouvert les yeux. Et depuis, tu es mon fils... »

Arthur se mit à pleurer. « Mon père, dit-il, si tu refuses d'être mon père, qui serai-je donc ? » — « Tu as nécessairement un père et une mère », répondit Antor. — « Mais qui sont-ils ? » demanda Arthur. Antor se mit à pleurer à son tour. « L'homme qui t'a apporté m'a fait jurer de ne jamais chercher à le savoir. Je ne le sais donc pas, mais Dieu m'est témoin que mon épouse et moi, nous t'avons aimé tendrement comme si tu étais notre enfant par la chair. » Arthur obligea Antor à se relever, et il lui dit : « Quoi qu'il puisse advenir, tu seras toujours mon père par le cœur. Mais je voudrais bien savoir ce que signifie cette épée, et pourquoi je suis le seul à pouvoir la retirer du perron. » — « C'est parce que tu es le roi ! s'écria Antor. Écoute-moi, Arthur : quoi qu'il arrive, je t'aimerai toujours comme mon fils, mais je te demande une chose, n'oublie jamais Kaï et garde-le auprès de toi, même s'il te dérange par son impatience et sa témérité. Si tu veux manifester ta reconnaissance envers moi, je te prie d'être toujours le frère de Kaï, quels que soient ses défauts. Ce sera ma consolation de le savoir ! » Arthur était très ému. « Mon père, dit-il, je te le jure, Kaï sera toujours mon frère et ne me quittera jamais ! »

Antor alla trouver l'archevêque qui se reposait dans la forteresse. Il lui expliqua que son plus jeune fils n'était pas encore chevalier mais qu'il manifestait tant de vaillance et de générosité qu'on pouvait lui laisser tenter l'épreuve avant tous les hommes du peuple. Il sut si bien plaider la cause d'Arthur que l'archevêque lui promit qu'il serait le premier admis à monter sur le tertre, lors du rassemblement qui aurait lieu après les vêpres. Et Antor, le cœur gros mais plein d'allégresse, retourna auprès de Kaï et d'Arthur.

Vers la fin de la journée, la foule se rassembla de nouveau autour du tertre. Les rois et les grands barons étaient là, la mine renfrognée, espérant confusément que personne ne réussirait l'épreuve et que, bientôt, ils feraient valoir leurs droits sur la couronne de Bretagne. Et lorsque, sur l'ordre de l'archevêque, le jeune Arthur se fut avancé, eut saisi l'épée à deux mains, l'eut retirée sans effort du perron où elle était enserrée et l'eut brandie au-dessus de sa tête, ils firent tous une épouvantable grimace, songeant avec amertume qu'un jeune homme de dix-sept ans, qui n'était même pas encore chevalier, les supplantait, eux, les rois de la guerre qui avaient fait si longtemps régner la terreur sur les champs de bataille. Mais ils devaient se rendre à l'évidence. Arthur, cet inconnu à la naissance obscure, avait bel et bien réussi l'épreuve de l'épée. Il avait été choisi par Dieu, et il y avait maintenant un roi au royaume de Bretagne.

Pendant que tous les barons, entourant Arthur, se dirigeaient vers l'église pour y entonner le chant du *Te Deum*, Merlin, qui n'avait cessé de rôder à travers les groupes, ne pouvait s'empêcher de rire : « Adultère ! Inceste ! Ruses du diable ! marmonnait-il. Et pourtant, que de jeunesse ! Que d'espérance ! Que de générosité !

Plaise à Dieu que ce ne soit pas entièrement en vain ! » Il n'entra pas dans l'église, préférant en longer les murs comme un mendiant qui attend patiemment la sortie des fidèles pour tendre sa sébile et demander l'aumône. Quand il fut parvenu à hauteur du chevet, il aperçut une femme, engoncée dans son manteau rouge, mais dont l'abondante chevelure noire débordait du capuchon pour se répandre dans le vent. Elle marchait, comme lui, en longeant les murs, mais dans le sens opposé. Elle s'arrêta devant Merlin. « Ainsi donc, dit-elle, c'était mon frère, du moins le fils de ma mère ! » — « Comment le sais-tu, Morgane ? » demanda Merlin. Le rire de Morgane résonna longuement contre les murs de l'église. « J'étais là, Merlin, t'en souviens-tu ? dit-elle. J'étais là quand ton roi Uther, que l'Ennemi garde en ses sinistres séjours, a fait l'amour avec ma mère tandis que mourait mon père ! Et tout cela par tes sortilèges, Merlin ! Au fond, c'est toi le véritable père d'Arthur ! »

Morgane tremblait de rage, mais aucune larme ne coulait de ses yeux. « Calme-toi, Morgane, dit Merlin. Il fallait qu'il en fût ainsi. Tu devrais l'admettre une fois pour toutes et t'incliner devant la volonté de Dieu. » — « Je ne m'inclinerai jamais devant quiconque ! » s'écria Morgane. Merlin la regarda attentivement et, cette fois, son regard pénétra celui de Morgane. « Laisse ton orgueil, Morgane. Tu as encore beaucoup de choses à apprendre. » — « Alors, apprends-les-moi », dit Morgane avec insolence. — « Oui, dit Merlin, c'est peut-être le moment. Ils ont leur roi et ils n'ont plus besoin de nous, du moins pour l'instant. Viens avec moi, Morgane... » Et tandis que s'élevait le chant du *Te Deum* en rafales triomphantes sur la vallée et sur les forêts, Merlin saisit Morgane par le bras et l'entraîna sur le chemin qui menait vers le nord [1].

1. D'après le *Merlin* de la tradition de Robert de Boron.

BIBLIOGRAPHIE SOMMAIRE
(en langue française)

Baumgartner, Emmanuèle, *Merlin le Prophète*, Paris, Stock, 1980.

Cerquiglini, Bernard, *le Roman du Graal*, édition du manuscrit de Modène, Paris, 10/18, 1981.

Faral, Edmond, *la Légende arthurienne*, trois volumes, Paris, 1927.

Fleuriot-Lozac'hmeur-Prat, *Récits et poèmes celtiques*, Paris, Stock, 1986.

Goodrich, Norma Lorre, *le Roi Arthur*, Paris, Fayard, 1986.

Lot, Ferdinand, *Nennius et l'Historia Brittonum*, Paris, 1934.

Loth, Joseph, *les Mabinogion*, édition complète, Paris, 1913. Édition abrégée, Paris, 1979.

Markale, Jean, *l'Épopée celtique en Bretagne*, Paris, Payot, 3e éd., 1985.

Le Roi Arthur et la société celtique, Paris, Payot, 4e éd., 1989.

Merlin l'Enchanteur, Paris, Retz, 1980. Édition de poche, Paris, Albin Michel, 1992.

Brocéliande et l'énigme du Graal, Paris, Pygmalion, 2e éd., 1991.

Régnier-Bohler, Danièle, *le Cœur mangé*, Paris, Stock, 1979.

La Légende arthurienne, Paris, Laffont, 1989.

Zumthor, Paul, *Merlin le Prophète*, Lausanne, 1943.

TABLE DES MATIÈRES

CHEZ LE MÊME ÉDITEUR

DU MÊME AUTEUR

Histoire de la France secrète :

MONTSÉGUR ET L'ÉNIGME CATHARE
Voies nouvelles et pistes oubliées

•

GISORS ET L'ÉNIGME DES TEMPLIERS
L'éclairage objectif et raisonné du lancinant mystère.

•

LE MONT SAINT-MICHEL ET L'ÉNIGME DU DRAGON
L'un des plus énigmatiques sanctuaires de l'Occident.

•

CARNAC ET L'ÉNIGME DE L'ATLANTIDE
Une nouvelle hypothèse explosive et passionnante.

•

CHARTRES ET L'ÉNIGME DES DRUIDES
La Déesse des Commencements et la présence indélébile des Druides.

•

BROCÉLIANDE ET L'ÉNIGME DU GRAAL
La forêt fabuleuse, Arthur, les Chevaliers de la Table Ronde, les Dames du Lac...

•

LA BASTILLE ET L'ÉNIGME DU MASQUE DE FER
Une enquête passionnante concernant notamment les célèbres prisonniers de la forteresse.

•

RENNES-LE-CHÂTEAU ET L'ÉNIGME DE L'OR MAUDIT
La mystérieuse destinée de l'abbé Saunière.

Bibliothèque de l'Étrange :

L'ÉNIGME DU TRIANGLE DES BERMUDES
Nouvelles perspectives exposant tous les grands mythes et légendes de l'humanité.

•

LES MYSTÈRES DE L'APRÈS-VIE
Interrogations et espoirs sur l'existence d'une autre vie après la mort.

•

L'ÉNIGME DES VAMPIRES
Au fil d'expériences et de récits qui font frémir,
Jean Markale explore en profondeur le phénomène.

•

LES MYSTÈRES DE LA SORCELLERIE
Sorciers et Sorcières sont-ils encore parmi nous ? L'histoire fourmille d'exemples
et de prodiges inquiétants. Des témoignages extraordinaires,
des récits fantastiques, des rapports officiels surprenants...

Les Énigmes de l'Histoire

L'ÉNIGME SACRÉE
par Michael Baigent, Richard Leigh, Henry Lincoln
Jésus-Christ, le Saint-Graal, les Cathares, les Templiers,
à la source d'une extraordinaire remise en cause de l'Histoire.

•

LE MESSAGE
par Michael Baigent, Richard Leigh, Henry Lincoln
Suite de la passionnante enquête de l'ÉNIGME SACRÉE.

•

LE TEMPLE RETROUVÉ
par Henry Lincoln
Rennes-le-Château, fabuleux site d'un temple retrouvé.

•

LE MYSTÈRE DE L'ARCHE PERDUE
par Graham Hancock
À la recherche de l'Arche d'Alliance.

CHEZ LE MÊME ÉDITEUR

Les Énigmes de l'Histoire

LE CHEVAL DE DIEU
par Gérard Bavoux
Le secret de l'abbé Boudet

•

LE MONDE SECRET DE L'OPUS DEI
par Michael Walsh
Quelle vérité cache Opus Dei derrière ses activités si jalousement tenues secrètes ?

LE ROI ARTHUR ET SES PREUX CHEVALIERS
par John Steinbeck
Un récit étonnant de la légende du Roi Arthur.

LA COLLINE DU DERNIER ADIEU
par Marion Zimmer Bradley
Longtemps avant les Dames du Lac, près de l'île d'Avalon, quand Merlin, déjà, agissait dans l'ombre.

•

LES DAMES DU LAC *

•

LES BRUMES D'AVALON **
par Marion Zimmer Bradley
Prix du grand roman d'évasion 1986.
Plus qu'un roman historique, une épopée envoûtante qui relate la lutte sans merci de deux mondes inconciliables.

•

LE RIVAGE DES ADIEUX
par Catherine Hermary-Vieille
La plus grande histoire d'amour de tous les temps, celle de Tristan et Iseult.

Les Grandes Heures de l'Histoire de France :

par Georges Bordonove

LA TRAGÉDIE CATHARE
Raymond de Toulouse, Le massacre de Béziers, La prise de Carcassonne, Simon de Montfort, La chute de Minerve, Le Bûcher de Montségur.

•

LES CROISADES ET LE ROYAUME DE JÉRUSALEM
Godefroy de Bouillon, L'ordre des Templiers, L'illustre roi lépreux, Saladin à Jérusalem, L'inflexible saint Louis, La fin de Saint-Jean-d'Acre.

•

LA TRAGÉDIE DES TEMPLIERS
Le déclin du Temple, L'implacable roi de fer, L'abandon de Clément V, Jacques de Molay, Infamie de l'Inquisition, Fin et survie de l'ordre.

•

JEANNE D'ARC ET LA GUERRE DE CENT ANS
La France en péril, L'épopée de Jeanne, Trahisons et martyre, Le bûcher de Rouen, La réhabilitation, Jeanne pour l'éternité.

•

LOUIS XVII ET L'ÉNIGME DU TEMPLE
Louis XVI et la Reine, Début de la Révolution, La Commune de Paris, L'orphelin du Temple, Le mystère de sa mort, Naundorff et les autres.

Achevé d'imprimer en octobre 1996
sur presse Cameron
*par **Bussière Camedan Imprimeries***
à Saint-Amand-Montrond (Cher)
pour le compte des éditions Pygmalion

N° d'édit. 409. N° d'imp. : 1/2583.
Dépôt légal : octobre 1992.
Imprimé en France